Anonymous

Was Georg seinen deutschen Landsleuten über Brasilien zu erzählen weiss

Schilderungen eines in Süd-Brasilien wohlhabend gewordenen Proletariers. Ein Beitrag zur

Länder und Völkerkunde

Anonymous

Was Georg seinen deutschen Landsleuten über Brasilien zu erzählen weiss
Schilderungen eines in Süd-Brasilien wohlhabend gewordenen Proletariers. Ein Beitrag zur Länder und Völkerkunde

ISBN/EAN: 9783743420496

Hergestellt in Europa, USA, Kanada, Australien, Japan

Cover: Foto ©Andreas Hilbeck / pixelio.de

Manufactured and distributed by brebook publishing software (www.brebook.com)

Anonymous

Was Georg seinen deutschen Landsleuten über Brasilien zu erzählen weiss

Was Georg seinen deutschen Landsleuten über Brasilien zu erzählen weiß.

Schilderungen eines in **Süd-Brasilien** wohlhabend gewordenen Proletariers.

Ein Beitrag zur Länder- und Völkerkunde.

Mit 25 Holzschnitten
in Farben-, Ton- und Schwarzdruck.

Leipzig, 1863.
In Commission der Rein'schen Buchhandlung.

Inhalt.

                                                        Seite.

Einleitung 1

Erster Abend 14

    Wo liegt Brasilien? — Diamanten und Gold. — Die zwei Unzen. — Die Hitze. — Die Deutschen werden weder an den Pflug gespannt noch als Sklaven verkauft. — Die Indianer. — Die freien Brasilianer. — Die Neger und die Sklaverei. — Die Eingewanderten, besonders die Deutschen.

Zweiter Abend 30

    Warum Hamburg früher fast alle Auswanderer nach Brasilien allein beförderte; was Schuld ist, daß es gegenwärtig nicht mehr so ist? — Georgs Vorliebe für Hamburg. — Robert Sloman's Schiffs-Expeditionen nach Blumenau und D. Francisca zu ermäßigten Preisen. — Wer soll über Hamburg reisen? — An wen soll man sich da wenden? — Die Hamburger Gesetze für Auswandererschiffe. — Die Auswandererbehörde. — Logiswirthe und ihre Preise. — Blech- und Bettwaarenpreise. — Fahrpreisermäßigungen. — Kücheneinrichtungen an Bord. — Die Beförderung über Cöln und Antwerpen. — Unterkunfts- und Waarenpreise in Antwerpen. — Belgische Gesetze über Auswanderer-Transport. — Vorzügliches Verfahren Steinmanns u. Comp. in Betreff der Verpflegung an Bord. — Der Antwerpner Hafen. — Ueberfahrtspreise. — Fahrpreis-Ermäßigungen auf den rheinischen Dampfbooten und Eisenbahnen — Ist die Beförderung mittelst Dampfschiff oder Eisenbahn vorzuziehen? — Der Auswandererverkehr im Südosten Deutschlands.

Dritter Abend 50

    Georg reist nach Hamburg. — Es steigen Zweifel und Befürchtungen in ihm auf. — Warum gehen so wenig Leute nach Brasilien? — Die Moselschwaben. — Der brasilianische Consul und sein Kanzler. — Hamburg. — Georg wird getraut. — Die Einrichtung des Schiffes. — Wie man seine Sachen verpacken soll. — Was man eigentlich mitnehmen sollte. — Die Auswanderer gehen an Bord. — Welche Zeit ist die beste zur Reise nach Brasilien? — Die Reise beginnt. — Wie Georg's Reise-

geführten Ordnung und Sittlichkeit an Bord handhaben. — Traurige
Folgen, wo dieß nicht geschieht. — Gottesdienst. — Seekrankheit. —
Mittel zur Milderung. — Ungefährlichkeit der Reise nach Brasilien. —
Sturm. — Zeitvertreib auf hoher See. — Geburt, Tod und Bestattung.
— Land! — Rio.

Vierter Abend 74

Erster Eindruck der Bai von Rio. — Die Visite. — Die ersten Mohren
oder Neger. — Du sollst nicht schmuggeln. — Die Auswanderer-Commission. — Uebersiedelung auf Bom Jesus. — Wie wäre diese besser zu
machen? — Die Hospedaria auf Bom Jesus. — Die Trennung der Geschlechter. — Wer trägt die Kosten? — Nicht auspacken. — Der Bevollmächtigte des Hrn. Vergueiro. — Ein Spaziergang in Rio. — Deutsche
Landsleute. — Georg bleibt fest. — Fortsetzung des Spaziergangs. —
Welches Geld soll man mitnehmen? — Welche Sorten haben sie in
Brasilien? — Abreise nach Santos. — Die Verpflegung und Unterkunft
auf dem Dampfer nach Santos.

Fünfter Abend 91

Welche Reiseroute ist die beste und auch gewöhnlichste für Halbscheid-
Kolonisten? — Georgs Aufenthalt in Santos. — Er geht nach San
Jeronymo. — Wie das Halbscheidwesen entstand. — Vortheile dieser
Einrichtung für den Einwanderer. — Vorbereitungen zur Landreise. —
Von Santos nach San Jeronymo. — Ankunft daselbst. — Wie es Georg
dort fand. — Dankbare Betrachtungen. — Georgs Wohnung. — Die
Fazenda. — Was Georg dort zu leisten hatte und die Behandlung, die
er erfuhr. — Uebelstände beim Halbscheidwesen und wie ihnen abgeholfen
wird. — Warum wollen die Gutsbesitzer keine Halbscheid-Kolonisten
mehr? — Wer läßt noch solche kommen und unter welchen Bedingungen?

Sechster Abend 110

Das Akklimatisiren; was ist das und woher kömmt es? — Man richte
sich nach den Landeskindern. — Trage Stiefel. — Fußbäder und gedielte
Fußböden. — Mäßigkeit. — Obst. — Der Orangenfresser und sein Hut.
— Das Klima. — Geschrei wegen des Mucury. — Rio Novo und Dona
Francisca. — In Brasilien muß es gesünder sein, als in Deutschland. —
Das gelbe Fieber. — Langlebigkeit. — Moskiten, Sand-Flöhe und
Spinnen. — Ameisen. — Baratten. — Schlangen. — Jacaré's. —
Unzen oder Tiger. — Wie Georg und seine Familie sich ans Klima ge-
wöhnten. — Wie sie lernten, brasilianisch zu kochen.

Siebenter Abend 127

Ein braves Weib der größte Segen. — Schwer ist es, in Brasilien
eine passende Heirath zu finden. — Dortige Behandlung der Frauen. —

Inhalt.

Mädchenmangel. — Kindersegen. — Wie es Frau Liesen im Wochenbette erging. — Wie Georg seinen Tag eintheilte. — Brief-Schreiben und Bestellen. — Was für Maß und Gewicht in Brasilien gilt. — Mit was für Werkzeugen man dort Landwirthschaft treibt. — Wie der Kaffeebaum aussieht. — Wie man einen Kaffeeberg anlegt. — Verjüngen alter Bäume. — Das Pflücken. — Die Arbeit im Kaffeeberge. — Die Ernte und ihr Ergebniß. — Rentirt sich für den kleinen Grundbesitzer der Kaffeebaum? — Wie sich der Ansiedler seinen Hauskaffee herrichtet. — Georg zieht fort. — Die Regierung und die Halbscheidler. — Rückblick.

Achter Abend 144

Das Kolonisiren. — Das Halbscheidwesen. — Der freie, kleine Grundbesitz. — Begünstigungen der Kolonisten auf Staatskolonien. — Erläuterungen. — Militärdienst. — Keine Conscription. — Nationalgarde. Provinzkolonien. — Begünstigungen für Einwanderer in Rio Grande. — Privatkolonien. — D. Pedro II. — Sta. Thereza. — D. Francisca. — Maria Einsiedeln. — St. Lorenz. — Militärkolonien. — Niederlassung auf eigene Faust. — Georg reist von Santos ab. — Paranaguá. — Die Provinz Paraná. — Straßen. — Assumguy. — Rio Negro. — Die Provinz-Regierung. — Weizen und Wein von Curitiba.

Neunter Abend 160

Ankunft in S. Francisco — Aufenthalt daselbst. — Georg fährt nach D. Francisca. — Die Stadt Joinville. — Georg gefällt es dort ganz gut. — Vorzüge und Mängel der Kolonie. — Rückfahrt. — Es wird ihm von Blumenau erzählt. — Wie bringt man eine Kolonie dahin, von ihren Producten verkaufen zu können? — Andere Kolonien am Itajahy. — Das Zuckerrohr, seine Cultur und Verarbeitung. — Desterro und die Provinz Sta. Catharina. — Die alten und neuen Kolonien. — Allgemeine Bemerkungen. — In Sicht der Barre von Rio Grande.

Zehnter Abend 174

Der Sand von Rio Grande. — Die Deutschen in den südlichen Städten. — Porto Alegre. — Fahrt nach S. Leopoldo. — Industrie und Handel daselbst. — Landpreise und Culturgattungen. — Nutzen S. Leopoldo's für die Provinz. — Landwirthschaftliche Fortschritte. — Reise nach Rio Pardo. — Der Jacuhy, der Cahy und der Taquary. — Director Buff. — Eine Karrete auf dem Wege nach Sta. Cruz. — Die Campos. — Thierreichthum. — Rincão-d'el-Rey und S. Nicoláo. — Der Faxinal. — Die Pilade Dona Josefa. — Sta. Theresa. — Aufnahmehäuser. — Lichtung und Hausbau. — Palmitten. — Uricannadach und Schindeln. — Eigensinn und gute Vorsätze.

Inhalt.

Eilfter Abend 191

Georg und Liese halten Umschau in der Kolonie. — Innere Hauseinrichtung. — Welschkornbrod. — Der brasilianische Wald. — Palmen. — Nadelholz. — Laubholz. — Das Unterholz. — Die Cipós. — Wann ist die beste Zeit zum Holzfällen? — Das Rossen. — Die Verwendung des Holzes. — Nachlässigkeit der Ansiedler. — Freie Jagd und Fischerei. — Hoch- und Niederwild. — Federwild. — Fische. — Zäune; Corral; Potreiro.

Zwölfter Abend 204

Die Hauptfeldfrüchte. — Getreide. — Das Welschkorn und seine Cultur. — Der Weizen. — Der Roggen, die Gerste und der Hafer. — Der Reis. — Wurzel- und Knollengewächse. — Die Mandioca und ihre Bereitung. — Die Kartoffeln und Bataten. — Die Carás. — Der Yams und der Ingwer. — Die Zwiebel. — Rüben und Kohlrabi. — Hülsenfrüchte. — Die schwarzen Bohnen, Linsen und Erbsen. — Gemüse. Anleitung zum Verpacken des Samens. — Kürbisse, Melonen und Gurken. — Das Capim und die Gramma. — Klee und Heu. — Oelfrüchte und Färbepflanzen.

Dreizehnter Abend 221

Georg erzählt von den Handelspflanzen und ihrer Cultur. — Kaffee und Zuckerrohr nochmals. — Baumwolle und Maschinen zu ihrer Entkörnung. — Tabak. — Thee. — Deutsche Obstsorten. — Orangen. — Citronen und Limas. — Beeren. — Der Maulbeerbaum und die Seidenzucht. — Die Ananas und anderes brasilisches Obst. — Die Banane. — Die Rebe und der Wein. — Georg ertheilt in Bezug auf die Landwirthschaft einige Rathschläge. — Rindvieh. — Pferde und Maulesel. — Schweine. — Ziegen und Schafe. — Geflügel. — Hunde und Katzen. — Bienen.

Vierzehnter Abend 240

Georg erzählt von der politischen Einrichtung des Landes. — Der Kaiser und seine Familie. — Die Minister und der Reichstag. — Die Provinzpräsidenten und der Landtag. — Die Kolonie-Directoren und die Ansiedler. — Wie Georg auf Sta. Cruz wacker vorwärts kam. — Er baut eine Mühle und trifft sonstige Einrichtungen. — Er verkauft seine Kolonie und zieht an den Cahy. — Wie er sich dort einrichtet und wie es ihm geht. — Reiseentschluß. — Rückblick. — Mäßigkeit und Verträglichkeit. — Georg ertheilt noch mehrere Rathschläge. — Wer soll auswandern? — Welche Handwerker haben gute Aussichten? — Welche Kolonie soll der Einwanderer wählen? — Vorsichtsmaßregeln beim Landkaufe. — Schlußworte Georgs.

Berichtigungen.

Seite 3, Zeile 11 v. u. lies: **lebte** statt lebtte.
" " " 17 v. o. " Schwiegermutter statt liebe Mutter.
" 9, " 4 v. u. ist „Nun" zu streichen, welches zu Anfang der Z. 3 stehen muß.
" 13, " 7 v. o. fehlen nach Sepp die Anführungszeichen.
" 18, " 4 v. o. lies: „S t a." statt: St.
" " " 5 v. u. " „dem sie ... dürfen" statt: dem er ... darf.
" " " 13 v. o. ist der neue Satz auf Zeile 14 zu beginnen.
" 22, " 6 v. u. lies: Reiter statt: „einen" Reiter.
" 24, " 14 v. o. ist „müssen" zu sperren.
" 30, " 9 v. u. bleibt „so" hinweg.

Einleitung.

Es war in einem Kirchdorfe des badischen Oberlandes und an einem Sonntage des vergangenen Sommers, daß nach der Messe die Bauern vor der Kirchthür standen und sich über das Wetter, die Kornpreise, das Ergebniß der ersten Heumahd, sowie über die bevorstehende Ernte lebhaft unterhielten, als die Straße herauf ein Berner Wägelchen gerollt kam und vor dem Wirthshause „zum weißen Schwan" anhielt, um einen Reisenden und dessen ziemlich umfangreiches Gepäck dort abzusetzen, welch beide von dem behäbigen Wirthe unter schmunzelndem Willkomm empfangen und begrüßt wurden. Der Fremde war ein kräftiger Mann in den dreißiger Jahren mit wohlgepflegtem Schnurrbart und offnen, sonngebräunten Zügen, der sich in seiner städtischen Reisetracht ganz gewandt und daheim zeigte.

Die Bauern, welche durch seine Ankunft in ihren Reden unterbrochen worden waren, betrachteten diesen seltenen Besuch neugierig und Einer von ihnen sagte: „Das Gesicht habe ich schon irgendwo gesehen."

Als nun der Fremde, nachdem er den Fuhrmann entlohnt hatte und sein Gepäck untergebracht sah, langsam auf sie zuging und sie lächelnd fixirte, da kam er ihnen noch weit bekannter vor und der Weidenbauer rief aus: „das ist ja der Georg von der Uhlendorfer Chaussee; oder seid Ihr's nicht?"

„Bin's!" sagte der Fremde und schlug in die dargereichte Hand.

„Nun, wo kommst Du denn her?" riefen die meisten der Versammelten aus.

„Geradeswegs von Brasilien," antwortete Georg.

„Und so allein? Wo ist denn Deine Liese und Dein Kleines?" frug der Weidenbauer.

„Die ist drüben geblieben und statt des einen Kleinen sind jetzt ihrer sechse da und hätten noch 'mal so viele Platz."

„Ja, und was bringt Dich denn her zu uns aus dieser Ferne?" fuhr der Weidenbauer in der bekannten bäuerlichen Naivetät zu fragen fort. „Die Noth sicher nicht; denn Du siehst wacker genug aus; Dir scheint das Brasilien ganz gut zu bekommen."

„Es bekömmt mir auch ganz wohl; aber Ihr vergeßt, daß die alte Gertrud und die Katharine und die Annemarie noch zu Hause sind und daß ich sie zu holen versprach, sobald ich es zu erschwingen vermöchte; auch ist mir drüben, über der Murg, ein Onkel verstorben, dessen Erbschaft ich zu beheben komme."

„Ja, und kennst Du uns auch noch alle?" frugen die andern Bauern.

„Warum nicht? Du bist der Prinzenbauer Sepp, Du der Walkbauer Jörg, Du der Hirsbauer Ignaz und so fort; seht jetzt Alle stattlich aus, habt Euch zusammengewachsen in den zehn Jahren, seit ich Euch und das Dorf nicht sah. Wart damals junge Burschen und seid heute tüchtige Bauern. Ihr habt mir manche Freundlichkeit in meiner damaligen Noth bewiesen, wenn auch Eure Väter und Mütter hart mit mir verfuhren. Nun, ich habe mir die Freundlichkeit gemerkt und die Feindseligkeit vergessen; hat mir doch diese zu meinem jetzigen Glücke verholfen. Freilich haben sie sich's nicht träumen lassen, daß es so zu meinen Gunsten ausschlagen würde, als sie mich in die weite Welt hinaustrieben."

„Ist es Dir denn so gut ergangen da draußen in Brasilien?" frugen die Bauern zurück.

Einleitung.

„Anfangs war es wohl schwer und die Seereise und der Abschied von dem Lande, wo man geboren und aufgewachsen ist, von Allem, was man kennt, dann wieder das Lernen von vorne an, das Alles geht Einem hart ans Herz; aber frischer Muth, dann die Liese und das Kleine, die mir nun rechtmäßig angehörten, ließen mich Alles ertragen, und wie ich nach der ersten Ernte den Segen übersah, den mir der Herr beschert hatte, als ich mit jedem Tage meinen Wohlstand wachsen sah, von dem ich früher nicht geträumt, da kam bald Zufriedenheit und Glück über mich und ich segne jene Stunde, wo ich in Verzweiflung zur Auswanderung mich entschloß."

Während dieses Hin- und Herredens waren sie zur Schenke gekommen; man setzte sich, ließ sich einen Schoppen geben und forderte Georg auf, seine Erlebnisse zu erzählen.

So hub denn Georg folgendermaßen an:

„Ihr alle wißt, wie es mir hier ergangen und was mich von hier fortgetrieben hat. Meine liebe Mutter, die alte Gertrud, war vor Jahren hierher gezogen und hatte sich das kleine Häuschen draußen an der Uhlendorfer Chaussee gekauft, wo sie von dem, was sie in bessern Zeiten erspart und von ihrem verstorbenen Manne überkommen, sowie von ihrer Hände Arbeit, von dem Ertrage ihres Gartens und von den Markt- und Botengängen lebte. Ihre drei Töchter halfen ihr dabei redlich, sobald sie so weit herangewachsen waren, und brauchte im Orte Jemand eine Marktgängerin oder einen Boten oder einen Blumenstrauß oder einen Korb Gemüße oder Obst, so ging man nur zur alten Gertrud.

Vor zehn Jahren nun kam ich, der ich eben meine Militairdienstzeit abgethan hatte, auf dem Wege nach meiner Heimat durch den Ort. Ich begegnete da meiner Liese und sie gefiel mir so gut, daß ich, anstatt in meine Heimat zu wandern, wo ich, eine elternlose Waise, ohnehin ein Fremdling war, mich als gelernter Müller auf einer Mühle in der Umgegend verdingte. Ich sah Liese fast täglich, und als ein halbes Jahr herum war, begehrte ich sie zum Weibe. Ich war ein kräftiger junger Bursch, überall gern gesehen, besonders bei meinem Müller, und verdiente an Lohn und Trinkgeldern ein hübsches Sümmchen; Liese war auch fleißig und anstellig und die Mutter wollte ihr das Marktgeschäft, zu dem sie besonders paßte, ganz abtreten. Soweit waren wir für unsere Zukunft unbesorgt und sahen ihr hoffnungsvoll entgegen. Aber es sollte anders kommen. Als ich Sonntags zum Herrn Pastor komme, der mich sonst stets wohl leiden mochte, und die Verkündigung begehrte, zeigte er sich sehr willfährig und freundlich und schien Alles in bester Ordnung zu sein, so daß ich mich bestens empfahl und fortgehen wollte. Da unter der Thür schon sagte er auf einmal: „Alles gut, Georg; aber wie ist es mit den hundertsechzig Gulden?"

„Wie so, Herr Pastor?"

„Nun, Ihr werdet doch wissen, daß jeder der arbeitenden Classe Angehörige, der heirathen will, den Besitz dieser Summe nachweisen muß, bevor die Trauung vorgenommen werden darf. Na, bei Euch wird es da nicht fehlen; Ihr seid immer ein fleißiger, sparsamer Mensch gewesen, kein Kirmeßheld, und auch Mutter Gertrud wird ihre Groschen im Trocknen haben."

Ich aber stand wie verdonnert; denn 160 Gulden war eine Summe, die unser beider Besitzthum weit überstieg. Ich sagte das dem Herrn Pastor mit stockender Stimme. Da legte sich dessen bis jetzt freundlich lächelndes Gesicht in gar ernste Falten und er sprach achselzuckend: „Das wäre schlimm für Euch; denn ohne den Schein vom Bürgermeister, daß ihr das Geld nachgewiesen, darf ich Euch n'cht trauen. Ich werde daher warten, bis Ihr ihn bringt." Und so verließ ich ihn, erschreckt und erschüttert. Zu Hause bei Mutter Gertrud ging der Jammer erst recht an. Doch wir hofften, daß gutherzige Leute uns das an der Summe fehlende Geld für die kurze Frist des Nachweises leihen würden. Braucht Ihr aber einmal Geld, so habt ihr keine Freunde; das Mißtrauen schließt alle Taschen; so ging es auch hier. Ueberall, wo wir anklopften, fanden wir taube Ohren. So verzichteten wir denn einstweilen auf unsere kirchliche Vereinigung und machten es, wie so Viele vor uns es machten. Ich zog zu Mutter Gertrud und führte dort gemeinschaftlichen Haushalt, in der Hoffnung, im Taglohn mehr als im Mühldienste verdienen und so schneller das Fehlende zusammenlegen zu können. Aber die frommen Leute im Orte und besonders die Gemeinde nahm Anstoß an unserm Entschlusse und suchte uns, wie man sagt, aus dem Orte hinauszubeißen. Ich fand oft wochenlang keine Arbeit, meine Liese immer weniger Käufer, und als endlich ihr Zustand einige Zeit ihr nicht gestattete, den Markt zu besuchen, verlor sie selbst diese letzten wenigen. So, anstatt unser kleines Capital zu vermehren, mußten wir Gulden um Gulden davon entnehmen.

Kurz, es war eine harte, böse Zeit, wohl angethan, um unser Gemüth gegen Alles zu verbittern. Wohl gab es noch Leute, die uns Arbeit gaben und schafften trotz den Chikanen der Frommen und der Gemeinde; aber ihrer waren zu wenige. Endlich mußten auch Mutter Gertrud und die beiden Schwägerinnen unter dem Fluche leiden, der auf uns lag, und sie begannen uns mit weniger freundlichen Augen zu betrachten. So kam es denn, daß ich eines Abends im Unmuthe zur Mutter sprach, daß wir am besten thäten, aus dem Orte, der uns so feindlich war, fortzuwandern.

„Auswandern?" schrie die alte Gertrud, „ja, das ginge wol. Wie kommst Du aber nach Amerika?"

Da ging mir ein Lichtstrahl durch den Kopf; ich hatte daran nicht gedacht, sondern bloß gemeint, nach einem andern Orte im Lande zu ziehen. Jetzt sah ich aber mit einem Male klar; ich sah ein, daß in jedem andern Orte die gleichen Leiden und Verfolgungen meiner warten würden; ich sah ein, daß ich ihnen nur entrinnen könnte, wenn ich in ein Land zöge, wo jede arbeitsame Hand nicht bloß willkommen, sondern gesucht und im Stande wäre, die Ernährung einer Familie besser zu verbürgen, als 160 Gulden: in ein

Land, wo jedes Kind als ein Segen Gottes und ein Zuwachs zum Wohlstande der Familie betrachtet werde. Ja, nach Amerika mußt du hin! Das stand bei mir fest.

Nach Amerika! Ich kannte ja von Brasilien kaum den Namen; ich hatte immer nur von Amerika gehört und wußte, daß der und jener meiner Bekanntschaft dorthin gewandert war und daß es ihnen dort gut gehen sollte. Ich hatte von dem Agenten in der Hauptstadt gehört, daß er die Leute dahin befördere und ihnen einschlägigen Rath gewähre. Ich dachte also bei dem Auswandern nur an Amerika, d. h. an die Vereinigten Staaten von Amerika, denn von den andern Theilen Amerika's wußte weder ich, noch sonst Jemand im Orte etwas.

Mein Entschluß stand also fest und meine Liese folgte mir ja gern, wohin ich ging und wo sie meine Frau und unser Kind ein ehrliches, eheliches Kind werden konnte, und wo diesem Kinde das unschuldige Dasein und die Sünde seiner Eltern nicht als Verbrechen angerechnet würden.

Wie sollte ich aber nach Amerika kommen? Meine ganze Habe und Liese's Baarschaft betrugen kaum an die achtzig Gulden. Das fiel mir wol schwer aufs Herz. Doch ich hatte ja so viel reden hören von der Wohlfeilheit der Seereise, der sogenannten Passage, daß ich dachte: mit Gottes Hilfe wirst du bis in die Seestadt kommen und das Geld wird wol ausreichen, um für mich und Liese die Ueberfahrt zu zahlen; der arme kleine Wurm konnte ja nichts kosten; und vielleicht war es möglich, auf dem Schiffe irgend arbeiten zu können und so auch die Kosten meiner Ueberfahrt nach New=York ganz oder theilweise abzuverdienen. War ich doch stets ein anstelliger, fleißiger Bursche gewesen und hatte mich schnell in jedes Geschäft gefunden. Waren wir nur einmal über dem Wasser, drüben in Amerika, so mußte sich bald was für mich finden, wenn ich auch ohne einen Heller Geld ans Land kam.

Ich sagte diese meine Gedanken meiner Liese und sie war vollständig damit einverstanden, wenn es uns auch nahe ging, daß wir der Härte und Vorurtheile unserer Nachbarn und Landsleute wegen hinaus sollten in die weite, weite Welt, wo Alles so fremd und unbekannt uns anstarrte, während wir doch Kraft und Willen genug in uns fühlten, unser ehrliches Stück Brod auch bei uns im Dorfe zu verdienen und unsere Kinder redlich fortzubringen.

Des andern Morgens machte ich mich denn früh auf den Weg und ging nach der Hauptstadt, um mit dem Agenten selbst vorläufig Rücksprache zu nehmen und, wenn es möglich wäre, auch sogleich die Sache richtig zu machen. Jeder Tag, den wir länger in der Heimat in gezwungenem Müßiggange zubrachten, war für unsere kleine Baarschaft empfindlicher Verlust und brachte uns um einen Tag reichlichen Verdienstes in unserer neuen Heimat. Dennoch betrat ich mit heimlichem Zagen das Arbeitszimmer des Agenten.

Es war ein schon ältlicher Herr mit klugen, scharfen Augen und mit einem kurzen und barschen Benehmen, das er sich wol im Geschäfte angewöhnt hatte. Trotzdem flößte mir seine wohlwollende Miene Vertrauen ein, und als wir endlich allein waren, trug ich ihm, anfangs stockend, dann aber ohne Scheu mein Anliegen und die Gründe dafür vor. Er ließ mich zu Ende reden, nickte nur hier und da mit dem Kopfe und sagte endlich: „Hört, Mann, das ist die alte Geschichte, die alle Jahre Tausende über das Meer treibt und so lange treiben wird, bis man endlich zur Einsicht gelangt, daß es so nicht fortgehen kann. Es ist aber den Leuten oben viel bequemer, die Auswanderungslust uns Agenten und unsern Verlockungen und Anpreisungen zuzuschreiben, als zu gestehen, daß die durch ihre heillose Wirthschaft herbeigeführten Uebelstände es allein möglich machen, daß überhaupt Agenten bestehen können und bestehen müssen. Was aber Euch betrifft, so fügt es sich gerade gut, daß in acht bis zehn Tagen ein gutes Schiff von Bremen nach Newyork abgeht. Ihr könntet gleich abreisen, wie Ihr sagt, und mithin noch rechtzeitig ankommen. Ihr wißt wol schon den Preis für die Passage?

„Ach nein," antwortete ich wieder etwas verzagt; „nur was man so von Nachbarn hört, deren Verwandte ausgewandert sind. So ein dreißig Gulden für die Person?"

Der Agent betrachtete mich einen Augenblick und sagte dann: „Von Bremen mittelst Segelschiff nach New=York ist der Passagepreis im Zwischendeck für den Erwachsenen, Kost eingerechnet, bei 42 Gulden; Säuglinge sind frei. Es kostet Euch demnach die Seefahrt für Euch und Eure Liese 84 Gulden, ohne zu rechnen, daß Euch die Fahrt von Eurer Heimat bis Bremen selbst bei den bestehenden Ermäßigungen und aller Sparsamkeit in der Zehrung auch noch an die zwanzig Gulden kosten dürfte."

„Aber das ist ja erschrecklich viel," versetzte ich kleinlaut und die Thränen traten mir ins Auge. „Wir haben kaum 80 Gulden; geht denn davon nichts ab? Kann ich nicht an Bord arbeiten für die Ueberfahrt? Ich bin ja kräftig und geschickt und willig zu aller Arbeit."

„Lieber Mann, das geht nicht; der Schiffsherr in Bremen hat Alles so billig gestellt, als es ihm möglich ist, wenn er nicht umsonst arbeiten will; davon kann nichts abgehen; und was Eure Arbeit an Bord betrifft, so sind dafür die Matrosen da und deren Arbeit könnt Ihr, der Ihr weder das Meer noch ein Schiff je gesehen, in der ersten Zeit unmöglich verrichten. Das ist eine Idee, die zu nichts führt, und wenn Ihr das Euch fehlende Geld nicht auf irgend eine Weise herbeischaffen könnt, so fürchte ich, lieber Mann, daß Ihr dießmal **wol** Eure Auswanderungslust, gleich so vielen Andern, unterdrücken und zu Hause Eure Nöthen und Schmerzen ertragen müßt, wie Ihr es eben könnt."

„Besinnt Euch, lieber Herr" flehte ich; „ist sonst gar keine Hülfe möglich?"

„Ich hülfe Euch gern; aber ich habe selbst kein Vermögen,

und was ich sauer erwerbe, davon muß ich Frau und Kinder erhalten; es ist nicht um die wenigen Gulden für Euch, aber es kommen so Viele, die mit Euch am gleichen Unglücksstrange ziehen, und mit welchem Rechte wollte ich denen meine Hülfe verweigern, wenn ich Euch allein hülfe und wo käme ich dann hin?"

Das sah ich nun wol ein, aber wenn auch die Vernunft begriff, das rebellische Herz schlug dagegen und dürstete und schrie nach Hülfe aus unsern Nöthen; so drehte ich mich denn um und weinte bitterlich.

Der Herr ließ mich weinen und ging bald stillschweigend auf und nieder, bald blätterte er in den Papieren an seinem Schreibtische. In dem Augenblicke trat der Briefträger ein und überreichte dem Agenten eine Anzahl Briefe, welche dieser eilig erbrach und las. Ich fühlte, daß ich hier nichts mehr zu thun hatte, schämte mich meiner Thränen, trocknete sie und griff nach meinem Hute, um mich zu empfehlen. Da sah der Agent von seinem Pulte auf und sagte zu mir: „Hört, das kömmt sonderbar. Seid Ihr darauf versessen, just nach Nordamerika zu gehen? Habt Ihr vielleicht Verwandte oder Freunde dort, die sich in günstigen Umständen befinden und von denen Ihr dort Rath und Hülfe erwarten dürft?"

„Keine lebende Seele kenne ich drüben und ich ginge wol auch anders wohin; kenne ja kein anderes Land; wenn's mir nur dort wohlgeht und wenn mein Geld zur Passage reicht."

„Es reicht, es reicht; aber Ihr habt wol nie von Brasilien gehört?"

„Brasilien?" sagte ich; „i ja, von dem Lande hab ich schon gehört, es gibt ein Lied: Juchheirasassa, Brasilien ist nicht weit von hier."

„Und sonst wißt Ihr nichts davon?" lachte der Herr.

„Nun, es soll ein schrecklich heißes Land sein, voll schwarzer Menschen, und Gold und Edelsteine sollen dort nur so herum liegen."

„Dummes Zeug", brummte der Agent; „Brasilien ist auch nicht wärmer, als Texas und andere Länder, wo so viele Leute hinlaufen.

Und was das Gold und die Edelsteine betrifft, so gibt's wol deren genug, aber nur die strengste Arbeit oder unverschämtes Glück fördern davon so viel zu Tage, als der fleißige Bauer mit Haue und Pflug verdienen kann. Um aber auf Euch zu kommen, so seht, hier habe ich den Auftrag erhalten, für einen guten Freund nach Brasilien 50 Familien auf sein Landgut hinüberzuschaffen. Er will die Ueberfahrtskosten, so wie die Kosten drüben von der Seestadt, wo sie landen, bis auf sein Gut für sie und ihr Gepäck bezahlen, ihnen Haus und Gartenland geben, und auch sonst bis zur ersten Ernte und so lange sie überhaupt etwas nöthig haben, das Nothwendige für Speise und Kleidung liefern. Sie müssen das alles aber dann wieder von ihrer Ernte abbezahlen und zwar so: Er hat eine Kaffeepflanzung, d. h. er hat viele tausend Kaffeebäumchen angepflanzt, die sollen nun von den fünfzig Familien gejätet und reingehalten werden, bis die Kaffeekirschen reif sind. Dann müssen sie selbe pflücken und an den Herrn abliefern; die Hälfte von den Kirschen bleibt ihnen und von dem Preise, welchen die Kaufleute für den daraus gewonnenen Kaffee zahlen, müssen sie dann nach und nach die durch ihre Reise und Ansiedlung, sowie die durch Befriedigung ihrer Bedürfnisse entstandenen Schulden zahlen. Haben sie die bezahlt, so können sie gehen oder bleiben nach ihrem Gefallen. Habt Ihr das verstanden?"

„So ziemlich, und das scheint mir ja eine gar große Wohlthat für solche Leute zu sein, wie ich; da kann ich ja wol mitkommen und brauche keine Passage zu zahlen?"

„Ja, lieber Mann, das könnt Ihr und obendrein könnt Ihr Euch in Hamburg vor Eurer Einschiffung noch mit Eurer Liese trauen lassen, damit Ihr als ein anderer Mann Euer neues Leben beginnt. Aber les't erst die Bedingungen vorher durch, die ich Euch hier mitgebe, geht mit Euch zu Rathe ernsthaft und männlich und bedenkt, daß es genug Leute in Deutschland gibt, die das, was Ihr so richtig für eine Wohlthat erkennt, für einen Betrug und als Sklavenwirthschaft verschreien und so Euch armen Teufeln die einzige Hoffnung rauben, ohne indeß Euch dafür etwas Besseres zur Entschädigung bieten zu können. Bedenkt ferner, daß Ihr auch drüben hart und schwer arbeiten müßt, daß aller Anfang, besonders im fremden Lande, unter fremden Leuten, mit fremder Sprache und Sitte, schwer ist, und entschließt Ihr Euch auch dann noch dazu, so kommt zu mir. Dann werde ich Sorge tragen, daß Ihr zu den 50 Familien angenommen werdet. Wollte Gott, daß Alle Euch glichen; dann wäre mir weder um die Arbeiter noch um den Grundherrn bange; behüte Euch Gott!"

Er schüttelte mir noch die Hand und bald stand ich auf der Gasse wie ein Träumender; so nahe der Verzweiflung, hatte sich an mir das Sprichwort bewahrheitet: "Wo die Noth am größten, ist die Hülfe am nächsten." Ich bedurfte keiner weitern Ueberlegung; meine Noth überhob mich derselben. Mit der Hartnäckigkeit des Ertrinkenden ergriff ich den Balken, der mich Rettung hoffen ließ; mir schwebte damals nur die eine Idee vor: schlechter als hier könne es mir nirgends ergehen, und zudem stehen wir überall in Gottes Hand. Arbeiten wollten und konnten wir, und daß die Arbeit in Brasilien gesucht sein und gut bezahlt werden mußte, das sah man an den Bedingungen, die man stellte. Ueberdieß blieb uns der größte Theil unseres Sparpfennigs erhalten. Was wollten wir in unserer Lage mehr?

Als ich zu Hause über meinen Besuch bei dem Agenten Bericht erstattet und mit Liese und ihrer Mutter Alles erwogen und besprochen hatte, waren wir bald einig, daß ich sobald als möglich den Contrakt abschließe.

Natürlich fehlte es nicht an Leuten, die, nachdem sie uns in unserer Noth weder beigestanden waren, noch auch beizustehen gedachten, jetzt uns ihren wohlfeilen Rath anboten und sich bestrebten, uns den gefaßten Entschluß auszureden. Da wußte der Eine Dieß, der Andere Das; der wollte gelesen haben, Brasilien sei ein Land, wo Alles vor Hitze verbrenne oder sonst in schwerer Krankheit verkommen müsse. Der sprach von weißen Sklaven, der von dem Verkommen jedes Auswanderers drüben, denn sie würden einfach unter das Militär gesteckt, und wer weiß, was noch Alles.

Ich aber ließ mich das wenig anfechten, sondern fragte nur zurück: „Wißt Ihr mir etwas Besseres? Wollt Ihr mich und die Liese beschäftigen? Wollt Ihr uns die Erlaubniß zur Heirath verschaffen?"

Und als sie dazu achselzuckend schwiegen, so dankte ich ihnen höflich für ihre Bemühung und ging zum Agenten, mit dem ich denn auch den Contrakt für mich, Liese und unsern kleinen Buben abschloß.

Der Contrakt lautete damals ungefähr dahin, daß wir uns gegen Vorschuß der Reisekosten und der nothwendigen Lebensbedürfnisse 2c. verpflichteten, auf dem Gute des Herrn N. in der Provinz S. Paulo in Brasilien so lange eine gewisse Anzahl Kaffeebäume zu warten und ihre Früchte einzuernten, bis wir aus der uns gebührenden Hälfte dieser Ernte oder auf sonst welche Art jene Vorschüsse sammt billigen Zinsen zurück gezahlt hätten.

Der Agent wies mich nun an, an einem bestimmten Tage uns in Augsburg einzufinden, von wo wir dann mit andern Auswanderern unter Führung eines andern Agenten nach Hamburg gehen sollten, um nach dem Orte unserer vorläufigen Bestimmung eingeschifft zu werden.

Drei Wochen später reiste ich nach Augsburg und von da mit anderen süddeutschen und schweizerischen Familien zusammen nach Hamburg. Wir bestiegen dort nach mehrtägigem Aufenthalte das gute Schiff Emma und segelten nach Brasilien ab.

So kam ich denn dorthin.

„Ja," sagte der Weidenbauer, „und wie erging es Dir auf der Reise?"

„Und" meinte der Prinzenbauer „was hast Du denn drüben getrieben die ganze Zeit?" Worauf der Weidenbauer lachte und

Einleitung

sagte: „Die feinen Kleider und die große Bagage, das hat er Alles von dem Kaffeepflücken!"

„Wenn auch nicht bloß davon," antwortete Georg, „so hat doch das Kaffeepflücken den Grund zu meinem Wohlstande gelegt. Ich nehme wol jedes Jahr über 3000 Gulden baar ein, wenn ich auch nur mit Kaffeepflücken begonnen habe."

„Poßtausend, rief der Prinzenbauer Sepp, da ginge ich auch hinüber, wenn das gewiß wäre. Du mußt uns mehr von Brasilien erzählen; hier hört man ja fast gar nichts davon."

„Warum denn nicht?" sagte Georg; „ich werde mich an die drei Wochen hier aufhalten. Bin ich mit meinen Angelegenheiten fertig, so will ich Euch wol des Abends hier in der Schenke Alles erzählen, was ich in Brasilien selbst erlebt oder von andern tüchtigen Männern darüber gehört habe. Aber das wird ein bischen lange dauern."

„Desto besser," riefen die Bauern. „Aber recht ausführlich muß es sein," sagte der Weidenbauer; „denn man kann nicht wissen, was geschieht."

„Nun gut, an mir soll's nicht liegen; ich werde jeden Abend hier sein und denen erzählen, die etwas hören wollen; auch habe ich Abbildungen von Thieren, Pflanzen, Werkzeugen, von Menschen und Landschaften Brasiliens, die ich Euch dann zeigen werde."

„Ah, das ist schön!" riefen Alle. „Und wann soll's beginnen?"

„Wenn Ihr wollt, schon morgen."

Als dann der andere Tag und dessen Abend gekommen war, fanden sich zahlreiche Zuhörer in der Schenke ein und nachdem die Ruhe hergestellt war, begann Georg:

Erster Abend.

Wo liegt Brasilien? — Diamanten und Gold. — Die zwei Unzen. — Die Hitze. — Die Deutschen werden weder an den Pflug gespannt, noch als Sklaven verkauft. — Die Indianer. — Die freien Brasilianer. — Die Neger und die Sklaverei. — Die Eingewanderten, besonders die Deutschen.

Vor Allem glaube ich Euch sagen zu müssen, wo Brasilien eigentlich liegt, was für ein Land es ist und was für Leute da wohnen; denn hier in Deutschland, besonders im Süden, weiß man wenig oder gar nichts davon, und wäre nicht das aus den zwanziger Jahren herstammende Lied „Brasilien ist nicht weit von hier," so hätten die meisten Leute aus unserem Stande selbst den Namen Brasilien nie gehört. Die Wenigen, die mehr davon zu wissen glauben, haben die verworrensten Begriffe, und während die Einen von den Diamanten und Edelsteinen Brasiliens sprechen, als ob dort die Landstraßen damit gepflastert wären und man sich nur darum zu bücken brauchte, gibt es wieder Andere, die gehört haben, man vergehe dort in der Hitze und der deutsche Auswanderer werde dort mit den Mohren in den Pflug gespannt und auch als Sklave verkauft.

Es ist aber weder das Eine noch das Andere wahr. Es gibt allerdings genug Diamanten, Ganz- und Halbedelgesteine, auch Gold; aber das Graben und Suchen danach verlangt mehr Geld und Arbeit, als das schönste Landgut kostet, und trägt nur bei besondern Glücksfällen so viel ein, als dieses. Der beste Beweis liegt wol darin, daß von den 30—40,000 Deutschen in Brasilien kein einziger in die Diamantengruben gegangen oder Goldwäscher geworden ist, sondern alle als Kauf- oder Gewerbsleute und als Bauern sich seßhaft gemacht haben. Es kam zu dem alten Ring auf der Kolonie Mundo Novo auch so ein Goldsucher und frug ihn, ob er nicht wüßte, daß in der Gegend Gold gefunden worden sei?

„Ja wohl," meinte der alte Kolonist, „morgen früh will ich Euch zu einer Stelle führen, wo ich selbst in diesem Jahre zwei Unzen Gold gefunden habe." Richtig führte er andern Tages den Goldsucher auf sein Bohnenfeld und sagte ihm: „Seht, da habe ich dieses Jahr 16 Säcke Bohnen geerntet, was mir gerade die zwei Unzen Gold trug, von denen ich Euch sprach."

Das ist das wahre Goldsuchen in Brasilien. Und was das betrifft, daß man dort vor Hitze zu Grunde geht und vor den Pflug gespannt und als Sklave verkauft wird, so ist das eine lange Geschichte, die ich indeß so kurz fassen will, als möglich.

Brasilien liegt vielleicht zweitausend Meilen weit von uns und zwar auf der andern Erdhälfte unter dem Aequator; was das ist, wird Euch der Schullehrer besser sagen können. Es läßt sich aber nicht so von Brasilien sprechen, als wie wir von Baden oder Würtemberg reden; denn Brasilien ist so groß wie fast unser ganzer Welttheil, vom schwedischen Eismeer bis nach Griechenland, von Rußland bis nach Frankreich; weil es aber viel näher am Aequator liegt, d. h. in der sogenannten heißen Zone, so friert es im ganzen Lande nirgends und fällt auch kein Schnee, außer hie und da im kälteren Süden, auf hohen Bergen. Es ist deshalb das Klima nicht so verschieden, wie in Europa, wo in Schweden die Vögel in der Luft erfrieren, während die Leute zu Neapel in Sommerkleidern spazieren gehen. Aber ein großer Unterschied ist doch immer zwischen dem Klima in einer Provinz Brasiliens, die unter dem Aequator oder nahebei liegt, und einer, die 2—300 Meilen davon entfernt ist. Dann muß man sich die Sonnenhitze nicht gar so arg vorstellen; ich habe mir von gescheidten Leuten sagen lassen, daß die Sonnenhitze, wann die Sonne gerade über uns steht, überall gleich ist, daß aber eine Menge Umstände dazu beitragen, sie empfindlicher oder geringer zu machen. So zum Beispiel ist die Sonnenhitze in einer recht sandigen, wasserarmen Gegend, in einem tiefliegenden Grunde viel größer, als in einer Gebirgsgegend oder in einem Laubwalde. Auch der regelmäßige Luftzug trägt dazu bei, sie zu mildern, und so ist es auf dem Meere kühler, als in vielen Landgegenden.

Nun aber ist ja Brasilien ein sehr gebirgiges Land und gewiß neun Zehntel sind noch lauter Wald, zumeist Laubholzwald; es gibt ferner vielleicht kein Land, was so viel Flüsse und Seen besitzt und dabei noch neunhundert Meilen lang am Meere sich fortdehnt, wie Brasilien. Wo aber Wald, Wasser und Gebirg ist, da gibt es immer frische Luft und viel Regen und da kann von einer unerträglichen Hitze gar keine Rede sein; das, glaube ich, kann jedes Kind einsehen. Ich will damit nicht sagen, daß es in Brasilien nicht auch sandige Gegenden, kahle Berge und sumpfige Ebenen gibt, wo die Hitze so groß ist, als in der Wüste Sahara oder sonst wo. Aber das Land ist ja so ungeheuer groß und hat so wenig Einwohner (40 im Durchschnitte auf die Quadratmeile, wo bei uns zwischen 6 — 7000 wohnen), daß der Auswanderer, der sich in eine solche Gegend setzen wollte, rein von Dummheit geschlagen sein müßte.

Kurz der Unterschied zwischen unserm deutschen Klima und dem brasilianischen besteht einfach darin, daß wir hier nur im Sommer so warme Tage haben, wie in Brasilien, während in ganz Brasilien das ganze Jahr warm ist. Die heißesten Tage in beiden Ländern bleiben sich an Hitze gleich, nur daß in Brasilien selten acht Tage ohne Regen vorübergehen, währenddem Ihr hier oft 6 — 8 Wochen auf den Regen wartet.

Der Unterschied ist aber ein sehr gewaltiger und der größte Vortheil, den Brasilien vor Deutschland voraus hat. Wir in Brasilien haben keinen Winter. Wir können das ganze Jahr säen, pflanzen und ernten; wir können unser Vieh das ganze Jahr im Freien lassen, was für den Anfänger eine große Hülfe ist. Wir brauchen nicht das Holz zu sparen oder zu kaufen und mühsam zu sägen und zu spalten für unsere Oefen; wir brauchen keine so festen und warmen Häuser. Wir müssen uns nicht in die heißen Stuben sperren und so viel Geld für die tuchenen und wollenen Winterkleider, für Pelz und Gott weiß was ausgeben.

Wozu in Deutschland der Bauer zwei Morgen braucht, dazu hat er in Brasilien an einem halben genug; denn der Boden ist fruchtbarer, die Wärme entwickelt Alles besser und geschwinder und er braucht, wenn er gescheidt ist, sein Land nicht rasten zu lassen den ganzen Winter durch. Die Kartoffeln werden in zwei Monaten reif, das Welschkorn in vier Monaten, die Bohnen in 10 Wochen.

Aber die Lage Brasiliens in der Nähe des Aequators hat noch einen andern Vortheil für die Bewohner. Der Umstand, daß die Sonne fast immer über ihnen steht, bewirkt außer einer gleichen Temperatur des ganzen Jahres noch, daß auch die Tageszeiten im ganzen Jahre fast ganz gleich bleiben. Selbst die vom Aequator entferntesten Gegenden haben das ganze Jahr hindurch kaum mehr als eine Stunde Unterschied in der Tageslänge, und man kann sagen, daß die Sonne im Sommer und im Winter um sechs Uhr Morgens aufgeht und um 6 Uhr Abends untergeht. In Rio Grande ist der längste Tag um $1/_2 7$ Uhr zu Ende, während der kürzeste bis $1/_2 6$ Uhr dauert.

Denkt nur daran, was für ein Vortheil in einer Zeiteintheilung liegt, die das ganze Jahr hindurch dieselbe bleiben kann; wie viel Brennöl dort erspart wird und wie viel mehr geschafft werden kann, während bei Euch hier in Deutschland des Winters schon oft um 3 Uhr Nachmittags der Dunkelheit wegen gefeiert und um 4 Uhr die Lampe angesteckt werden muß.

Uebrigens haben wir in den kälteren Gegenden Brasiliens gar manche kalte Nacht; so ist mir in einer Nacht die schon aufgegangene Maissaat erfroren und das Zuckerrohr dazu, und im Wassereimer

in der Küche war das zurückgebliebene Wasser zu Eis gefroren.
In Curitiba und andern hochgelegenen Gegenden hat man auch schon
Schnee und Eis, und darum ist es jedem Auswanderer, der sich
nach den Gebirgskolonieen in St. Catharina, Paraná und Rio Grande
wendet, sehr anzurathen, daß er sein warmes Bettzeug ja nicht
vergesse und auch auf einen eisernen Kochofen, der zugleich zum
Heizen dient, Rücksicht nehme.

Trotz des erwähnten Reifes aber gedieh mir Hafer und Gerste,
Kartoffeln und Erdnuß, und in ein wenig tiefer gelegenen Gegenden
kömmt selbst ein solcher Reif nicht mehr vor, da ja sonst die Einwan=
derer weder Kaffee noch Zucker bauen könnten.

So viel über die unmenschliche Hitze in Brasilien, von der so viele
Leute faseln. Was nun das Judenpflugspannen und Verkaufen der
Deutschen betrifft, so ist das einfach eine boshafte Dummheit, die gewisse
interessirte Leute ausgesonnen haben, welche dem Vaterlande einen
Dienst zu leisten glauben, wenn sie die Armen und Nothleidenden
von der Auswanderung abhalten und so den Gutsbesitzern und
Fabrikanten daheim die wohlfeilen Arbeitskräfte, wie sie es nennen,
erhalten. Es gibt aber Gottlob noch Leute, die es auch mit den
Armen und Nothleidenden wohlmeinen und die einsehen, daß es
besser ist, sie bringen sich in einem fremden Lande gut fort, als daß
sie bei uns aus Noth endlich dahin kommen, die Spitäler, die Zucht=
häuser und Spitzbubenwinkel zu füllen.

Vor den Pflug gespannt können sie in Brasilien schon deßhalb
nicht werden, weil dieses Werkzeug dort zu den großen Seltenheiten
gehört. Und wer sollte sie denn vorspannen? Sie sind ja auf
ihrem eigenen Lande und ihre eigenen Herren, denen weder der
Steuereinnehmer, noch der Douanier, noch der Gendarm das Leben
sauer machen kann, ja dem er die Thür weisen darf, sollte einer
von ihnen ohne seine Erlaubniß die Schwelle übertreten. Und sind
sie auf fremdem Lande, nun gut, so stehen sie in einer Art Dienst,
aber nicht so wie hier in Deutschland gegen einen bestimmten, elenden
Lohn, sondern ihre Einnahme wächst mit ihrem Fleiße. Doch davon

später des Näheren. Nur noch ein Paar Worte über das Verkaufen der Deutschen in die Sclaverei. Ganz abgesehen davon, daß in Brasilien nur Mohren oder lichtere und dunklere Mulatten Sclaven sind und als solche nur verkauft werden können, sobald gesetzlich nachgewiesen werden kann, daß sie wirklich das Eigenthum der Verkäufer sind; abgesehen davon, daß genug freie Neger und Mulatten im Lande wohnen, die man doch weit leichter als Sclaven verkaufen könnte, daß ferner die Sprache allein schon die Deutschen vor einer solchen Möglichkeit bewahren muß, so hat noch überdieß fast jeder deutsche Staat seinen Gesandten oder Consul in Brasilien, die eine solche Frevelthat bald entdecken und den Verbrecher zur Rechenschaft ziehen könnten. Ein solcher Fall könnte nur dann denkbar sein, wenn der Besitzer seinen Sclaven eingesperrt im Hause hielte, also keinen Nutzen von ihm zöge; denn sonst bieten sich ihm Gelegenheiten die Menge dar, zu entfliehen und den Schutz der Gerichte oder des Consuls anzurufen.

Welcher Unsinn also ist dieß und wie einfältig müssen die Leute sein, denen man solche Geschichten aufbinden kann!

Ihr werdet aber gern wissen wollen, von wem denn das Land eigentlich bewohnt ist. Ursprünglich war das ganze Land von den wilden Indianern bewohnt, die übrigens gar nicht so wild waren, als jetzt manche ihrer Nachkommen sind. Sie hatten große Städte, sie hatten ihre Einrichtungen, ihre Religion und waren gastfrei und muthig. Da ward Brasilien im Jahre 1500 von einem portugiesischen Seefahrer entdeckt und seitdem von den Portugiesen nach und nach erobert. Diese drängten die Indianer immer tiefer in die Wildnisse, machten die bei ihnen gebliebenen zu Leibeigenen oder siedelten sie in Missionsdörfern an, wo sie sich bekehrten und bald aus Jägern Hirten und Bauern wurden.

Man theilt sie noch heute in zahme und wilde Indianer. Die zahmen leben sehr zahlreich in ihren Dörfern in manchen Provinzen, sind aber sehr häufig schon mit den Weißen und andern Stämmen vermischt und es ist ihre Abstammung oft nur aus dem langen,

straffen Haare zu erkennen. Man findet sie sehr häufig unter den
Soldaten und in der Marine, und sie sind hier ganze Brasilianer
und Christen geworden, die sich von den andern Brasilianern im
Leben gar nicht unterscheiden.

Die wilden Indianer aber, die man gewöhnlich Bugres nennt
und deren es viele Stämme gibt, leben in den Wäldern, wo sie sich
meist von Jagd und Fischfang, Fichtennüssen und sonstigen Früchten
nähren. Sie werden hie und da den Ansiedlungen gefährlich, gehen
indeß nur dann angriffsweise vor, wenn sie oder einer von ihnen
gekränkt oder beleidigt wurde. Da sie aber meist nur mit Bogen
und Pfeilen bewaffnet sind und das Schießgewehr sehr fürchten,
so braucht einem Einwanderer vor ihnen nicht bange zu sein, auch
wenn er mitten im Walde allein wohnte. Ein paar tüchtige Hunde
und eine gute Doppelflinte genügen da. Indeß braucht sich Niemand
allein in den Wald zu setzen, und auf jeder Kolonie, die Angriffe
der Wilden zu befürchten hat, hält die Regierung eine Abtheilung
Soldaten zu ihrem Schutze.

Auf dem Bilde, das ich Euch hier zeige, seht Ihr zahme und
wilde Indianer. Der Unterschied zwischen beiden besteht in der
Kleidung. Die Wilden, die Ihr hier seht, gehören einem als grau=
sam und menschenfresserisch verrufenen Stamme, den Botocuden,
an. Sie tragen in Ohren und Lippen möglichst große Korkscheiben,
botoques, wovon sie den Namen haben. Ihre Wohnsitze haben
sie in der Provinz Espirito Santo am Rio Doce (süßen Flusse).

In der Provinz Alta Amazonas, in Pará, Maranham, Matto
Grosso, Goyaz, Piauhy gibt es mehr zahme Indianer als Weiße
oder Neger und auch im Innern der Provinzen Bahia, Pernam=
buco, Rio Grande do Sul sind sie noch sehr zahlreich.

Außer diesen ursprünglichen Herren des Landes trifft man
ferner die Brasilianer. Das ist nun eine ganz eigenthümliche
Raçe, und es will dem Europäer schwer in den Kopf, daß alle
diese Farben einem Volke angehören sollen. Jeder freie, im Lande
geborne Mensch, sei er weiß oder schwarz oder braun oder kupferroth,

Zahme und wilde Indianer.

mit Ausnahme der wilden Indianer, ist brasilianischer Bürger und hat dieselben Rechte und Pflichten. Man muß indessen sagen, daß die weiße Hautfarbe in Brasilien gewissermaßen ein Adelsbrief ist, wie das in allen Ländern zu sein pflegt, wo die Negersklaverei und die daraus entspringenden Folgen existiren.

Da man in Brasilien keinen privilegirten Erbadel kennt, wie wir dessen in Deutschland nur zu viel haben, so hält man desto mehr auf die europäische Abstammung, auf die Reinheit des kaukasischen Blutes, und die höheren Classen der brasilischen Bevölkerung bestehen daher aus Weißen.

Dem Deutschen erscheinen selbst die weißen Brasilianer sehr dunkel und er hält sie daher oft für Farbige; dieß ist aber ebenso unrichtig, als wollten wir alle südlichen Völker Europas für afrikanische Mischlinge halten, weil sie einen gewiß ebenso dunklen Teint haben, wie die weißen Brasilianer, deren Klima doch noch viel wärmer ist.

Diese Eifersucht auf die Reinheit des Blutes geht indeß nicht so weit, daß man die Farbigen von der Gesellschaft und von den Stellen im Staatsdienste ausschlösse; man begegnet deren selbst in den hervorragendsten Posten.

Aus dem Gesagten könnt Ihr abnehmen, welch großer Vortheil für den deutschen Einwanderer schon aus der Hautfarbe in einem Lande entspringen muß, wo die große Masse der Bevölkerung in überwiegender Zahl aus Farbigen besteht.

Insbesondere steht seinen in Brasilien gebornen, der Landessprache mächtigen Kindern der Weg zu allen Ehren offen; sie können Deputirte, Senatoren, Minister werden, den Titel eines Barons, Grafen, Marquis erlangen, ohne einem Hindernisse zu begegnen, das nicht durch Talent und Fleiß zu überwinden wäre.

Niemand kümmert sich darum, wer die Aeltern eines verdienstvollen Mannes sind, ob Bauern oder Schneider; er ist ein Weißer und hat Kenntnisse, Verdienste, Geld — das genügt.

Die Brasilianer, ob Weiße oder Farbige, welche ich kennen lernte, waren durchgängig gutmüthige, freundliche und dienstfertige Leute. Sie sind sehr beweglich und lebhaft, von vielen Anlagen, höflich und gastfrei, nüchtern und genügsam selbst bis zum Uebermaß und halten im Allgemeinen viel von den Fremden, besonders von den Deutschen.

Jeder Brasilianer nimmt den Reisenden bei sich auf und bewirthet ihn und sein Pferd, ohne Bezahlung dafür anzunehmen oder gar zu fordern.

Was brasilianische Feld= und Waldarbeiter angeht, so ist es am besten, sie in Accord zu nehmen; sie sind besonders beim Waldfällen ausgezeichnet geschickt und billig. Aber einen solchen Arbeiter gänzlich als Knecht zu dingen, geht nicht an. Ich hatte einmal einen solchen; es war ein nüchterner, wohlerzogner Bursche; er arbeitete meine zwei deutschen Knechte spielend hinter sich und war mit Fuchs und Axt unübertrefflich. Während der Mittagsstunden, die meine Landsleute verschliefen, war er wieder munter im Felde, kurz, er wäre unbezahlbar gewesen, hätte er nicht einen kleinen Fehler gehabt. Hatte er nämlich acht Tage rüstig gearbeitet, so ließ er sich den verdienten Lohn geben, sattelte sein Pferd (denn in Rio Grande reitet Jedermann, selbst der Bettler), nahm seine Guitarre und verschwand. War er mit dem erworbenen Gelde fertig, so kam er wieder und arbeitete tüchtig und unverdrossen, bis er abermals einiges Geld verdient hatte. Ans Sparen also denken sie nicht; für ihre Bedürfnisse reicht etwas Arbeit hin und für das Alter sorgen sie nicht. Man lebt noch so leicht in Brasilien. Das Bild „die Weißen in Brasilien" zeigt Euch Frauen auf dem Kirchgange, einen Handelsmann, einen Reiter und eine Karrete aus dem Innern.

Die dritte Classe der Bevölkerung sind die Neger. Als nämlich eines Tages einem Bischofe die Grausamkeit der christlichen Eroberer gegen die indianischen Besiegten zu unerträglich erschien, schlug er den Entmenschen vor, statt der zur Arbeit so wenig

geeigneten Indianer die starken und sinnesstumpfen Neger Afrika's einzuführen und zur Arbeit zu verwenden. Die Spanier und Portugiesen ergriffen mit Frohlocken diese Idee und setzten sie augenblicklich ins Werk. Nach Brasilien allein wurden Millionen schwarzer Sclaven eingeführt. Aus ihren Kindern und den von ihren Herren mit ihnen erzeugten Nachkommen, so wie den verschiedenen Mischungen der Indianer, Mestizen, Mulatten ꝛc., entstand endlich jenes sonderbare Farbengemisch, das wir heute in Brasilien sehen.

Ein großer Theil der Neger und ihrer farbigen Nachkommen sind noch heute Sclaven; man schätzt sie auf 2 Millionen, während die ganze Bevölkerung Brasiliens 8—9 Millionen betragen muß.

Die Sclaverei ist in Brasilien sehr milde. Ich will nicht sagen, daß es nicht auch dort sehr rohe und grausame Herren gebe; aber im Allgemeinen ist der Volkscharakter viel zu gutmüthig und nachsichtig, als daß die Sclaven besonders zu leiden hätten.

Was ein wahrer Brasilianer ist, der verkauft keinen Sclaven (denn es wird dieß als Schande betrachtet), außer es wären unverbesserliche Trunkenbolde, Diebe, Wegläufer. Es kömmt dieß daher nur dann vor, wenn wegen einer Erbschaftstheilung oder bei einem Fallissement dieser Schritt nicht vermieden werden kann. Endlich ist noch große Noth der Besitzer Ursache des Verkaufs von Sclaven. Eigentliche Sclavenhändler, d. h. Leute, die sich bloß mit Kauf und Verkauf von Sclaven beschäftigen, gibt es nirgends. Dagegen besteht in manchen Provinzen des Südens eine Regierungsverordnung, daß für jeden Sclaven, der aus der Provinz hinausverkauft wird, dem Verkäufer eine Summe als Prämie bewilligt wird, während für jeden Sclaven, der von einer andern Provinz in diese eingeführt wird, eine hohe Abgabe zu bezahlen ist.

Diese Provinzen, welche ohnehin die meisten Einwanderer haben, wollen auf solche Art sich nach und nach ihrer Sclaven entledigen und werden es auch in nicht zu ferner Zeit erreichen. Es stirbt ja kein Brasilianer, ohne daß er einen oder mehrere seiner Sclaven freiließe; ferner vermehren sich die Sclaven sehr wenig, und schließlich hat in den nördlichen Provinzen die Cholera so unter denselben aufgeräumt, daß diejenigen, welche große Zucker- und Kaffeepflanzungen besitzen und deßhalb sehr viele Sklaven brauchen, selbe im ganzen Lande zusammen kaufen. Denn aus Afrika Sklaven herüberzubringen ist sehr streng verboten, und die Schiffe und Gerichtsbehörden, welche ein Sklavenschiff auffangen, bekommen solche Belohnungen, daß sie gewiß keines durchschlüpfen lassen. So sind denn auch in den letzten zehn Jahren, wie ich gehört habe, nur zwei solche Schiffe nach Brasilien gekommen und dort gleich aufgefangen worden. Seitdem hat man nichts weiter gehört.

Auch die Fremden können sich Sklaven kaufen; nur die Einwanderer, welche sich in einer Kolonie niederlassen, dürfen sich keine halten. Das ist sehr gut, denn die Sklaverei bringt viel Uebles mit sich: wo es Sklaven gibt, die arbeiten müssen, da schämen sich die Freien der Arbeit, damit sie nicht für Sklaven gehalten werden. Und Arbeit ist ja doch die größte Ehre und der höchste Gewinn für einen Mann.

Nach dem Faullenzen kommt dann der Hochmuth: man lernt Befehlens spielen; die Grausamkeit findet sich auch ein, und wo hübsche Sklavinnen sind und viel Müssiggang, da verliert sich auch die Sittlichkeit. Und ist einmal gemischtes Blut da, so gibt es auch viel böses Blut. Kurz, es ist recht gescheidt, daß die Kolonisten keine Sklaven halten dürfen.

Im Anfange, da verbietet sich freilich das Sklavenhalten von selbst; denn es wird wohl nur sehr wenige Auswanderer geben, welche für einen Negerburschen 1000—1200 Fl. rhn. und für ein Mädchen 800—1000 Fl. rhn. zu zahlen im Stande sind. Und das ist doch der gewöhnliche Preis für arbeitstüchtige Sklaven; alte, kranke, versoffene oder sonst mit Fehlern behaftete kosten freilich weniger; aber wenn ein Sklave noch ein Handwerk versteht oder sonst besonders brauchbar ist, oder eine Sklavin, besonders die hellfarbigen Mulattinnen, recht schön ist, so halten sie oft völlig unerschwingliche Preise. Da vergeht den armen Kolonisten die

Sklaven.

Erster Abend.

Lust zum Ankaufe, und später, wenn sie zu Gelde gekommen sind, schiebt das Gesetz den Riegel vor und hindert so viel wie möglich, daß gutes deutsches Blut sich mit affenähnlichen Geschöpfen (denn das sind die Neger) vermenge.

Auf dem Bilde, das ich Euch hier vorlege, seht Ihr Sklaven verschieden an Geschlecht, Farbe und Beschäftigung. Das sind Wasserträger, Obstverkäufer, Lastträger, und die geputzte Negerin im Vordergrunde rechts ist eine vom Minastamme, wie man sie in der Stadt Bahia zu Hunderten sieht.

Auf mich haben die Neger immer einen unangenehmen Eindruck gemacht; für's Erste haben sie alle eine sehr starke Ausdünstung mit so unleidlichem Geruche, daß in jedem Hause, wo Neger sind, fortwährend Lavendel gebrannt wird, der einen betäubenden Geruch verbreitet und so die Negerausdünstung nicht empfinden läßt. Ein Hund meldet einen Neger schon auf zweihundert Schritt, während er Weiße erst auf sechzig bis achtzig Schritte anbellt.

Dann sind sie dumm, träge und boshaft; und das nicht allein die Sklaven, sondern auch die freien Neger. Kurz, ich bin kein Freund von ihnen, so wenig als von den dunklen Mulatten. Dagegen sind die lichten Mulatten sehr talentvolle und geschickte Menschen, und besonders die Mädchen sind häufig große Schönheiten. Manche sind weißer als viele sogenannte Weiße, und es wäre eigentlich meiner Ansicht nach das Rechte, jeden Mulatten für frei zu erklären.

Da nun in Brasilien in der Hautfarbe so viele Schattirungen bestehen, daß sie an und für sich keinen Anhaltspunkt gibt, ob sie Freie oder Sklaven sind, so besteht das Gesetz und der Brauch, daß die Sklaven barfuß gehen müssen; darin sucht man den Unterschied. Ich erzähle Euch das, weil man hierzulande häufig barfuß geht, was dem Auswanderer drüben manche Mißdeutung zuzieht, auch höchst ungesund und im Walde wegen der Schlangen, Spinnen, Baumstümpfe, Dornen ꝛc. sogar gefährlich ist.

Noch will ich Euch sagen, daß man den Neger drüben Preto

(Schwarzer), den Mulatten Pardo (Gelber) nennt; ein Negerjunge heißt Moleque (sprich: „Molek").

Nach diesen kommt noch die vierte Klasse der Bevölkerung; das sind diejenigen fremden Einwanderer, die im Lande sich für immer anzusiedeln suchen. Denn von Denen, die bloß hinübergehen, um ein kleines oder großes Vermögen zusammen zu schlagen und damit wieder heimzukehren, lohnt es nicht, Euch viel zu erzählen. Das sind die fremden Kaufleute, die blos im Großen handeln und mit denen unsereins wenig zu thun hat, dann die meisten Portugiesen und dergleichen.

Wahre Einwanderer sind zumeist die Deutschen, die auch darum von der Regierung so gesucht sind. So gibt es in Brasilien wohl an die zwanzigtausend Franzosen; aber nicht fünfhundert unter ihnen lassen sich bleibend nieder und nicht zweihundert treiben Ackerbau. Englische Kaufleute, Fabrikanten, Ingenieure, Industrielle aller Art gibt es eine Menge, aber englische Ackerbauer nicht hundert.

Dagegen sind unter dreißig= bis vierzigtausend Deutschen gewiß drei Viertel Ackerbauer; und fast in demselben Verhältnisse stehen die Schweizer. Und wer einmal seine eigenen Felder baut und ihr Gedeihen sieht, welches das seinige hervorruft, wer seine Kinder auf dem eigenen Grund und Boden frisch und stark heranwachsen sieht, frei von aller Schererei im alten Heimatlande, nun, der hat vielleicht dann und wann eine wahre Sehnsucht nach der Heimat, aber auf immer dahin zurückkehren mag er nicht. Seht, ich bin jetzt im eilften Jahre fort, und wie ich so meine Arbeit gedeihen und mein Hab und Gut wachsen sah, da sehnte ich mich hierher, um Euch und das alte Land wieder zu sehen, um Euch zu zeigen, daß es mir hier nur an Gelegenheit und Platz fehlte, ein ebenso tüchtiger Mensch zu werden, als ich drüben geworden bin, und Euch endlich zu zeigen, wie wohl es uns drüben gehe. Aber jetzt, nachdem ich das gethan, gehe ich gern wieder fort, ja es zieht mich gewaltig nach meinem Hause, wo ich mein eigener Herr bin, wo ich von Niemandem über die Achsel angesehen werde, wo ich

Brasilianische Volkstypen.

Deutsche Colonisten zur Kirche gehend.

unbestritten der Herr Georg bin und mein Weib die Frau Liese ist und wo meine Kinder, wenn sie wollen und sonst das Zeug dazu haben, Deputirte und Minister, Richter und Generale werden können; wo es keinen Erbadel gibt und keine privilegirten Beamten, wo das Militär eine gar bescheidene Rolle spielt und die Klerisei nichts weniger als bigott ist; wo endlich der beste Titel ein freier Mann ist, und das Allerbeste, ein Vermögen, das uns alle vor Noth und Elend auf immer sichert und uns Ansehen verschafft, durch Fleiß, Sparsamkeit und Umsicht auch ohne ein Grundcapital erworben wird.

Die Deutschen sind in Brasilien im Allgemeinen beliebt und gelten als ehrliche, arbeitstüchtige Leute; sie würden sich aber noch höherer Achtung erfreuen, wenn sie weniger tränken und verträglicher wären. Leider ist das Erste, was ein Deutscher thut, wenn er zu Gelde kommt, einen Prozeß anzufangen. Aus der Unverträglichkeit entspringt die Uneinigkeit, und die hat schon manche böse Frucht getragen. So z. B. ist in der Provinz Rio Grande do Sul eine alte deutsche Kolonie, die schon 1824 gegründet wurde. Die war denn wacker aufgeblüht und war reich und ansehnlich geworden, so daß sie endlich der Hafer stach. Da brach 1834 in der Provinz ein Aufstand aus und zwar wollten die reichen Viehzüchter die Republik, während die Städte bei dem Kaiserreiche bleiben wollten. Beide Theile boten der Kolonie an, neutral zu bleiben; die Kolonisten sollten als Fremde, denen der ganze Handel gleichgültig sein konnte, dem Kampfe fremd bleiben und beiden Parteien Lebensmittel und sonstige Bedürfnisse zuführen dürfen. Wären sie klug genug gewesen, so konnten sie den ganzen Handel der Provinz an sich reißen und jetzt als Millionäre dastehen. Aber nein; erst reizte den Director der Hochmuthsteufel und er warb für die Kaiserlichen; dann warb der Ortsgeistliche, der Mann des Friedens, für die Republik; im Nu war die Kolonie, die schon damals an die siebentausend Köpfe zählen mochte, in zwei Lager getheilt, die Bewohner raubten und erschlugen sich gegenseitig ihr Vieh, verbrannten die Häuser, plünderten und mordeten, und das durch volle neun Jahre bis 1843, wo dann beim Friedensschlusse kaum eine Klaue Vieh in der Kolonie mehr zu finden war, so daß die Kolonisten nach fast zwanzig Jahren wieder von vorn anfangen mußten.

Aber so gut ist der Boden und die Lage, daß sie jetzt reicher sind, als je, und daß sie sich so tragen und halten können, wie Ihr auf diesen beiden Bildern seht, wo die Einen zu Fuße von der Kirche zurückkehren, während die Andern zum Tanze reiten.

Seht einmal dagegen die Dirnen und Bursche Eurer Gegend in ihrem Sonntagsstaate an.

In Brasilien lebt eine Menge Deutsche verstreut, und wenn ich die Nordprovinzen nicht in Betracht ziehe, so kann ich sagen, daß man von Rio de Janeiro südlich und südwestlich in jedem Orte Deutsche findet, so daß ein Deutscher ohne ein Wort der Landessprache, der portugiesischen, zu kennen, bis an die spanische Grenze reisen kann.

Indeß sind nicht alle Deutschen auch gute Landsleute; jeder Einwanderer soll sich vor ihnen oder eigentlich vor ihren Rathschlägen hüten. Ich will damit nicht sagen, daß die, welchen der Einwanderer gleich bei seiner Ankunft begegnet, Schufte sind, die ihn betrügen und bestehlen wollen. Nein, sie schaden hauptsächlich durch Unverstand; Jeder sieht die Welt durch seine Augen und wenn man hundert Menschen fragt, so hört man hundert verschiedene Urtheile. Auch will Jeder bei den Neuankommenden für ganz entsetzlich klug gelten und plappert sich nun in die Menschenmöglichkeit hinein.

Ist der Einwanderer nun so dumm, auf solche Reden was zu geben, so hat er selbst später die Folgen zu tragen; der gute Rathgeber wird sich bald verlieren und ihn seinem Schicksale überlassen. Ich rathe daher Jedem, daß er erst sich fest für das Eine oder Andere entscheide, bevor er auswandert; hat er sich dann entschlossen und geht einen Contract ein, so muß er nicht bloß als ein ehrlicher Mann bei seinem Worte bleiben, sondern er kann auch nichts Klügeres thun. Lehrgeld geben muß Jeder, aber der, welcher einmal gefaßte Entschlüsse wechselt, muß es doppelt und dreifach geben.

Brasilianische Volkstypen.

Deutsche Colonisten. Ritt zum Tanze.

Hat ein Einwanderer erst einmal ein Jahr im Lande, das Lehrjahr, bestanden, so wird er schon so viel gelernt haben, um das, was ihm paßt, unterscheiden zu können, und einen Contrakt zu lösen, gibt es noch erlaubte Mittel und Wege genug, ohne daß Einer sein Wort zu brechen braucht oder an einen ungünstigen Contrakt gebunden bleiben muß.

Für heute aber dächte ich, hätten wir genug; auf morgen denn!

Zweiter Abend.

Warum Hamburg früher fast alle Auswanderer nach Brasilien allein beförderte; was Schuld ist, daß es gegenwärtig nicht mehr so ist? — Georg's Vorliebe für Hamburg. Robert Sloman's Schiffsexpeditionen nach Blumenau und D. Francisca zu ermäßigten Preisen. — Wer soll über Hamburg reisen? — An wen soll man sich da wenden? — Die Hamburger Gesetze für Auswandererschiffe. — Die Auswandererbehörde. — Logiswirthe und ihre Preise. — Blech= und Bettwaarenpreise. — Fahrpreisermäßigungen. — Kücheneinrichtungen an Bord. — Die Beförderung über Cöln und Antwerpen. — Unterkunfts= und Waarenpreise in Antwerpen. — Belgische Gesetze über Auswanderertransport. — Vorzügliches Verfahren Steinmann's und Compagnie in Betreff der Verpflegung an Bord. — Der Antwerpner Hafen. — Ueberfahrtspreise. — Fahrpreisermäßigung auf den rheinischen Dampfbooten und Eisenbahnen. — Ist die Beförderung mittelst Dampfschiff oder Eisenbahn vorzuziehen? — Der Auswandererverkehr im Südosten Deutschlands. —

Ich habe Euch am Sonntage erzählt, daß ich mich in Hamburg nach Brasilien einschiffte. Wie ich dorthin kam und wie ich in der alten Stadt untergebracht wurde, was wir für Proviant auf das Schiff bekamen, das weiß ich wol so ziemlich noch; aber es könnte keinem so viel nützen, wenn ich es erzählen wollte; es hat sich in den letzten zehn Jahren so viel daran geändert.

Doch will ich nur Eines erwähnen; dazumal ging fast der ganze Auswandererzug über Hamburg, ganz besonders aber alle sogenannten Parcerie=Kolonisten, wie ich einer war. Was damals andere Häfen an Auswanderern nach Brasilien beförderten, war nicht der Rede werth; das war für Hamburg, so reich es ist, ein ganz artiger Gewinn. Ich weiß nicht, wie es kam, daß es seitdem mit Hamburg anders geworden ist; vielleicht hat man zuviel verdienen wollen

Zweiter Abend.

Von uns hatte jeder Erwachsene 70 Thaler = 120 Fl. rhn. Passagegeld zu entrichten, was zwar augenblicklich unsere Gutsbesitzer für uns auslegten, aber doch von uns später zurückerhalten mußten.

Oder es liegt die Schuld darin, daß die Hamburger reichen Kaufherren und Schiffsrheder nicht fortfuhren, regen Antheil an der brasilianischen Kolonisation zu nehmen, wie sie zu den Glanzzeiten der Gründer von Dona Francisca gethan. Wahr ist es, daß diese Kolonie nie etwas tragen wird; aber die Schuld liegt an der unpraktischen Art ihrer Gründung und das kann doch kein Beweggrund sein, die Betheiligung an der Kolonisation überhaupt aufzugeben; Lehrgeld muß ja Jeder zahlen. Ich wüßte schon ein System, das zu gleicher Zeit für die Actionäre einträglich wäre und schnellen, blühenden Wohlstand für die Kolonisten zur Folge haben müßte.

Dem sei, wie ihm wolle; Thatsache ist und bleibt es, daß die Auswandererbeförderung über Hamburg bedeutend abgenommen hat und daß das so viel kleinere Antwerpen ihm vollständig den Rang abzulaufen scheint.

Der Mensch hängt im Allgemeinen an dem, was er erprobt hat, und so liebe ich Hamburg, weil ich es kenne, und hege eine Vorliebe für die Beförderung von dort aus, weil ich sie mitgemacht und so an mir selbst kennen gelernt habe, und ich muß sagen, die Verpflegung war reichlich und die Behandlung gut.

Dieser Vorliebe ungeachtet kann ich aber nicht blind bleiben gegen die Vorzüge, welche die Beförderung über Antwerpen bietet, und ich wäre kein ehrlicher Mann, wenn ich sie verschwiege.

Für's Erste befördert gegenwärtig in Hamburg nur das Rhederhaus Robert Sloman Auswanderer nach Brasilien, wenigstens so viel ich davon weiß. Auch dieses Haus richtet nur Fahrten nach den Kolonieen Blumenau und D. Francisca ein, wobei den Passagieren auf den Grund hin, daß die brasilianische Regierung diesen Kolonieen einen beträchtlichen Reisezuschuß per Kopf bewilligt, die Preise ziemlich niedrig, nämlich auf 53 Thaler preuß. für jede Person aus dem Bauern=, Arbeiter= und Handwerkerstande über 50 Jahre, für jede dergleichen Person von 10 bis 50 Jahren auf 28 Thaler und für jedes Kind von 1 bis 10 Jahren auf 12 Thaler, berechnet werden.

Auch nach Rio Grande do Sul, wo die Provinzregierung ebenfalls bedeutende Reisevergütungen leistet, sendet dieses Haus von Zeit zu Zeit ein Schiff.

Im Allgemeinen gilt die Regel, daß die norddeutschen Auswanderer, die Pommern, Märker, Sachsen, ja selbst die Böhmen 2c. am besten thun, über Hamburg zu gehen, wenn sie sich für St. Katharina, Blumenau, D. Francisca oder Rio Grande do Sul entscheiden. Den der Elbe nahe wohnenden Auswanderern kommt der Transport auf diesem Flusse ganz besonders zu statten, sowohl wegen der Wohlfeilheit der Fracht und der Personen-Preise, als auch deßhalb, weil ihre Bagage gleich vom Flußschiffe auf das Seeschiff verladen werden kann, also das vielfache Herumwerfen auf den Bahnhöfen und Frachtwagen erspart wird.

Wollen die Leute aber nur nach Brasilien überhaupt, ohne sich an eine bestimmte Kolonie zu binden, oder nach irgend einer Regierungskolonie, so ist leider der obenangedeuteten Ursachen wegen heutzutage der Transport über Hamburg zu theuer und der Unterschied in der Seepassage, welche man gegenwärtig über Antwerpen bezahlt, wiegt die erhöhten Kosten der Landreise wenigstens für alle Diejenigen auf, die westwärts der Werra wohnen.

Will aber Jemand nach einem der drei genannten Plätze über Hamburg gehen, so möge er sich schriftlich an die Herren Donati und Comp., Schiffs-Expedienten in Hamburg, unmittelbar oder an die nächstgelegene Agentur derselben, wenden, welche die Einzigen sind, die für Herrn Robert M. Sloman's Schiffe Passagiere aufzunehmen befugt sind. Herr Donati ist durch langjährige Erfahrungen mit dem Auswanderer-Expeditionswesen sehr bekannt und erfreut sich überall eines sehr günstigen Rufes; er wird gewiß alles Mögliche anwenden, um den Auswanderern und ihren Wünschen gerecht zu werden.

Zweiter Abend.

Thatsache ist es, daß über die Sloman'schen, von Donati und Comp. expedirten Schiffe bis jetzt keine Klage vorgekommen ist, wol aber häufig Danksagungen an die Firma einliefen oder in Zeitungen veröffentlicht wurden.

In Hamburg bestehen sehr strenge Verordnungen, die Passagiere, ihre Behandlung und Verköstigung während der Seefahrt betreffend. Für jeden Passagier muß auf dem Verdeck 12 ☐ Fuß Raum sein und die Bettstellen müssen 6' lang und bei vier Mann ebenso breit sein. Besonders gut muß die Ventilation besorgt und für mehr als 125 Personen müssen vier Abtritte vorhanden sein. Proviant muß auf der Reise nach Brasilien für 13 Wochen an Bord genommen werden. Der Proviant muß bestehen für jede Person aus:

$32\frac{1}{2}$ Pfund gesalzenes Ochsenfleisch oder 24 Pfund gesalzenes oder $16\frac{1}{4}$ Pfund geräuchertes Schweinefleisch,

13 " gesalzener Speck,

65 " Weißbrod (Zwieback), wovon 10 Pfund Schwarzbrod sein dürfen,

$4\frac{7}{8}$ " Butter,

$45\frac{1}{2}$ " Weizenmehl, Graupen, Erbsen, Bohnen, Reis, Pflaumen, Sauerkraut,

$6\frac{1}{2}$ Spint Kartoffeln oder $6\frac{1}{2}$ Pfund trockenes Gemüse, wenn sie nicht haltbar sind,

$1\frac{1}{2}$ Pfund Syrup,

$1\frac{3}{4}$ " Kaffee,

$\frac{1}{4}$ " Thee,

2 Quart Essig,

$1\frac{1}{3}$ Oxhoft Wasser,

ferner noch für Kranke und Kinder ein hinreichendes Quantum Wein, Zucker, Sago, Grütze und Medicamente; an Feuerung zum Kochen für 100 Passagiere 2 Last Steinkohlen und 2 Faden Holz; ferner Besen und Weinessig zum Räuchern des Zwischendecks; das nöthige Brennöl für 2 starke Laternen im Zwischendeck.

Dabei werden im Raum, Proviant und Ausrüstung 2 Kinder unter 8 Jahren für einen Passagier gerechnet; Säuglinge unter 12 Monaten zählen nicht. **Darum ist es für die Auswanderer durchaus nöthig, Taufscheine mitzubringen.**

Der Expedient muß das Schiff versichern lassen, damit, falls das Schiff ein Unglück treffen sollte, die Passagiere untergebracht und verköstigt und endlich an ihr Ziel geschafft werden.

Ferner ist der Expedient schuldig, den angegebenen Abfahrtstag genau einzuhalten, oder die Passagiere an Bord oder am Lande unterzubringen und zu verköstigen, oder ihnen per Kopf für jeden Tag der Verzögerung 12 Schillinge H. Crt., was gleich 9 Silbergroschen ist, zu bezahlen.

Die abgeschlossenen Contrakte müssen den Passagieren, wenn sie es verlangen, in deutscher Sprache gegeben werden.

Hat der Passagier Beschwerden vor Abgang des Schiffes, so muß er sich an den Polizeiherrn in Hamburg wenden; nach der Reise wendet er sich an das nächste hamburgische Consulat.

In Hamburg besteht ferner eine **Behörde zum Schutze der Auswanderer,** in deren Bureau (Erste Vorsetzen im Hafen №. 3.) der Auswanderer alle Auskünfte und Belehrung, deren er bedarf, erhält. Auch auf dem Bahnhofe, sowie an der Harburger Landungsbrücke schon findet sich ein Zweigbureau.

Um aber die Auswanderer vor Prellereien in Hamburg zu bewahren, erhalten sie schon auf der Eisenbahn die Karte dieser Behörde, worauf ihnen mitgetheilt wird, daß beeidigte Beamte ihnen unentgeltlich Auskunft geben über:

1. Gutes und billiges Logis unter Mittheilung der festen Taxen.
2. Ueber Namen und Wohnungen der concessionirten Schiffs-Expedienten.
3. Ueber Namen und Wohnungen von Geldwechslern, bei denen sie ihr Geld zu den günstigsten Cursen umwechseln können.
4. Ueber die Durchschnittspreise der gewöhnlichen Bedürfnisse der Auswanderer an Blechgeschirr, Matratzen, wollenen Decken ꝛc.

Zweiter Abend.

Dieselben Beamten geben den Auswanderern
5. Gedruckte Rathschläge über ihr Verhalten bei der Ankunft an überseeischen Landungsplätzen; sie sind den Auswanderern
6. zur rascheren Erledigung etwaiger Beschwerden behilflich.

Die besten Logirhäuser für Auswanderer sind folgende:
1. Louis Fries, 1. Neumannstraße № 22.
2. Hoffmann und Langhein, Kajen № 38.
3. Meyer und Comp., Grasbrook, Ecke der Brookthorstraße.
4. Steinhardt's Nachfolger, Lange Reihe № 17 am Hafen.

Diese Logirhäuser haben 3 Classen Verpflegung und Unterkunft und zwar:

I. Classe.

Preis für Erwachsene 1 Mark 8 Schilling Crt. = 18 Sgr.
   Gegeben wird:
Ein gutes Bett.
Des Morgens: Kaffee mit Zucker und Milch nebst Weißbrod;
Mittags: Suppe, Gemüse, Braten ꝛc.;
Nachmittags: Kaffee mit Zucker und Milch nebst Weißbrod;
Abends: Kaffee oder Thee mit Zucker, Milch, Weißbrod, oder statt dessen warmes Essen.

II. Classe.

Preis für Erwachsene 1 Mark 2 Schilling = 13½ Sgr.
   Gegeben wird:
Ein Bett.
Des Morgens: Kaffee mit Zucker und Milch nebst Weißbrod.
Mittags: Suppe, Gemüse, Fleisch;
Nachmittags: Kaffee, Zucker, Milch, Weißbrod;
Abends: Thee oder Kaffee mit Zucker und Weißbrod.

III. Classe.

Preis für Erwachsene 14 Schilling Crt. = 10½ Sgr.
   Gegeben wird:
Ein Nachtlager (Matratze).
Des Morgens: Kaffee mit Zucker und Milch nebst Weißbrod.

Zweiter Abend.

Mittags: Suppe, Gemüse, Fleisch.

Abends: Thee oder Kaffee mit Zucker, Milch und Weißbrod.

Diese Preise gelten für je 24 Stunden; doch ist auch noch Beleuchtung und Heizung einberechnet. Fällt ein oder die andere Mahlzeit auf Wunsch des Gastes aus, so muß er sich deßfallsiger Preisermäßigung wegen vorher mit dem Wirthe verständigen. Verlangt der Gast mehr, so muß das ebenfalls vorher abgemacht werden.

Es wird überdieß dem Auswanderer dringend empfohlen, sich sofort mit dem Wirthe über die Classe, in welcher er aufgenommen werden will, zu verständigen.

Was die Taxen betrifft, für welche das Gepäck des Auswanderers vom Bahnhofe oder der Landungsbrücke nach den Logirhäusern gebracht wird, so bestehen die festen Preise von 4—5 Schilling = 3 und 3³/₄ Sgr. per 100 Pfund Zollgewicht.

Für den Transport des Gepäcks aus den Logirhäusern an Bord der Schiffe zahlt man 6 Schilling oder 4½ Sgr. pr. 100 Pfund, und fährt der Auswanderer zugleich mit seinem Gepäck, so bezahlt er per Kopf 1 Schilling oder nicht ganz einen Silbergroschen. Doch möge der Auswanderer stets persönlich beim Auf- und Abladen seines Gepäcks zugegen sein. Zum Ueberflusse führe ich noch an, daß in Hamburg nach Mark und Schilling Crt. gerechnet wird; 16 Schilling machen eine Mark und 2 Mark 8 Schilling oder 40 Schilling einen preußischen Thaler.

Das für die Auswanderer nöthige Blechgeschirr an Bord kostet durchschnittlich:

1 Trinkbecher für	1 Person	2	Schilling.
1 Wasserflasche „	1 „	5	„
1 „ „	2—4 Personen	10—12	„
1 Butterdose „	1 Person	3	„
1 „ „	2—4 Personen	4—5	„
1 Eßschüssel „	1 Person	4	„
1 „ „	2—4 Personen	8, 11—18	„
1 Waschschüssel „	1 Person	6	„

Zweiter Abend.

1 Nachtgeschirr für 1 Person 12 Schilling.
1 Paar Messer u. Gabel „ 1 „ 4 „
1 Löffel „ 1 „ 1 „

Matratzen und Kissen:
für 1 Person ca. 2 Mark 4 Schilling = 27 Sgr.
für 2 Personen „ 3 „ 12 „ = 1 Thlr. 15 Sgr.
für 3 „ „ 5 „ — „ = 2 Thlr.

Steppdecken:
für 1 Person circa 3 Mark 8 Schilling = 1 Thlr. 12 Sgr.
für 2 Personen „ 5 „ — „ = 2 Thlr.
für 3 „ „ 6 „ — „ = 2 Thlr. 12 Sgr.

Wollene Decken:
für 1 u. mehr Personen von 2 Mark 8 Schilling — 3 Mk. 4 Sch. ꝛc.
Proviantkisten 2 Mark 8 Schilling ꝛc.

Was die Fahrpreisermäßigung für Auswanderer betrifft, so beträgt dieselbe auf fast allen deutschen Eisenbahnen 1 Viertel bis 1 Drittel des Fahrpreises III. Classe. Zwei Kinder unter 14 Jahren zählen für einen Erwachsenen. Ferner hat jede Person über 12 Jahre 100 Pfund Gepäck frei. Uebergewicht zahlt Eilguttaxe, wird aber als Gepäck befördert.

Dagegen zahlen auf der Strecke Berlin=Hamburg die Erwachsenen die volle Fahrtaxe und nur Kinder unter 12 Jahren fahren frei. Jede Person über 12 Jahre hat 100 Pfund frei; Ueberfracht zahlt die Normaltaxe, geht aber als Passagiergut.

Die Eisenbahnen des Norddeutschen Eisenbahnverbandes gewähren ermäßigte (um wie viel, ist nicht ausgesprochen) Fahrpreise und Kinder unter 10 Jahren werden um die Hälfte des ermäßigten Fahrpreises befördert. Jeder Erwachsene hat 100 Pfund, jedes Kind bis zu 10 Jahren 50 Pfund Freigewicht; sonst gilt Eilguttaxe.

In Bezug auf die Elbschifffahrt ist mir leider nicht möglich gewesen, irgend etwas Näheres zu erfahren.

Das Essen an Bord wird vom Schiffskoch gekocht, der Empfang der Lebensmittel, das Einwässern des Fleisches, das Waschen und

Schälen der Kartoffeln ꝛc., sowie auch die Wäsche besorgen die Auswanderer selbst.

Der Speisezettel steht ungefähr folgendermaßen fest:

Sonntag: ½ Pfund Rindfleisch, Pudding und Pflaumen.
Montag: ½ Pf. Schweinefleisch, Erbsensuppe oder Sauerkraut.
Dienstag: ½ Pf. Rindfleisch, Graupen oder Linsen.
Mittwoch: ½ Pf. Rindfleisch, Reis mit Syrup.
Donnerstag: ½ Pf. Rindfleisch, Pudding mit Pflaumen.
Freitag: ½ Pf. Schweinefleisch, Erbsensuppe oder Sauerkraut.
Sonnabend: ½ Pf. Ochsenfleisch, Linsen oder Bohnen.

Die Wochenration besteht in 5 Pf. weißen Zwiebacks, ⅜ Pf. Butter, Morgens Kaffee, Abends Thee; die Männer erhalten Vormittags ein Glas Branntwein. Reichlich Wasser.

Ich muß hier noch die Bemerkung machen, daß die Hamburger Schiffseigenthümer und Seebehörden bei Feststellung des Speisezettels mehr auf Matrosen- oder doch norddeutsche Mägen gerechnet haben, als auf süd- und selbst mitteldeutsche. Die Leiden der Seekrankheit werden wahrlich nicht vermindert, wenn man das sogenannte Schweinefleisch mit Erbsensuppe essen soll, was nichts als ein tüchtiges Stück Speck mit Erbsen gekocht ist. Und einen Schiffspudding zu schlucken, einen sogenannten Mehlbüdel, dazu eignen sich süddeutsche Kehlen sehr wenig; geschweige Reis mit Syrup.

Damit dürfte Alles erwähnt sein, was mir von Hamburg und dessen Art der Beförderung von Auswanderern bekannt ist.

Ich konnte mich hierbei um so kürzer fassen, als meine speziellen Landsleute, wie ich bereits erwähnte, so wie die Schweizer, schon durch die geographische Lage darauf angewiesen sind, dem Laufe des Rheins **und seiner Zuflüsse zu folgen und über Antwerpen zu gehen.**

Alle Auswandererzüge treffen in Cöln zusammen, wo sie eine Nacht bleiben, **gutes Logis finden und in besonderen Zügen nach** Antwerpen gehen.

Die Weiterbeförderung von Cöln besorgen die Herren H. J. Maaßen u. Comp. in Cöln, Thurnmarkt №. 27. Von diesem Hause

Zweiter Abend.

werden den Auswanderern auch die Logirhäuser angewiesen, allwo per Kopf für Nachtessen, Unterkunft und Frühstück 15 Sgr., für Mittagsessen 6 Sgr. zu entrichten sind. Bekommen sie Wein, so ist per Schoppen 2½ Sgr. zu zahlen. Obgleich es nicht nöthig ist, daß die Leute auf der Fahrt von Cöln nach Antwerpen etwas verzehren, da sie vor der Abfahrt entweder frühstücken oder das Mittagsmahl halten können, so verlangen doch manche von ihnen eine Mitgabe, und die Wirthe sind schon darauf eingerichtet, selbe für 6 Sgr. zu liefern. Alle diese Preise gelten für Personen über zehn Jahre, solche unter diesem Alter zahlen den halben Preis.

Die Auswandererzüge gehen von Cöln nach Antwerpen in folgender Ordnung ab:

Abgang:	Ankunft:
1. Morgens 7 Uhr 10 Min.	3 Uhr 42 Min. Nachmittags.
2. „ 11 „ 40 „	8 „ 15 „ Abends.
3. Nachmittag 2 „ 50 „	10 „ 35 „ Nachts.

Die Fahrt ist beispiellos billig und beträgt für jede Person über 10 Jahre 7 Franken, für Kinder die Hälfte, Säuglinge sind ganz frei. An Gepäck hat jeder Erwachsene 200 Pfund, jedes Kind 100 Pfund frei. Etwaiges Uebergewicht zahlt 16 Sgr. per Centner. Das schwere Gepäck wird dem Hause M. J. Maaßen und Comp. übergeben, das dessen Transport besorgt und dafür 1 Franc per Person berechnet.

Das Gepäck wird dann an den Expedienten in Antwerpen adressirt, passirt die Grenze ohne alle Formalitäten und geht direct auf das Seeschiff, so daß durchaus keinerlei Zoll dafür zu zahlen ist. Die Auswanderer behalten natürlich nur solche Gegenstände bei sich, die sie unumgänglich nothwendig haben; an der Grenze haben sie weder einen Paß vorzuweisen, noch selbst eine Visite zu passiren.

In Verviers, sowie in Mecheln (Mâlines) werden die Wagen gewechselt.

In Antwerpen ist das mit dem Transporte von Auswanderern nach Brasilien sich beschäftigende Haus D. Steinmann und Comp.,

am großen Bassin, Brauerstraßen = Ecke. An dieses werden alle
Auswanderer consignirt und einer seiner Angestellten, dem hiezu aus=
nahmsweise von der belgischen Regierung die Erlaubniß ertheilt wurde,
erwartet sie schon am Bahnhofe und bringt sie in die Logirhäuser.

Solcher sind drei:

Der Nassauer Hof bei Kalb;

Zur Stadt Luxemburg bei der Wittwe Krumeich, und

Zum Windhund bei der Wittwe Ridder.

Sie sind alle lustig und rein gehalten und die Verpflegung
findet nur nach einer Classe statt. Dieselbe beträgt:

des Morgens: Kaffee, Milch, Brod und Butter;

des Mittags: Suppe, Kartoffeln, Fleisch;

des Abends: Kaltes Fleisch mit Salat oder Kartoffeln.

Hierfür sind sammt Unterkunft täglich 2 Franken = 16 Sgr.
für den Erwachsenen und **1 Franc** oder 8 Sgr. für jedes Kind
unter 10 Jahren zu bezahlen.

In allen diesen Häusern wird deutsch gesprochen. Was **die**
Reisebedürfnisse des Auswanderers an Bettzeug, Blechgeschirr und
Waffen betrifft, so bekommen sie selbe durch Vermittlung der Herren
Steinmann und Comp. zu bedeutend wohlfeileren Preisen, wie folgt:

Bettzeug.

Bei J. F. Meyers in der Greisenstraße (rue de Vieillards) № 24.

1. Matratzen und Kissen von blauem Baumwollenstoff 1. Qualität:

  für 1 Person   Franken 3½ = 28 Sgr.

  für 2 Personen   „   7 = 1 Thlr. 26 Sgr.

  für 3   „   „   10½ = 2 „ 24 „

2. Matratzen und Kissen von weißem Baumwollstoffe 2. Qualität:

  für 1 Person   Fr. 3 =   24 Sgr.

  für 2 Personen   „ 6 = 1 Thlr. 18 „

  für 3   „   „ 9 = 2 „ 12 „

3. **Seegrasmatratzen und Kissen von** blauer Leinwand 1. Qualität:

  für 1 Person   Fr. 5½ = 1 Thlr. 14 Sgr.

  für 2 Personen   „ 11 = 2 „ 28 „

  für 3   „   „ 16 = 4 „ 8 „

Zweiter Abend.

4. Ebensolche 2. Qualität:
   für 1 Person   Fr. 4¾ = 1 Thlr. 8 Sgr.
   für 2 Personen   „ 9½ = 2   „ 16 „
   für 3   „   „ 14¼ = 3   „ 24 „
5. Wolldecken von 8—15 Fr. = 2 Thlr. 4 Sgr. — 4 Thlr.,
   Baumwolldecken von 2—3 Fr. = 16—24 Sgr.

Koch- und Speisegeschirre bei Delvaux und Gysels.

für wie viel Passagiere	Eiserne Kessel	Feldflasche.	Kaffeekessel.	Teller	Trinkbecher	Löffel	Gabel
1		75 c. / 6 Sgr.	75 c. / 6 Sgr.	25 c. / 2 Sgr.	12 c. / 1 Sgr.	15 c. / ca. 1 Sgr.	15 c. / ca. 1 Sgr.
2		1 fr. / 8 Sgr.	75 c. / 6 Sgr.	50 c. / 4 Sgr.	24 c. / 2 Sgr.	30 c. / 2½ Sgr.	45 c. / 4 Sgr.
3		1 fr. 25 c. / 10 Sgr.	1 fr. / 8 Sgr.	75 c. / 6 Sgr.	36 c. / 3 Sgr.	45 c. / 4 Sgr.	45 c. / 4 Sgr.
4	5 fr. 50 c. / 44 Sgr.	1,50 / 12 Sgr.	1 fr. / 8 Sgr.	1 fr. / 8 Sgr.	48 c. / 4 Sgr.	60 c. / 5 Sgr.	60 c. / 5 Sgr.
5	5,50 / 44 Sgr.	1,50 / 12 Sgr.	1,25 / 10 Sgr.	1,25 / 10 Sgr.	60 c. / 5 Sgr.	75 c. / 6 Sgr.	75 c. / 6 Sgr.
6	5,50 / 44 Sgr.	2 fr. / 16 Sgr.	1,25 / 10 Sgr.	1,50 / 12 Sgr.	72 c. / 6 Sgr.	90 c. / 7 Sgr.	90 c. / 7 Sgr.
7	6 fr. / 48 Sgr.	2 fr. / 16 Sgr.	1,25 / 10 Sgr.	1,75 / 14 Sgr.	84 c. / 7 Sgr.	1,05 / 8 Sgr.	1,05 / 8 Sgr.
8	6 fr. / 48 Sgr.	2,50 / 20 Sgr.	1,25 / 10 Sgr.	2 fr. / 16 Sgr.	96 c. / 8 Sgr.	1,20 / 10 Sgr.	1,20 / 10 Sgr.
9	6 fr. / 48 Sgr.	2,50 / 20 Sgr.	1,25 / 10 Sgr.	2,25 / 18 Sgr.	1,08 / 9 Sgr.	1,35 / 11 Sgr.	1,35 / 11 Sgr.
10	6,50 / 52 Sgr.	2,50 / 20 Sgr.	1,25 / 10 Sgr.	2,50 / 20 Sgr.	1,20 / 10 Sgr.	1,50 / 12 Sgr.	1,50 / 12 Sgr.
11	6,50 / 52 Sgr.	4 fr. / 32 Sgr.	1,25 / 10 Sgr.	2,75 / 22 Sgr.	1,32 / 11 Sgr.	1,65 / 13 Sgr.	1,65 / 13 Sgr.
12	6,50 / 52 Sgr.	4 fr. / 32 Sgr.	1,25 / 10 Sgr.	3 fr. / 24 Sgr.	1,44 / 12 Sgr.	1,80 / 14 Sgr.	1,80 / 14 Sgr.
13	6,50 / 52 Sgr.	4 fr. / 32 Sgr.	1,25 / 10 Sgr.	3,25 / 26 Sgr.	1,56 / 13 Sgr.	1,95 / 16 Sgr.	1,95 / 16 Sgr.
14	6,50 / 52 Sgr.	4 fr. / 32 Sgr.	1,25 / 10 Sgr.	3,50 / 28 Sgr.	1,68 / 14 Sgr.	2,10 / 17 Sgr.	2,10 / 17 Sgr.
15	6,50 / 52 Sgr.	4 fr. / 32 Sgr.	1,25 / 10 Sgr.	3,75 / 1 Thlr.	1,80 / 15 Sgr.	2,25 / 18 Sgr.	2,25 / 18 Sgr.

Nachttöpfe sowohl, als Waschbecken werden entweder für jede Person einzeln oder zu gemeinschaftlichem Gebrauche mitgenommen und sind deshalb nur in der einen Größe vorhanden. Erstere kosten 1 fr. = 8 Sgr., letztere 50 c. = 4 Sgr. das Stück.

Gewehre.

Ebenfalls bei Delvaux und Gysels.

1 einläufige Flinte	10 — 12 Fr.	= 80 — 96 Sgr.
1 dito mit Patentkammer	16 Fr.	= 128 Sgr.
1 dito mit Bandlauf	20 Fr.	= 160 Sgr.
1 doppelläufige Flinte	22 Fr.	= 176 Sgr.
1 dito mit Patentkammer	30 Fr.	= 240 Sgr.
1 dito mit Bandläufen	40 Fr.	= 320 Sgr.
1 dito Büchsflinte (1 Lauf gezogen, der andere glatt)	35 — 45 Fr.	= 280 — 360 Sgr.
1 doppelläufige Lefaucheux (hinten zu laden)	100 — 450 Fr.	= 27 — 94 Thlr.
1 sechsläufiger Piston=Revolver	40 — 50 Fr.	= 320 — 400 Sgr.
1 sechsläufiger Lefaucheux-Revolver	45 — 65 Fr.	= 360 — 520 Sgr.

Dabei muß bemerkt werden, daß Belgien in Bezug auf Solidität und Wohlfeilheit der Gewehre einzig dasteht und die in Antwerpen angekauften Waffen den besonders im Süden Deutschlands so häufig anzutreffenden Schießprügeln bedeutend vorzuziehen sind, auch viel billiger kommen, und endlich dadurch, daß man diese Waffen erst in Antwerpen ankauft, alle Schereien wegen Waffenpasses ꝛc., sowie die Unannehmlichkeiten des Transportes und die Kosten der Verpackung vermieden werden.

Den Morgen nach der Ankunft begeben sich die Auswanderer auf das Bureau der Herren Steinmann und Comp., wo sie ihre Pässe und sonstigen Papiere abgeben, deren Vidirung ꝛc. von diesem Hause bei der belgischen Behörde sowohl, als dem brasilianischen Consul gänzlich unentgeltlich besorgt wird. Hiebei ist zu bemerken, daß es nicht einmal nothwendig ist, daß die Auswanderer sich mit einem Reisepasse versehen; es genügt ein einfaches Leumundszeugniß vom Bürgermeister oder Pastor des Ortes.

Die belgischen Vorschriften für Unterbringung und Verproviantirung der Auswanderer auf den Schiffen sind wo möglich noch sorgfältiger, als die Hamburger, die ich früher erwähnt habe.

Zweiter Abend.

Die Verproviantirung der nach Brasilien gehenden Schiffe hat auf 84 Tage Reisedauer zu geschehen (von Hamburg auf 91 Tage). Die Wasservorräthe müssen zu zwei Drittel unter Deck, also gegen das schnelle Verderben durch die Sonnenhitze geschützt sein. An Bord jedes Schiffes muß eine Medicamentenkiste und eine Anweisung zu deren Gebrauche vorhanden sein. Die Auswanderer können Lebensmittel und Getränke für ihren Gebrauch mitnehmen; sie haben ferner das Recht, schon 8 Tage vor der bestimmten Abfahrt am Bord des Schiffes zu wohnen, müssen jedoch die in dieser Zeit gelieferte Verpflegung, Heizung und Licht besonders bezahlen. Für je 5 Tonnen Ladungsraum können nur zwei Auswanderer eingeschifft werden.

Kinder unter einem Jahre haben keinen Anspruch. Kinder bis zu vollendetem 7. Jahre bekommen halbe Ration, die von 8—12 Jahren ³/₄ und die Erwachsenen ganze Ration.

Diese Ration besteht für die Reise nach Brasilien aus:

36 Pfund Schiffszwieback.
18 „ Reis.
18 „ Gerstengraupe.
12 „ Mehl.
16 „ Hülsenfrüchte.
12 „ Speck.
12 „ eingesalzenes Rindfleisch.
60 „ Kartoffeln.
2½ „ Kaffee.
2 „ Salz.
2¼ Liter Essig.
300 Liter Wasser.

In Betreff der trockenen Gemüse kann ein Artikel statt des andern genommen werden; nur muß die Totalsumme von Reis, Graupen, Mehl und Hülsenfrüchten stets 64 Pfund betragen. Ferner können zu der Zeit, wo die Kartoffeln nicht haltbar sind, an ihrer Statt

Trockengemüse gegeben werden, und zwar für je 5 Pfund Kartoffeln 1 Pfund Trockengemüse.

Ebenso können statt der Hülsenfrüchte Kartoffeln eingeschifft werden und zwar statt 15 Pfund Hülsenfrüchte 80 Pfund Kartoffeln.

Der Vergleich dieser Rationen mit den in Hamburg gelieferten zeigt eine Verminderung an Rindfleisch und Speck um 21½ Pfund, während ein Mehr von 17½ Pf. Trockengemüsen besteht; auch an Zwieback wird in Antwerpen gesetzlich um 29 Pf. weniger gegeben, sowie gar keine Butter, und doch sind die auf Antwerpner Schiffen Beförderten mit ihrer Verpflegung zufriedener, als die auf Hamburger Fahrzeugen expedirten Auswanderer.

Der Gründe dafür sind zwei:

Für's Erste liefert das Haus Steinmann und Comp. mehr Lebensmittel, als die gesetzlich vorgeschriebenen. So habe ich gesehen, daß auf dem am 31. März 1862 nach Rio de Janeiro expedirten Schiffe Emma, Capitän Herboth, 32 Auswanderer außer dem ihnen gesetzlich gebührenden Proviante noch 400 Pf. Reis, 120 Pf. frisches Fleisch (für die ersten Tage), 14 Pf. Kaffee, 200 Pf. Zwieback und 10 Liter Essig mehr erhielten, also, statt für 84 Tage, **auf 96 Tage** verproviantirt wurden.

Der zweite und wichtigere Grund besteht aber in der richtigen Auffassung des Auswanderer-Verpflegungswesens zur See seitens der Herren Steinmann und Comp.

Das eingepökelte Rind- und Schweinefleisch ist dem deutschen Binnenländer ebenso zuwider und ungewohnt, als es dem norddeutschen, überhaupt jedem Seemann Bedürfniß und angenehm ist, besonders wenn es so vortrefflich in Qualität und Bereitung ist, als das mit Recht berühmte Hamburger Fleisch. Der Magen, ohnehin durch die Seekrankheit geschwächt, vermag diese derbe Nahrung nicht so gut zu verdauen, und häufig sind Krankheiten an Bord die Folge davon. Ein weiterer Uebelstand wird bei den von Steinmann und Comp. beförderten Schiffen dadurch beseitigt, daß dort der Capitän dem Chef jeder Familie (die ledigen Auswanderer werden immer

Zweiter Abend.

Familien zugetheilt) die wöchentliche Ration für dieselbe übergibt. Dabei ist es jedem Schiffscapitän zur Pflicht gemacht, eine Quittung der Auswanderer über die richtige Austheilung der Lebensmittel an dieselben beizubringen. Einige von den Passagieren selbst gewählte Vertrauensmänner überwachen diese Austheilung nach dem ihnen von Steinmann und Comp. übergebenen Lebensmittelschein. Was die Leute in Folge von Seekrankheit, Uebersättigung rc. nicht verzehren, ist, wie sich's gebührt, ihr Eigenthum und nicht, wie auf andern Schiffen, das des Capitäns. So ereignet sich bei den von Steinmann u. Comp. beförderten Auswanderern sehr häufig der Fall, daß sie noch ganze Säcke Proviant an's Land mitnehmen, als willkommene Aushülfe für die erste Zeit des Kolonistenlebens.

Endlich haben Steinmann und Comp. die nicht genug zu empfehlende Einrichtung getroffen, daß die Schiffsküche einen Herd enthält, der so viele Kochlöcher hat, als Familien an Bord sind; auf diesen kocht nicht der Schiffskoch, sondern jede Familie für sich, und sie sind also nicht einem tyrannischen Speisezettel unterworfen, der ihrem Gehör wie ihrem Magen gänzlich fremd ist, sondern können kochen, wenn sie wollen, was sie gerade wünschen und wozu der gelieferte oder allenfalls von ihnen selbst mitgenommene Proviant reicht. An stürmischen Tagen kochen sie weniger, an heitern mehr, kurz nach ihrem Bedürfniß, was besonders angenehm für Familien mit kleinen Kindern ist. Auch ist der daraus entspringende Vortheil nicht gering zu achten, daß Mädchen und Frauen eine passende Beschäftigung bekommen, die der sonst vom Müssiggang und der Langeweile so sehr begünstigten Unsittlichkeit entgegenarbeitet. Es ist wohl wahr, daß durch diese Einrichtung des Selbstkochens die Auswanderer genöthigt sind, mehr Anschaffungen zu machen, als sonst nöthig wäre, so z. B. einen Kochkessel und Kaffeekessel zu kaufen. Beobachten sie aber die nöthige Vorsicht, selbe von starkem Bleche zu beschaffen, so wird dergleichen Hausrath bei ihrer Niederlassung ihnen sehr zu Statten kommen.

Ich muß es aussprechen, daß ich viele Auswanderer gesprochen habe, die dieß Verfahren der Herren Steinmann und Comp. nicht genug rühmen können. Gewiß ist aber die ganze Einrichtung auf die genaueste Kenntniß der Wünsche und Bedürfnisse des Auswanderers gegründet, was beweist, daß diese Herren sich die Mühe gaben, dieselben zu studiren und ihnen Rechnung zu tragen.

Wollten die andern Rheder und Expedienten ihrem Beispiele folgen, die Seereise verlöre die Hälfte ihrer Schrecken.

Zur Ueberwachung der guten Verproviantirung und Ausrüstung der Schiffe, zur Prüfung der zum Auswanderertransport gewählten Fahrzeuge, so wie zur Schlichtung etwaiger Differenzen zwischen Auswanderern und Expedienten besteht in Antwerpen eine eigene Auswanderungs-Commission, die wieder unter der Controlle der commission supérieure, an deren Spitze der Gouverneur der Provinz steht, sich befindet. Die Auswanderungs-Commission ist sehr streng, wie vielleicht in keinem Hafen Europa's.

Der Hafen von Antwerpen ist überdieß für den Auswanderer sehr bequem eingerichtet. Die Schiffe kommen, um ihre Ladung und die Passagiere einzunehmen, in das große Bassin und legen an dem Hafendamme so an, daß Kinder und Weiber bequem und gefahrlos ein- und aussteigen und die Leute ihr Gepäck selbst an Bord tragen können. Erst wenn das Schiff seine Passagiere und Ladung aufgenommen, legt es auf die Schelde hinaus, erhält einen ärztlichen Besuch und geht dann unter Segel.

Auch in Antwerpen muß der Expedient die Passage und Lebensmittel der Auswanderer versichern lassen, damit im Falle eines Unglücks die Auswanderer verpflegt, untergebracht und an das Ziel ihrer Reise befördert werden.

Der Passagepreis von Antwerpen nach Rio de Janeiro beträgt im Zwischendeck für jeden Erwachsenen 180—200 Franken = 48—53 Thaler, und für jedes Kind von 1—10 Jahren 100—120 Franken = 27—32 Thaler. Da aber die brasilianische Regierung für jeden Kopf einen bedeutenden Reisezuschuß vergütet, so stellt sich der Ueberfahrtspreis bei

Zweiter Abend. 47

Erwachsenen über 10 Jahre auf 120—150 Fr. = 32—40 Thlr., bei Kindern von 1—10 Jahren auf 70—80 Fr. = 19—22 Thlr. Säuglinge sind frei.

Dieß gilt sowohl von Rio de Janeiro, als auch von Sta. Catharina, wohin ebenfalls von Zeit zu Zeit Schiffe abgehen, was allemal in den Zeitungen lange voraus angezeigt wird.

Auch nach Rio Grande do Sul gehen von Zeit zu Zeit Schiffe, und es hat das Haus Steinmann und Comp. einen Contrakt mit der Provinzregierung geschlossen, der es ermächtigt, jährlich 100 Familien einen Reisezuschuß zu bewilligen, der es möglich macht, die Ueberfahrtspreise folgendermaßen zu stellen:
für Personen über 45 Jahre 210—230 Fr. = 56—61 Thlr. 10 Sgr.
für Personen von 10—45 Jahren 165—190 Fr. = 44—51 Thlr.
für Kinder von 1—10 Jahren 85—100 Fr. = 23—27 Thlr.
Kinder unter einem Jahre sind frei.

Es erübrigt jetzt nur noch, einen Blick auf die Ermäßigungen beim Transporte der Auswanderer auf Eisenbahnen und Dampfschiffen zu werfen.

Die Rheindampfboote berechnen den Auswanderern:
Von Mannheim bis Köln 1 Thlr 15 Sgr.
„ Worms „ „ 1 „ 11 „ ⎫
„ Mainz „ „ 1 „ 3 „   ⎪ Kinder
„ Bingen „ „ — „ 28 „   ⎬ von 1 bis 10
„ Boppard „ „ — „ 26 „ ⎪ Jahren zahlen
„ Koblenz „ „ — „ 24 „ ⎭ die Hälfte.

Auswanderer, welche von Mannheim, Worms, Mainz, Bingen nach Cöln gehen, haben dazu täglich Gelegenheit theils mit Dampfern, theils per Eisenbahn.

Die Dampfboote gehen von Mannheim um 6 Uhr, von Worms um 6¾—7 Uhr ab und gelangen nach Cöln nach 9 Uhr Abends. Da nun auch die Dampfboote von Mainz, Bingen und Coblenz erst um 4, 6, 7 und 9 Uhr Abends in Cöln eintreffen, so können die Auswanderer am selben Tage nicht mehr nach Antwerpen weiter reisen, sondern müssen in Cöln übernachten. Auf den Dampfbooten haben sie 200 Pfund Gepäck frei.

Die Eisenbahnzüge von Mannheim, Mainz, Bingerbrück fahren im Sommer wie folgt nach Cöln:
Von Mainz: Morg. 6 Uhr 10 Min. Ankunft in Cöln um 11 Uhr VM.
Morg. 11 Uhr 40 Min. Ankunft in Cöln um 5 Uhr 15 M. Abends.

Nur diese beiden Züge befördern Auswanderer mit 200 Pf. Freigewicht und zu ermäßigten Preisen. Die um 6 Uhr Morgens von Mainz abgehenden Auswanderer können Abends 9 Uhr in Antwerpen sein. Auf der Strecke Ludwigshafen-Mainz besteht keine Ermäßigung; wohl aber sind 200 Pf. Freigewicht gewährt.

Die französische Ost- und die pfälzischen Bahnen bewilligen von Basel aus bis Ludwigshafen Billete III. Classe zu 10 Fr. 40 c. = 2 Thlr. 24 Sgr. und 100 Pf. Freigewicht. Kinder unter 8 Jahren sind frei, haben aber auch kein Freigewicht.

Die badischen Eisenbahnen gewähren vom Fahrpreise III. Classe ein Viertel Nachlaß und ein Freigewicht von 200 Pfund.

Die hessische Ludwigsbahn, von Mainz bis Bingen, gewährt ein Drittel Nachlaß und 200 Pfund Freigewicht. Kinder unter 10 Jahren zahlen die Hälfte, Säuglinge sind frei.

Von Bingerbrück bis Cöln zahlen die Auswanderer nur die Hälfte des Fahrpreises III. Classe, also 1 Thaler, Kinder unter 10 Jahren die Hälfte, Säuglinge frei, 200 Pf. Freigewicht.

Meiner bescheidenen Meinung nach ist für Auswanderer aus dem Oberlande der Transport per Dampfschiff, seiner Wohlfeilheit wegen, der Eisenbahnbeförderung weitaus vorzuziehen; auch geniren die häufigen Wagenwechsel, so wie das oftmalige Umladen des Gepäcks.

Freilich haben meine Mittheilungen eine arge Lücke; der ganze Südosten Deutschlands ist mit seinen Verkehrsmitteln außer Berechnung geblieben. Das kommt einfach daher, weil von dort die Auswanderung eine schwächere und darum die Bereitwilligkeit der

Zweiter Abend.

Eisenbahn- und Dampfschiffverwaltungen, ihre Preise zu ermäßigen, eine geringere ist. Auch existiren dort keine rivalisirenden Verkehrslinien, wie längs der Elbe und besonders längs des Rheines.

Ich weiß daher kaum mehr anzuführen, als daß die zwei Mittel- und Sammelpunkte Frankfurt und Augsburg sind.

Ost-Schweizer und Tiroler Auswanderer sammeln sich meist am letztern Orte, um über Hamburg sich einzuschiffen.

Was die Tiroler anbelangt, so kostet die Reise den Südtirolern und Innthalern von Innsbruck nach Kufstein per Eisenbahn III. Classe 2 Fl. 25 Kr.; von da bis München 1 Fl. 57 Kr. rhn. Von München über Augsburg, Bamberg nach Hof 7 Fl. 36 Kr. rhn., von Hof endlich über Leipzig, Magdeburg, Wittenberge nach Hamburg 7 Thlr. 28 Sgr., über Leipzig, Magdeburg, Braunschweig, Harburg nach Hamburg 6 Thlr. 20 Sgr.

Nachtquartiere müßten in Bamberg und Magdeburg gehalten werden. Die hierfür erwachsenden Kosten, das Quantum des Freigewichts, so wie die Ueberfrachtspreise sind mir unbekannt.

In Frankfurt sich sammelnde Auswanderer werden naturgemäß über Antwerpen instradirt.

Dritter Abend.

Georg reist nach Hamburg. — Es steigen Zweifel und Befürchtungen auf. — Warum gehen so wenig Leute nach Brasilien? — Die Moselschwaben. — Der brasilianische Consul und sein Kanzler — Hamburg. — Georg wird getraut. — Die Einrichtung des Schiffes. — Wie man seine Sachen verpacken soll. — Was man eigentlich mitnehmen sollte. — Die Auswanderer gehen an Bord. — Welche Zeit ist die beste zur Reise nach Brasilien? — Die Reise beginnt. — Wie Georg's Reisegefährten Ordnung und Sittlichkeit an Bord handhaben. — Traurige Folgen, wo dieß nicht geschieht. — Gottesdienst. — Seekrankheit. — Mittel zur Milderung. — Ungefährlichkeit der Reise nach Brasilien. — Sturm. — Zeitvertreib auf hoher See. — Geburten, Tod und Bestattung. — Land! — Rio. —

Es war im Monate Mai, als ich Euren Ort verließ, um mit so vielen anderen Schicksalsgefährten drüben über'm Wasser ein neues Leben anzufangen. Hier hatte ich mit Allem abgeschlossen, und ging auch mir und besonders meiner Liese der Abschied von Mutter Gertrud und den Schwägerinnen schwer ans Herz, so erleichterte doch die Einsicht, daß es so besser sei für beide Theile, die Trennungsstunde. Waren wir einmal fort, so fiel der Stein des Anstoßes weg, um dessentwillen man auch die armen Frauen angefeindet hatte; ihre alten Freunde konnten ihnen wieder behülflich sein, um Beschäftigung und Verdienst vollauf für ihre Bedürfnisse zu haben. Dann strahlte uns ja ein Hoffnungsstern von drüben; wir gingen ja mit Muth, mit den besten Vorsätzen nach Brasilien. Fand sich nur Arbeit für uns, dann war uns nicht bange; wir wollten schon rüstig schaffen. Und es war auch dort der alte Gott, der uns ja sichtbarlich hinüberführte, und mit vollem Gottvertrauen gingen wir dem immerhin ungewissen Schicksale in so ganz fremdem Lande entgegen.

Ich will Euch indeß nicht verbergen, daß mich doch hie und da Zweifel beschlichen an der Rechtlichkeit des Agenten, an den Mittheilungen, die er mir über das Land gegeben, kurz an so Manchem. Mein Gott, man hört ja so viel über die Agenten schimpfen, und wenn man auch bald einsieht, daß das gewissermaßen Mode ist und daß Dinge erzählt werden, deren Lügenhaftigkeit man mit Händen greifen kann, so denkt man doch im Stillen: es muß doch wol etwas daran sein; wie könnten sonst Alle einstimmig über die Agenten schimpfen? Und so blieb eine leise Furcht in mir zurück, um so mehr, als ich nicht genau wußte, wovor ich mich eigentlich fürchtete.

Dann kamen wieder die tausend Mährchen, die man mir über Brasilien erzählt hatte, und die Angst wurde größer und größer. Aber ich blieb standhaft, verschluckte meine Angst und Furcht und zeigte meiner Liese ein heiteres, zuversichtliches Gesicht. Wäre aber nicht die Nothwendigkeit mir auf den Fersen gesessen, hätte es nicht geheißen: „Friß Vogel oder stirb!", hätte ich Aussicht gehabt, Liese heirathen und uns schmal aber ehrlich durchbringen zu können, wer weiß, ob ich nicht noch im letzten Augenblicke umgesattelt hätte und zu Hause geblieben wäre?

Da ist's bei solchen Leuten ganz anders, die irgend Verwandte oder Bekannte drüben haben, die ihnen schreiben können, wie es drüben geht; bei Leuten, die dann ermessen können, was sie dort erwartet, und ob es gerathen ist, hinüber zu gehen; bei Leuten endlich, die Jemanden zu Rathe ziehen können, der das Land und auch das Leben, das Kolonistenleben, selbst durchgemacht hat und von dem der Augenschein lehrt, wie es ihm ergangen sein mag oder dessen Aufrichtigkeit man trauen kann.

Seht, das ist auch der Grund, warum im Verhältnisse so Wenige nach Brasilien und so Viele nach Nordamerika wandern. In unserer ganzen Gegend bin ich der Einzige, der nach Brasilien ging, während aus dem Dorfe allein an die Zwanzig nach Nordamerika gezogen sind. Die Zwanzig kennt das ganze Dorf und die Hälfte ist mit ihnen verwandt und trotz des Kriegs, der jetzt bei ihnen ist, wollen doch im Frühjahre wieder Mehrere hinüber, wie mir der Wirth sagt, und darunter Leute, die ein paar Tausend Gulden im Sacke haben, denen aber das ewige Zoll=, Steuer= und Abgaben= zahlen, das Soldatenspielen ꝛc. zuwider geworden ist und die ein= sehen, daß sie mit diesem kleinen Capital bei uns schlecht leben und es vielleicht nach und nach zusetzen müßten. Sie denken: „In Amerika, wo mein Vetter, der Jakob, und mein Freund, der Simon, sind, denen es ganz gut geht, obgleich sie lange nicht so viel Geld mitgenommen haben und gewiß nicht mehr werth sind als ich, da kann's mir auch nicht fehlen; und in der ersten Zeit werden mir der Jakob und der Simon schon rathen, die kennen ja Amerika schon."

Sagt aber den Leuten, sie sollen nach Brasilien gehen, so wer= den sie die Achseln zucken und antworten: „Ja, es mag dort wol recht gut und schön sein, aber man weiß doch nichts Rechtes davon; man hört gar so viel Schlechtes davon und ich kenne Niemand dort, der mir beistünde oder dem ich trauen könnte, wenn er mir schreibt: Komm, Landsmann!"

Da ist's am Mittelrhein, so bei Coblenz herum und hinüber gegen die Eifel, bei den sogenannten Moselschwaben, ganz anders und zwar aus demselben Grunde. Dort ist kein Dorf, von wo nicht ein Paar Burschen oder Familien nach Brasilien gewandert wären und sich dort wohl befänden. In der Eifel kennt man Brasilien oder wenigstens die deutschen Kolonieen dort besser, als Pommern und die Mark; und von den Tausenden, die jährlich nach Brasilien gehen, sind wenigstens acht Zehntel aus dieser Gegend. Alljährlich kommen von drüben Kolonisten auf Besuch herüber, die man früher als bettelarm gekannt und die jetzt wohlhabende, ja reiche Leute sind und sich nur in der Heimat wieder einmal umsehen wollen. Im Zwi= schendeck, zu Vier in einer Koje, waren sie hinübergezogen, zurück kommen sie auf dem englischen oder französischen Dampfer, oder auf dem weniger luxuriösen Havre=Packetschiff. Und wißt Ihr, daß so

Dritter Abend.

eine Hin- und Herreise sammt Aufenthalt im Lande mindestens an die 3000 Fl. kostet, die ein Kolonist überflüssig im Kasten liegen haben muß, um sich einen solchen Spaß vergönnen zu können, so werdet Ihr erst recht begreifen, wie gut es ihnen dort ergeht und wie mächtig bei ihren armen Landsleuten am Rhein und an der Mosel angesichts solcher Thatsachen die Auswanderungslust nach Brasilien sich regt! Laßt das erst einmal recht bekannt werden, und Ihr sollt sehen, wie die Leute alle viel lieber nach Brasilien, als nach Nordamerika gehen! —

Leute, die solche Beispiele vor Augen haben, die brauchen freilich sich keinen so düsteren Gedanken hinzugeben, wie ich es bei der Abreise von der Heimat that.

Wir langten denn endlich in Hamburg an, wo wir nahe am Hafen in einem sogenannten Logirhause untergebracht, auch verköstigt wurden, Alles auf Rechnung unseres brasilianischen Gutsbesitzers. Die Kost war zwar ungewohnt, aber sehr gut und jedenfalls weit besser, als ich sie in den letzten Jahren mir verschaffen konnte. Ich schlief mit Frau und Kind in einem breiten Bette, das für die Jahreszeit viel zu heiß, aber sehr weich und reinlich war.

Auf der Reise hatte uns ein sogenannter Conducteur begleitet, der überall für uns Rede und Antwort gab und unsere Papiere verwahrte; der führte uns auch des andern Tages in das Comptoir des Schiffs-Expedienten und von da zu dem brasilianischen Consul, wo wir die Contracte, in portugiesischer Sprache mit deutscher Uebersetzung, unterschreiben mußten. Der brasilianische Consul war ein sehr freundlicher, zuvorkommender Herr, der nur leider nicht deutsch sprach, aber uns durch seinen Kanzler Muth einsprach und uns über unsern Entschluß, dorthin auszuwandern, lobte und sagen ließ, er prophezeie uns, daß wir in wenigen Jahren Gott für die gute Idee danken würden, nach Brasilien zu gehen.

Wie ich höre, ist dieser freundliche Herr jetzt Gesandter in Berlin und sein Kanzler, ein Baron von Linstow, Consul in Hamburg. Ich freue mich herzlich darüber, denn der Herr Baron ist so besorgt, herzlich und gütig selbst gegen die ärmsten Auswanderer, daß man gar keinen besseren Mann auf diesen Posten hätte stellen können.

Nachdem das vollbracht war, zogen wir in der schönen Stadt, der größten, die ich noch bisher gesehen, herum. Es sind eigentlich zwei Hamburg; das eine, das alte Hamburg am Flusse drunten, eng, winklicht, dunkel, schmutzig, voll Theer= und Fischgestank, aber voll Lebens und geschäftigen Treibens, besonders an dem mächtigen, ganz mit großen Seeschiffen bedeckten Strome, und das andere, schöne, neue, erst nach dem großen Brande entstandene Hamburg, mit breiten, hellen, schön gepflasterten Straßen, herrlichen Gebäuden und dem wunderschönen Alster=Bassin, einem kleinen, künstlichen, rings von Promenaden und stolzen Hotels eingeschlossenen See mit Schwänen und Booten ɔc. Trotzdem aber zog es uns immer aus der neuen, schönen Stadt zum Strome hinab, zu den Ungeheuern von Schiffen, bei deren Anblick man die Angst vor der Seereise und ihren Gefahren schwinden fühlt.

So gut es uns in Hamburg gefiel, so war doch unser Dichten und Trachten, bald fortzukommen; wir vergaßen aber darüber nicht das Wichtigste. Liese und ich ließen uns trauen, wobei wir Herrn von Linstow nicht genug dafür danken können, daß er die Schwierigkeiten wegen mangelnden Aufgebots und sonstiger Formalitäten zu beseitigen wußte.

Wir waren wie neugeboren und unser Kleiner uns nun doppelt so lieb, da wir ihn nun ohne inneren Vorwurf anzublicken vermochten, und Liese, nun sie mein rechtmäßiges Weib war, ging doppelt stolz neben mir her. Eins war erreicht, um dessentwillen wir die Heimat verlassen hatten; das mußte unsere Herzen mit neuer Hoffnung füllen, daß wir auch das Andere, eine gesicherte Existenz, erreichen würden.

An Bord des Schiffes ging es indeß lebhaft zu; das ganze Zwischendeck war der Länge nach in zwei Theile getheilt und längs dieser Gänge waren links und rechts Schlafstätten errichtet, die in zwei Reihen über einander angebracht waren. In jeder solchen

Schlafstelle wurden vier Personen untergebracht, die Familien immer zusammen. Ledige Mädchen hatten einen eigenen Verschlag. In jedem Gange hing eine große Laterne und von der vorderen und hinteren Schiffsluke, die nur bei sehr stürmischem Wetter geschlossen werden sollten, führten ziemlich bequeme Treppen herab. Die Seitenluken waren geschlossen. Unter den Schlafstellen war so viel Raum, daß man eine sogenannte Schiffskiste und kleines Gepäck darunter stecken konnte. Das große Gepäck ward in den Schiffsraum hinabgelassen und mußte bis zur Ankunft in Rio de Janeiro drunten bleiben. Es wurde festgestaut, wie es die Seeleute nennen, damit es bei den starken Schwankungen des Schiffes bei unruhiger See nicht hin= und hergeschleudert werden und Schaden nehmen könne. Aus demselben Grunde ist sehr zu empfehlen, alles kleine Geräth und Proviant in die Schiffskiste zu packen und diese festzubinden, da sonst ein höllisches Spectakel entsteht, wenn einmal in der Nacht ein Sturm losbricht und die Sachen alle unter den Schlafstellen hervorkollern und nach allen Richtungen umhergeschleudert werden.

Das Gepäck, welches man mitnimmt, bringe man in guten starken, aber nicht zu großen Kisten unter, die an den Ecken sowohl als an sonst passenden Stellen Beschläge von Eisenblech haben. Diese Kisten werden später dem Kolonisten auf seinem Lande von großem Nutzen sein und ihm häufig Bänke, Tische und Bettstellen ersetzen; dazu ist es aber vor Allem nothwendig, den Deckel nicht bloß festzunageln, sondern zum Aufklappen und Verschließen einrichten zu lassen. Auch alte Commoden oder Schränke kann man statt der Kisten verwenden und durch Aufnageln von Strohseilen oder starker Sackleinwand ziemlich sichern; doch müssen sie sehr fest sein, um die Behandlung auf Eisenbahnen und beim Ein= und Auspacken auf dem Schiffe vertragen zu können. Endlich verklebe man von außen alle Ritzen der Kisten mittelst Papierstreifen und Tischlerkitt (frischer Käse mit Kalk gemengt), damit die Feuchtigkeit des Schiffsraumes nicht durchdringe.

Das Handgepäck, frische Wäsche, dann einigen Proviant, den

man nicht geliefert erhält, als: Zucker, einige Flaschen Rum, Butter, Käse und einiges frische Schwarzbrod packte ich in die Schiffskiste, die man in Hamburg schon fertig bekommt.

Blechgeschirr und Bettzeug war uns auf Rechnung unseres Gutsherrn geliefert worden, während jeder selbstständige Auswanderer solches sich selbst kaufen muß. Ich habe Euch schon gestern Abend die Preise dieser Dinge sowohl für Hamburg als für Antwerpen mitgetheilt und sage Euch heute nur, daß Ihr nicht Euer eigenes von Hause mitgebrachtes Bettzeug am Schiffe in Gebrauch nehmen möget. Die sehr wohlfeilen See=Bettzeuge dauern auch nur die Reise aus und können dann weggeworfen werden, ohne daß Euch daraus ein sehr empfindlicher Schaden erwachsen würde. Anders wäre es, wolltet Ihr Euer gutes Bettzeug verwenden; das würdet Ihr ebenfalls ruiniren und dadurch einen großen Werth einbüßen.

Bei dieser Gelegenheit wird es wol auch gut sein, zu erwähnen, was denn ein Auswanderer mitnehmen soll. Was mich betrifft, so erlaubten mir meine wenigen Gulden keine große Auswahl. Wir nahmen daher nur einiges Küchengeschirr von Eisen, etwas Handwerkszeug (ein echter Müller weiß ja immer ein wenig mit der Axt umzugehen), dann **unsere Betten**, Kleider und Wäsche mit. Davon behielten wir das Schlechteste draußen bei uns; es ist für das Schiffsleben, wie für das mangelhafte Waschen noch gut genug.

Da fällt mir ein, daß die Weiber etwas kohlensaure Soda mitnehmen sollen, um sie beim Waschen unter das Seewasser zu mischen; denn ohne Soda greift im Seewasser keine Seife an. Diese Soda bekommt man in jeder Apotheke.

Wer das Geld dazu hat, nehme Folgendes mit: Aus seiner Hauswirthschaft die **eisernen** Töpfe und Pfannen, besonders den Waschkessel.

Eßbestecke, gute Oellampen mit ziemlich viel Dochten; Messingmörser, Lichtputzen, Plätt= oder Bügeleisen, ja selbst Spinnrocken zum Baumwollespinnen, Kaffeebrenner, Kaffee=Maschine und Mühle; überhaupt lasse man nichts von Metall zurück. Wer nach Rio

Dritter Abend.

Grande, Sta. Catharina oder Paraná geht, der nehme auch wo möglich einen kleinen eisernen Kochofen mit einem Stück Rohr mit. All diese hohlen Gegenstände kann der Auswanderer mit verschiedenen Gegenständen füllen, und hat er sonst nichts, so fülle er sie mit Graupen, Linsen, Erbsen ꝛc., die ihm dann ganz gut zu Statten kommen.

Ferner sind alle Gattungen Bürsten wohl zu gebrauchen. Ebenso eine Haus- oder Stubenuhr mit fest verschließbarem Gehäuse; eine gute Taschenuhr nebst Schnüren und Reservegläsern; ein guter Sattel, vielleicht auch ein Frauensattel, Reservesteigriemen und Gurte; auch grobe Wolldecken für Pferde.

Jeder Kolonist sollte ein gutes Doppelgewehr haben. Dazu gehören einige Pfund gutes, trockenes, grobes Jagdpulver, in Blech sorgfältig verwahrt; Pulverhorn, Zündhütchen, Werg, Schroten verschiedener Größe, Blei, Kugelform, Schraubenzieher, Federhaken, Putzzeug. Auch braucht er ein tüchtiges, ungefähr 16 Zoll langes und 3—4 Zoll breites, spitziges Messer in Lederscheide, einen Leibgurt mit Patronenhülsen.

Ferner eine Korbflasche, einen großen, starken Regenschirm mit Futteral.

Zum Holzspalten verstählte Keile verschiedener Größen, Thürschlösser mit Klinken, einen kleinen ordinären Compaß, auch starke eiserne Achsen mit Büchsen und Rädern.

Ferner eine kleine Hausapotheke: Flieder- oder Hollunderthee, Kamillen, gut eingestampft in Blechbüchsen, Arnicatinktur, Spiritus zur Verdünnung, Laxirpillen in einem verpichten Glase, Wurmsamen für Kinder, etwas Opodeldoc, englisches und anderes Heftpflaster; auch ein mit einem eingeschliffenen Glasstöpsel versehenes Fläschchen, worin sich 5 Theile Salmiakgeist, 2 Theile Schwefeläther und 1 Theil höchstrectificirtes Bernsteinöl, als Mittel gegen den Schlangenbiß, befinden.

Stahl und Schwamm, ein Schreibzeug.

Was die Kleidung betrifft, so mag der Auswanderer mitnehmen, was er davon besitzt; auch schaffe er viel Sommerzeug von ungebleichtem Drill oder blauem Leinen an, von Tuch blaue Jacken mit Messingknöpfen. Mäntel, besonders lange Radmäntel lasse man ja nicht zurück.

Schuhzeug nehme man hübsch viel mit, kalbs= oder besser rindsledernes, jedoch mehr Schuhe als Stiefel, letztere hochschäftig; doch sehe man darauf, daß die Schuhkiste besonders gut verpicht sei, weil das Leder bald schimmelt.

Von Hüten nehme man auf die Seereise einen Strohhut, und auch sonst breiträndrige Stroh= und Filzhüte, auch für Frauen, mit.

Von Wäsche nehme der Auswanderer gedruckte Kattunhemden mit, die sich am besten zur Arbeit eignen; doch zum Staate habe er weiße Baumwoll= oder Leinenhemden, da der Brasilianer viel hierauf hält. Strümpfe von Baumwolle und selbst Wolle, dann Hals= und Taschentücher.

Die Frauen mögen sich mit Nähzeug, gebleichtem und ungebleichtem Zwirn, Strickgarn und Wolle gut versehen. Bei Kleidern mögen sie hauptsächlich auf echte Farben sehen, da die Sonne sie sonst bald bleicht. Ihre Kleider sollten aus langen Röcken, Joppen oder Jacken bestehen; zum Reiten brauchen sie einen Reitrock, der über die übrigen Kleider gebunden wird.

Schließlich vergesse man nicht, für die Kinder die nöthigen Lehrbücher mitzunehmen.

Und wer irgend ein Handwerk treibt, vergesse nicht sein gesammtes Handwerkszeug, wobei einem oder dem andern zu rathen ist, auch etwas Rohmaterial mitzunehmen, z. B. dem Schuster Draht, einige Kalbs= oder Rindshäute, Zwirn, Nägel und Zwecken 2c.; dem Schneider einen tüchtigen Vorrath von Zwirn, Seide und Nadeln 2c.

Der Auswanderer thut sehr gut daran, wenn er seine Habseligkeiten assecuriren läßt; das kostet für eine Reise nach Brasilien, die ungefährlichste von allen Seereisen, sehr wenig und ist eine große Beruhigung. Hat er viel Geld mit, so thut er wohl, wenn er es dem Capitän gegen Quittung zur Aufbewahrung übergibt. —

Dritter Abend.

Doch ich kehre zu meiner Abreise zurück. Wie gesagt, ging unser ganzes Dichten und Trachten dahin, sobald als möglich fortzukommen; es war also ein großer Freudentag für uns, als wir eines Morgens den Befehl erhielten, bis Nachmittags auf das Schiff zu übersiedeln. Alles regte und drängte sich, um zuerst dort zu sein, und bis es Abends wurde und der Koch uns zum Thee rief, waren wir schon im Besitze unserer Kojen, hatten unser Gepäck untergebracht und kamen mit unsern neuen Blechgeschirren herbei, unsere Ration zu empfangen. Bekanntschaften wurden angeknüpft oder erneuert, die Kojennachbarn neugierig und vorsorglich betrachtet und studirt, denn man sollte ja an die 10 Wochen mit ihnen in so engem Raume zusammenleben; wie viel hing da von einer verträglichen Gemüthsart, von der Vorliebe für Reinlichkeit ab!

Es war eine prachtvolle Nacht und die Aufregung ließ uns lange nicht schlafen; auf dem Verdecke standen wir lange und blickten auf das schlafende Hamburg hinüber; im Juli konnten wir auch so auf Rio de Janeiro hinüberschauen.

Ihr werdet Euch wundern, daß wir im Mai, wo doch so viel Feldarbeit noch zu thun ist, reisten, um erst im Juli, wo bei uns die Ernte beginnt, nach Rio zu kommen; Ihr schüttelt den Kopf bei dem Gedanken, daß es dann um so schwerer für die Auswanderer sein werde, bis zur nächsten Ernte zu warten und dergleichen.

Das ist aber grundfalsch; für's Erste liegt Brasilien auf der andern Seite des Aequators, wie ich Euch schon gesagt habe; daraus folgt, daß, wenn es hier bei Euch am heißesten ist, es dort am kältesten, nämlich so kalt ist, als es dort nur werden kann, und umgekehrt: während Ihr hier die Weihnachten und das Neujahr in Schnee und Eis, am kürzesten Tage hinter dem prasselnden Ofen feiert, ist dort die größte Sommerhitze.

Würde also ein Auswanderer bei uns im October oder November abfahren, so käme er dort um Weihnachten oder nach Neujahr in der größten Hitze an. Der Uebergang aus unserm kalten Herbste in den brasilianischen Sommer wäre zu stark und das Angewöhnen des Auswanderers, besonders der älteren, an das dortige Klima würde viel schwieriger und häufig von Krankheiten begleitet sein. Fahren sie aber im April, Mai, ja selbst im Juni ab, so kommen sie im brasilianischen Winter an, der Euerm Frühjahr in wärmeren Jahren gleicht; der Uebergang ist also dann ganz gleichartig von einem Frühjahr ins andere und das Eingewöhnen daher viel leichter und ruhiger.

Aber es ist noch etwas Anderes zu bedenken. Die Art, wie ein Kolonist im Walde zu wirthschaften hat, bevor er ein Feld zum Anbau benutzen kann, ist einfach die, daß er den Wald niederhaut, das Holz eine Weile in der Hitze trocknen läßt und dann anzündet. Soll das Holz aber so trocken werden, daß es wirklich brennt, so muß es im Sommer geschlagen werden, damit die Sonne so recht darauf wirken kann. Der Sommer aber sind die Monate December, Januar und Februar; wer also im April, Mai oder Juni hinüberfährt, kommt gerade im Juni, Juli oder August an und kann bis zum November so weit sein, daß er seinen Wald geschlagen hat und so von der Sommerhitze profitirt, die ihm dann erlaubt, schon im Januar, längstens Februar mit dem Anbaue zu beginnen.

Kommen aber die Auswanderer später auf ihr Land, z. B. gar im December, Januar oder noch später, so ist es für dießmal mit dem Waldschlagen wenig oder nichts, also auch mit der Ernte nichts, und der Kolonist muß froh sein, wenn er im Tagelohn bei früher angesiedelten Kolonisten oder bei dem Director seinen Unterhalt verdient.

Etwas Anderes ist es mit solchen Kolonisten die, wie ich, als sogenannte Halbpächter oder Parceristen hinübergehen. Die finden freilich zu jeder Jahreszeit ihre Unterkunft bereit, ein Stück Land zum Anbaue des Nothwendigsten hergerichtet, und Arbeit im Kaffeeberg gibt es immer, wobei es freilich besser ist, man kommt noch vor der Ernte an.

Es gibt indeß gewiß auch Fälle, welche ein so spätes Auswandern entschuldigen; z. B. der Auswanderer hat seine dießjährige

Dritter Abend.

Ernte verkauft und fürchtet, den Erlös in den Wintermonaten aufzuzehren; oder er beabsichtigt sich drüben gleich ein schon bebautes Gut zu kaufen oder was solcher Gründe zur Beschleunigung seiner Reise mehr sind.

Das hindert aber Alles nicht, daß ich Euch wiederhole, die **passendste Zeit für die Auswanderung nach Brasilien ist im April, Mai und Juni.** —

Also andern Morgens ging der Anker in die Höhe, und gleich spannte sich ein kleiner Dampfer vor unsern Koloß und so fuhren wir stromabwärts bis zum Eintritt der Fluth, wo wir wieder bei Brunshausen Anker warfen und über Nacht blieben. Den folgenden Tag trieb uns ein frischer Ostwind mit der Ebbe hinab nach Cuxhaven, dann an den Tonnen und Feuerbaken, welche das Fahrwasser bezeichnen, vorbei in das Meer, die Nordsee, hinaus.

Von dem Augenblicke, wo wir Cuxhaven passirt hatten, trat der Schiffscapitän in seine vollen Rechte. Er allein hat zu befehlen und Alles, Matrosen und Passagiere, haben ihm zu gehorchen, letztere wenigstens in allen Anordnungen, welche auf Ordnung, Ruhe und Reinlichkeit Bezug nehmen. Die Matrosen liegen nicht im Zwischendeck, sondern haben ihren eigenen Platz, ganz vorn im Schiffe, der vom Passagierraum getrennt ist. Sie kommen daher mit den Passagieren weder beim Speisen noch beim Schlafen zusammen und haben auch gewöhnlich vollauf zu arbeiten, wenn nicht gerade ein besonders günstiges Wetter eintritt. Der Capitän und die Steuerleute wohnen im Hintertheile des Schiffes, der Capitän in seiner eigenen Cajüte und die Steuerleute in dem sogenannten Steuerraum beisammen.

Die Passagiere thun am besten, den Matrosen bei ihren Arbeiten auf Deck aus dem Wege zu gehen, wenn sie sich auch hie und da dazu verstehen, ihnen zu helfen, z. B. beim Umbrassen der Raaen, wozu die wenigen Matrosen zu viel Zeit brauchen würden. Sonst aber sind die Matrosen ein etwas wildes Völkchen und nehmen es besonders im Punkte der Moral nicht sehr genau; ja es gibt Beispiele, daß selbst Capitäne und Steuerleute hierin mit schlechtem Exempel vorangehen. Zur Ehre der Hamburger, aber auch der Antwerpner Brasilienfahrer sei es gesagt, daß bei diesen die sonst bei den nach Nordamerika fahrenden Auswandererschiffen sehr häufigen Klagen bis jetzt zur Seltenheit gehören. Indessen Vorsicht schadet nie und es wird immer gut sein, unserm Beispiele zu folgen.

Wir hatten unter unsern Reise= und Schicksalsgefährten viel böses und liederliches Volk, Auswürflinge der Schweizer Gemeinden beiderlei Geschlechts, verkommene Fabrikarbeiter u. dergl., und bereits begann sich ein Ton einzustellen, der der Liederlichkeit und dem Scandal huldigte. Man hatte uns aber in Hamburg schon darauf aufmerksam gemacht, und so hielten denn die anwesenden Familienväter einen Rath und wählten drei unter uns, die über ordentliches und sittliches Benehmen der Passagiere zu wachen hatten. Widersetzte sich Einer oder der Andere, so wurde er bald geduckt und das muß man sagen, der Capitän unterstützte die Vertrauensmänner aufs beste.

Bei Tage hielten wir darauf, daß Jeder sich beschäftige, wenn auch nur zum Scheine; die Weiber und Mädchen wuschen die schmutzige Wäsche, besserten die zerrissenen Gegenstände, während die Männer das Salzfleisch wässerten, Kartoffeln schälten, das Zwischendeck kehrten, lüfteten und räucherten, Gesangsübungen hielten, hie und da turnten, lasen oder Karten spielten. Abends ward dann gesungen oder auch ein Gesellschaftsspiel gespielt und dann zur Ruhe gegangen, wo denn ganz besonders die Mädchen und Burschen beaufsichtigt wurden.

So kam es denn, daß wir nach Rio in ganz leidlicher Ordnung kamen und unser Capitän uns nicht genug loben und preisen konnte.

Es ist aber dieß nicht bloß um des Friedens und der häuslichen Ehre jedes Familienvaters wegen wichtig, sondern es hängt damit auch unmittelbar das fernere Fortkommen im Lande zusammen.

Ich sah solche in Liederlichkeit verkommene Schiffsgesellschaften an's Land steigen, bei denen während eines achtwöchentlichen Müssiggangs die Leute alle Lust zur Arbeit verloren und an aller Art von

Liederlichkeit Geschmack gefunden hatten; bei denen kein Weib ihrem Manne treu und kein Mädchen rein geblieben, wo eine förmliche Gemeinschaft der Körper eingerissen war. Diese Leute kommen dann in den Urwald und sollen mit Fleiß und angestrengter Ausdauer an die schwere Arbeit gehen; ihr Herz ist dabei ganz anderswo und der häusliche Herd, wo sie sich nach gethaner Arbeit zusammenfinden und sich an den Freuden des Familienlebens erholen sollen, ist ihnen auf der Reise verächtlich geworden und abhanden gekommen.

Glaubt Ihr wol, daß solche Leute etwas Tüchtiges leisten und vor sich bringen können? Erst nach Jahren stellt sich vielleicht wieder die Arbeitslust ein und kehrt das Gleichgewicht im häuslichen Verkehre wieder.

Also vor Allem Ordnung und Sitte an Bord. Dazu gehört, daß kein Sonntag ohne Gottesdienst und wo möglich kein Tag ohne Gebet vergehe. Ist doch die einsame, gefahrvolle Lage der Reisenden auf hoher See, wo sie kaum einige Zolle Holz vom sichern Wassertode trennen, wo das Brechen eines Mastes, das Sprühen eines Funkens, das Nachgeben einiger Nägel so schreckliche Folgen haben können, von der Art, daß sie an das Gebet mehr als anderswo gewiesen sind. Und sind auch die Passagiere häufig von verschiedener Religion, und befindet sich auch kein Priester an Bord, so sind sie doch alle Christen; und spricht oder liest auch nur ein einfacher Mann das Gebet des Herrn oder eine kurze erbauende Betrachtung, so findet er in dem Herzen jedes Anwesenden eine anklingende Saite.

Wir wenigstens hielten es so und fuhren gut dabei. Irre ich mich nicht, so hat jeder Capitän die Verpflichtung, Sonntags selbst den Gottesdienst zu halten.

Natürlich geschieht dieses noch viel leichter und besser, wenn ein Priester oder Prediger die Auswanderer begleitet, wie das öfters vorkommt, da die brasilianische Regierung jetzt sehr häufig protestantische und katholische Geistliche aus Deutschland für die Kolonieen kommen läßt.

Kehren wir nun zu unserer Reise zurück. Kaum waren wir auf hoher See, das heißt, kaum hatten wir Curhaven aus den Augen verloren, so begann das heftige, ungewohnte Schwanken des Schiffes seine gewöhnliche Wirkung zu äußern. Wir waren anfangs Alle auf dem Verdeck und troß der schweren, gegen uns heranrollenden Wogen sehr heiter gewesen. Aber gegen Mittag wurde es stiller und stiller, die Gesichter länger und bleicher und Viele eilten schwankenden Schrittes zur Brüstung und opferten den Inhalt ihrer Mägen dem Seegott. Mittags war das Uebel schon so arg, daß, als der Schiffskoch sein „Schaffen", das heißt zum Essen, rief, nur sehr Wenige mit ihren Schüsseln und Bechern erschienen; ja selbst diese Wenigen ergriffen fast alle die schleunigste Flucht bei dem Anblicke des fetten Speckes, mit dem heute (es war gerade Montag) der boshafte Speisezettel uns bedachte.

Der Seekranke hat nämlich die Eigenheit, daß er bei dem Anblicke von thierischem Fett einen erneuerten Anfall bekömmt, und dieser Anblick bringt sehr oft dies gefürchtete Uebel selbst bei noch Gesunden zum schleunigsten Ausbruch. Es ist mit der Seekrankheit ein absonderliches Ding; der davon Befallene verliert alle Lebenslust; stumpfsinnig läßt er Alles über sich ergehen und in apathischer Ergebung erwartet er das Ende.

Da nun aber die Seekrankheit, so viel ich von allen Leuten gehört habe, nie ein trauriges Ende nimmt, sondern eine sehr wohlthätige, wenn auch höchst widerwärtige und gewaltsame Reinigung des Körpers hervorbringt, und meistens binnen einigen Tagen abgethan ist, so ist es für den sich besser Befindenden schwer, die unleugbar komische Seite dieses Uebels zu übersehen, und so kommt es denn, daß die armen Kranken sehr häufig noch Spottreden, Witze und Gelächter außer ihren Leiden ertragen müssen, was hartherzig erscheinen müßte, wenn nicht die eben genesenen Kranken ebenso unbarmherzig über die noch Leidenden spotteten. Und da so ziemlich Jeder dieser Magenreinigung verfällt, so verfällt auch Jeder nach seiner Reihe dem Spotte und Niemand ärger, als diejenigen,

Dritter Abend.

die dem Uebel lange triumphirend widerstanden und endlich doch unterliegen müssen.

Auf unserem Schiffe (wir waren an die 200 Köpfe) entkamen vielleicht drei der Seekrankheit, und die waren schon früher zur See gewesen; ungefähr 120 waren nach zwei Tagen genesen, der Rest bis auf Wenige in längstens acht Tagen, und diese Wenigen allein verfielen mit jeder stürmischen See aufs Neue dem Uebel, dem sie gleich anfangs ungefähr durch 14 Tage unterlagen. Indessen gibt es selbst langbefahrene Schiffscapitäne, die jedesmal bei einer neuen Reise wieder seekrank werden; dagegen kömmt diese Krankheit bei Kindern unter 10 Jahren am seltensten vor.

Um die Krankheit zu mildern oder sich darauf vorzubereiten, ist es gut, schon vor der Einschiffung abführende Mittel zu gebrauchen und während der Reise selbst jeder Verstopfung vorzubauen. Bekömmt man auch nicht die Seekrankheit, so doch starkes Kopfweh und Blutandrang gegen den Kopf. Dagegen hilft starker Thee oder eine Abkochung von getrockneten Feigen, die auch das Erbrechen erleichtern. Nach der Krankheit nehme man vor der Suppe eine tüchtige Messerspitze voll Chinapulver und dann und wann einen Häring mit Essig und Pfeffer. Der Auswanderer soll sich aber vor Allem zu zerstreuen suchen und soviel Bewegung als möglich machen. Gegen Verstopfung hilft Speck, d. h. wenn man ihn nehmen kann, sonst aber auch Rhabarber oder Glaubersalz dann und wann genommen, und zwar von ersterem ein kleiner Theelöffel voll, von letzterem 2 Unzen. Sonst ist auch gut, Himbeersaft mit Wasser gemischt zu nehmen, oder Hallersche Säure. Wer das Rauchen gewohnt ist, unterlasse es auf dem Schiffe nicht ganz, wenn er gleich natürlich mit dem Feuer sehr vorsichtig sein muß. Mir selbst hat etwas jetzt bei der Rückreise geholfen, was wol die wenigsten Auswanderer haben können; ich nahm einige Schnitte Schinken mit, bestreute sie stark mit Pfeffer, strich noch englischen Mostrich darüber und verschlang sie, indem ich eine kleine Flasche englischen Porters dazu trank.

Was aber zur Reinlichkeit und also zur Gesundheit sehr beiträgt, sind die Bäder und Waschungen, die man ja am Schiffe so leicht zu haben vermag. Man geht Abends an die Brüstung, entkleidet sich und zieht einige Eimer Seewasser herauf, die man über sich gießt. Es ist dieß eine wahre Wohlthat, besonders in den warmen Gegenden oder, wie man sagt, unter den niederen Breitengraden.

Ueber Alles aber, liebe Landsleute, selbst noch über die Reinlichkeit geht die Verträglichkeit, die ich Euch daher nicht genug empfehlen kann. —

Seereisen sind heutzutage, wo die Kunde vom Seewesen so ausgebildet und die Schiffe so tüchtig sind, wenig gefährlich; besonders ist die allergeringste Gefahr dort, wo man nichts als Himmel und Wasser sieht. Selbst der ärgste Sturm kann das Schiff nur ärger schaukeln und schneller durch das Wasser fahren machen; Gefahr ist nur dann vorhanden, wenn Land auf der Seite liegt, wohin der Wind bläst. Und gerade darum ist unter allen Seereisen die nach Brasilien die ungefährlichste. Hat man einmal den englischen Canal passirt, so sieht man kein Land mehr bis an die brasilianische Küste. Auf der Fahrt begegnet das Schiff keinem jener Eisberge, die so häufig aus den Eisfeldern des Nordpols sich losreißen und schon manch gutes Schiff auf der Fahrt zwischen Nordamerika und England in den Grund bohrten; es begegnet keinem jener entsetzlichen Nebel, in denen ein Schiff so leicht von einem größeren übersegelt wird; es hat selten einen jener Stürme zu überstehen, welche die Ueberfahrt nach Nordamerika so oft zu einer gefährlichen, immer aber zu einer sehr unruhigen, also unangenehmen machen. Von der Bai von Biscaya an lacht stets heiterer Himmel und warme Sonne, auf der Höhe von Madeira stellt sich der Passatwind ein, der wochenlang es überflüssig macht, auch nur ein Segel anders zu stellen. Wären nicht unter dem Aequator häufige, aber völlig gefahrlose Gewitter, so würde man von der Seereise gar nichts zu erzählen wissen.

Dritter Abend.

So erging es mir, und die meisten Kolonisten, die ich in Brasilien getroffen, sagten dasselbe. Der beste Beweis für die Wahrheit dieser Bemerkung ist, daß die Versicherungsgesellschaften für eine Reise nach Brasilien die niedrigste Prämie berechnen.

Den ersten Sturm auf unserer Fahrt hatten wir im englischen Canal; Ihr wißt, so heißt der Streifen Meer, der England und Frankreich von einander scheidet. Er trat in der Nacht ein, und da Viele den Ermahnungen des Capitäns nicht gehorcht und ihre Schiffskisten nicht festgebunden hatten, so begannen diese lebendig zu werden und, allen Schwankungen des Schiffes folgend, im Zwischendeck im Verein mit Blechschüsseln und Tellern, Flaschen und Gläsern, Schinken und Brodlaiben herumzuhüpfen, während ihre Besitzer vergebens auf sie Jagd machten. Zwei Tage lang dauerte das Unwetter, das nur Wenigen von uns gestattete, aufs Verdeck zu kommen, und das die Meisten wieder seekrank machte. Am ersten Tage konnte gar nicht gekocht werden und am zweiten Tage vermochten die Wenigsten etwas zu essen. Als der Sturm vorbei war, trat das schönste Wetter ein und ein frischer Südost-Wind trieb uns an der äußersten Landspitze Englands, Landsend ganz richtig benannt, vorbei in den atlantischen Ocean, der uns riesige Wogen entgegenwälzte.

So hatten wir endlich ruhiges, stilles Wetter und von da ab durch mehr als drei volle Wochen gleichmäßigen, sanften Wind, der das Meer kaum kräuselte und das Schiff eben so sanft schaukelte. Die Tage waren wunderschön, die Nächte sternenhell und, wenn der Mond schien, von entzückendem Reize. Gab es keinen Mondschein, so war es prächtig anzusehen, wie das Meer glänzte und funkelte, wo das Schiff es durchfurchte oder wo Fische schnell dahinschossen. So näherten wir uns dem Aequator, ohne daß wir sonderlich viel von der Hitze spürten. Selbst Mittags konnte man es recht gut auf dem Verdecke aushalten, wo der angenehme Passatwind und die von der Bewegung des Meeres leicht gekühlte Luft die hohe Temperatur ganz erträglich machten. Bei Passirung der Linie gab uns der Capitän ein Faß Hamburger Bier zum Besten, und Matrosen und Passagiere trieben allerhand Kurzweil.

Aber auch sonst fehlte es uns neben unsern gewöhnlichen Beschäftigungen und Vergnügungen nicht an Zeitvertreib. Bald tummelte sich an der Seite des Schiffes eine Herde Delphine, auch Tummler oder Meerschweine genannt, die sich in possirlichen Sprüngen und Purzelbäumen gefielen. Der erste Steuermann fing eines Tages einen solchen Delphin, indem er eine Harpune nach ihm warf, die so tief in ihn eindrang, daß wir den armen Fisch daran heraufziehen konnten. Er war bald todt, und im Sterben spielte er alle Farben des Regenbogens. Obgleich er mit seinem Fleische eine willkommene Abwechselung in das ewige Einerlei des gesalzenen Speckes und Rindfleisches brachte, so wollten wir doch nichts mehr von einem Fange wissen; und seit dem Tage kam uns auch keine Delphinherde mehr so nahe, wenn wir sie auch oft, wenige hundert Schritte entfernt, ihre possirlichen Spiele treiben sahen.

Auch fliegende Fische sahen wir häufig zu 10, 12 und mehr auf einmal aus dem Meeresspiegel emporfliegen, um nach wenigen Secunden wieder ins Wasser zu fallen. Mehrere von ihnen flogen so hoch auf, daß sie auf die Vorsprünge der Außenseite unseres Schiffes fielen, von wo wir sie hereinholten; sie schmeckten gebraten sehr gut. Sie hatten nur bedeutend längere Flossen als andere Fische, die aussahen wie die Flügel einer Wasserjungfer und durchsichtig und farbig schillerten. Oft sahen wir in der Ferne Walfische das Wasser aus ihren Kopflöchern hoch in die Luft treiben, und wenn so ihrer 8 oder 10 auf einmal spielten, sahen sich die Wasserstrahlen wie der schönste Springbrunnen an; leider kamen sie uns nicht nahe und so konnten wir sie nicht genau betrachten. Desto besser besahen wir uns einen Haifisch. Seit wir im atlantischen Ocean waren, hatten uns diese gefährlichen Bestien nicht mehr verlassen, und wenn man schon an ihre Nichtanwesenheit glauben wollte, so durfte man nur einen Eimer Spülicht ins Meer schütten, um gleich darauf einen solchen Fisch auf die Stelle hinschießen zu sehen.

Der Hai hat auf seinem Rücken eine große aufrechtstehende Flosse, die, weil er flach unter der Wasseroberfläche schwimmt, aus dem Wasser hervorragt und seine gefürchtete Gegenwart ankündigt. Nur wenn er zuschnappen will, verschwindet die Flosse, weil er sich auf den Rücken legen muß, da das Unterkiefer seines riesigen Rachens weit zurückgestellt ist. Diese Haifische waren am zahlreichsten immer zur Zeit des Mittagessens, wo sie sich zu zehn und zwölf in unserm Kielwasser drängten. Auf den Schiffen wird nämlich die Zeit von 4 zu 4 Stunden durch Schläge auf einer Glocke angegeben und zu gleicher Zeit werden die im Dienste befindlichen Matrosen und Steuerleute abgelöst; darum heißen diese Zeiträume auch Wachen. Sobald nun die Glocke um Mittag anschlug, erschienen die Haifische und warteten auf die Speise-Ueberbleibsel, die in den Spüleimern über Bord geschüttet wurden. Schon oft hatten die Steuerleute einen Bootshaken, einen kleinen Anker, mit einem tüchtigen Stück Speck als Köder daran, hinabgelassen, aber die mißtrauischen Thiere bemerkten wahrscheinlich den Haken oder die Kette und wollten nicht anbeißen, bis endlich eines Tages auf der andern Seite der Linie ein ganz besonders hungriger Kerl darauf zustürzte und den Köder sammt der Angel und einem guten Stück der Kette auf einen Schluck hinabschlang. Wir hatten vollauf zu thun, den unbändigen Burschen aus seinem Elemente bis aufs Schiff zu ziehen, und auch hier wüthete er noch lange, schlug mit dem Schwanze so mächtig um sich, und machte so gewaltige Krümmungen und Bewegungen, daß es gefährlich war, ihm nahe zu treten. Endlich erpaßte der Schiffszimmermann den richtigen Augenblick und lähmte ihm mit einem tüchtigen Axthiebe den Schwanz, worauf mit Harpunen und Aexten das Ungethüm völlig getödtet wurde. Er war mehr als 10 Fuß lang, also ungewöhnlich groß; sein Rachen allein maß über drei Fuß. In demselben hatte er eine dreifache Reihe Zähne, die aber nicht so wie die Zähne der Menschen oder sonstigen Säugethiere sind, sondern mehr einem starkgezahnten feinen Sägeblatte gleichen, das in dreifacher Reihe den Rachen umgibt.

Ich glaube daher auch nicht, daß, wie man oft erzählt, ein Haifisch einem ins Wasser fallenden Manne einen Fuß abzubeißen im Stande ist; er wird höchstens seinen Körper in gräßlicher Weise zerfleischen, was am Ende auf das Gleiche, nämlich auf den Tod des Angegriffenen, hinausläuft.

Das Fleisch des Haifisches war etwas zähe und schmeckte nach Thran, war aber trotzdem recht willkommen. —

Des Menschen Lebenslauf besteht aus drei Hauptactionen, der Geburt, der Heirath und dem Tode. Viele lassen sich freilich mit Geburt und Tod allein genügen. Auch in dem engen Raume eines Schiffes, im weiten, weiten Ocean spielen sich diese drei Haupt-Actionen ab. Auf unserem Schiffe fanden zwei Geburten Statt und ein Todesfall, und wenn auch aus Mangel eines Geistlichen keine Hochzeit vorkam, so waren desto mehr angebahnt worden und harrten nur des kirchlichen Segens.

Die Geburten verliefen recht glücklich, und obgleich keine Hebamme an Bord war, so fanden sich doch genug erfahrene Frauen, um den Wöchnerinnen und den Neugebornen die nöthigsten Handleistungen zu thun, und es herrschte unter dem weiblichen Theile der Passagiere ein reger Wetteifer in Freundlichkeit und Zuvorkommenheit gegen dieselben. Die Wöchnerinnen hatten in vorsorglicher Erkenntniß ihres Zustandes Alles mitgenommen, was sie am nöthigsten bedurften, und so fehlte es weder an der erforderlichen Wäsche, noch an Zucker und Kinderzwieback und anderen solchen Bedürfnissen, denen der Capitän aus seinem eigenen Vorrathe ein Fäßchen besonders reines, süßes Wasser beifügte und mehrere Hühner opferte, **um den Wöchnerinnen frische Fleischbrühe und passende, zarte Nahrung zu liefern.**

In wenigen Tagen waren denn auch die Frauen wieder auf den Füßen und konnten ihrer gewohnten Lebensweise nachgehen.

Ebenso sorgsam zeigte sich der Capitän in Beziehung auf unsere Kranken. Wir hatten einen Spitalraum mit 4 Betten, die jedoch die meiste Zeit während der Reise leer standen. Nur hie und da erhielten die Betten Bewohner und diese wurden von ihren oder anderen Frauen, welche sich der Krankenpflege annahmen, besorgt. Nur eins der Betten ward schon im englischen Canal belegt; ein ruinirter Glasermeister aus Königsberg mit zahlreicher Familie hatte die Auswanderung trotz eines bereits weitvorgerückten Lungen= leidens unternommen. Obgleich sonst eine Seereise zu den Heil= mitteln der Tuberkulose zählt, so hatte die Krankheit doch bei diesem Manne zu große Fortschritte gemacht, und so diente denn die Reise nur dazu, seine Auflösung rascher herbeizuführen.

Am 18. Tage der Reise starb er und seine Leiche ward im großen Boote des Schiffes am Hauptmaste aufgebahrt; die Ver= wesung trat bei der großen Wärme sehr rasch ein, und nachdem der Schiffssegelmacher die Leiche in eine Matratze eingenäht und an dem Fußende ein Centner Steinkohlen beigepackt worden war, wurde für den folgenden Abend die Bestattung angeordnet.

Alle Passagiere fanden sich, so festlich als möglich gekleidet, dazu ein, die dienstfreien Matrosen in ihren Sonntagskleidern, und der ebenfalls festlich gekleidete Capitän las entblößten Hauptes die Leichengebete der protestantischen Kirche und sprach einige Worte des Trostes zu der schluchzenden Familie. Dann ward das schon früher mit Talg geglättete Brett, auf dem der Leichnam an der Brüstung des Schiffes lag, am Kopfende langsam erhoben, bis die Leiche von ihrem eigenen und der Steinkohlen Gewichte gezogen, vom Brette in das lächelnde, blaue Meer hinabglitt und dort auf ewig den Blicken der Angehörigen entschwand. Einen schöneren Friedhof, als den an diesem Abend in den Strahlen des Sonnen= unterganges so prächtigen, weiten Ocean kann man sich nicht wünschen; es schwinden da alle trüben Vorstellungen von der dunklen, kalten Gruft und dem ekelhaften Gewürme, dem die ge= liebte Leiche zur Beute wird. Bei solchem Begräbniß wird es recht klar, daß wir nicht wissen, woher wir kommen und wohin wir gehen, und nur unser Eingang aus der Ewigkeit und unser Aus=

gang in die Ewigkeit sich vollzieht. Gibt es ein schöneres Bild der Ewigkeit, als den unermeßlichen, unbegrenzten Ocean? —

Nachdem wir uns Rio de Janeiro nach sechswöchentlicher Fahrt bis auf 3 Breitengrade, also auf nicht 50 Meilen genähert hatten und schon zum Verdrusse der abergläubischen Matrosen den Tag berechneten, an welchem wir landen würden, umzog sich plötzlich der Himmel und uns entgegen kam Regen und starkes Windeswehen, das uns nicht nur gehörig durchschüttelte, sondern 10 Tage lang weit zurücktrieb und so den Seeleuten Recht gab, die behaupteten, daß solch conträres Unwetter immer eintrete, wenn man auf einem Segelschiffe den Tag der Ankunft im Voraus bestimmen wolle.

Endlich hellte das Wetter sich wieder auf, der Wind sprang von Südwesten nach Osten um und am 53. Tage unserer immer raschen Fahrt rief am frühen Morgen beim ersten Sonnenstrahle Alles am Verdeck: „Land!" Der Capitän nannte den hohen Berg das Cabo frio (das kalte Vorgebirge); was wir sahen, war also Brasilien, unser gelobtes Land und das Ende unserer Mühseligkeiten, vielleicht auch der Anfang neuer, lag vor unsern bezauberten Augen, die nichts als Hoffnung und Glück spiegelten.

Am späten Nachmittage sahen wir das Wahrzeichen von Rio de Janeiro, den Zuckerhut, einen Felsen am Eingange des Hafens, der ganz diese Form zeigt, dann links von ihm den kolossalen Kopf des schlafenden Riesen, das Sinnbild Brasiliens. Das Gebirge bildet nämlich, von der See aus gesehen, die Form eines auf dem Rücken liegenden Menschen und zeichnet besonders das Profil eines Kopfes in genauen Umrissen.

Wir waren dem Lande schon so nahe, daß wir auf den Bergen die winkenden Palmen erkannten und durch die enge Einfahrt, an dem weißglänzenden Fort Santa Cruz vorüber, in den Hafen blicken konnten; da ließ der Seewind nach und an seiner Statt blies uns die in Rio alltäglich um diese Zeit einsetzende Landbrise so frisch entgegen, daß wir wieder zurück und die Nacht über beilegen

Rio de Janeiro.

Dritter Abend.

mußten. Kleine Dampfer und Segelschiffe fuhren uns entgegen und an uns vorüber, mit freundlichem Flaggensenken uns grüßend, das wir jedesmal mit lautem Hurrah beantworteten. Inzwischen spielte der sichtbare Telegraph auf der Höhe neben dem Zuckerhut und meldete unsere Ankunft in Sicht der Barre oder Einfahrt.

Am andern Tage, am 54. Tage unserer Reise, seit wir die Elbmündung passirten, um 11 Uhr Morgens erhob sich der Seewind und langsam näherten wir uns dem ersehnten Hafen. Immer kräftiger ward die Brise und endlich Nachmittags 6 Uhr beim Untergange der Sonne flogen wir pfeilschnell an Sta. Cruz und am Zuckerhute, an der befestigten Insel Lages vorüber durch das enge Felsenthor in die weite Bai von Rio de Janeiro, bis zur Insel Villegaignon, wo wir unsere Anker auf den Grund rasseln ließen. Eben donnerte der Abendsperrschuß und so konnten wir heute nicht mehr ans Land, noch Jemand zu uns an Bord. Die Kanonen des Forts und die Bote des Wachschiffes belauerten uns argwöhnisch.

Das war also Rio de Janeiro, der schönste Hafen der Welt, von dem ich Euch hier ein schwaches Bild vorlege.

Vierter Abend.

Erster Eindruck der Bai von Rio. — Die Visite. — Die ersten Mohren oder Neger. — Du sollst nicht schmuggeln. — Die Auswanderer-Commission. — Uebersiedelung auf Bom Jesus. — Wie wäre diese besser zu machen? — Die Hospedaria auf Bom Jesus. — Die Trennung der Geschlechter. — Wer trägt die Kosten? — Nicht auspacken. — Der Bevollmächtigte des Herrn Vergueiro. — Ein Spaziergang in Rio. — Deutsche Landsleute. — Georg bleibt fest. — Fortsetzung des Spaziergangs. — Welches Geld soll man mitnehmen? — Welche Sorte Geld haben sie in Brasilien? — Abreise nach Santos. — Die Verpflegung und Unterkunft auf dem Dampfer nach Santos.

Am frühen Morgen, lange vor Sonnenaufgang waren wir alle wieder auf Deck, in unsern besten Kleidern, fertig zur Abfahrt. Es war im Juli, also mitten im brasilianischen Winter; aber selbst bei so früher Zeit war die Luft lau, und der Landwind trieb unsern, so lange Zeit bloß an die dumpfe Luft des Zwischendecks mit seiner schwer zu beschreibenden Atmosphäre, an den Theer- und Seewassergeruch gewöhnten Nasen so würzige Düfte von Pflanzen und Blumen zu, daß unsere Sehnsucht nach dem Lande sich wo möglich noch steigerte. Und als nun plötzlich die Sonne sich erhob und uns die wunderschöne Bai so recht herrlich zeigte mit den schönen Bergformen nach allen Seiten, und nach dem Hintergrunde zu immer größeren Massen anwachsend, im ruhigen blauen Wasser der Bai die vielen schönen Inseln mit ihren Palmen und sonstigen üppigen Laubbäumen, gleich bei uns, auf vorspringendem Fels höchst malerisch gelegen, die kleine Capelle der Muttergottes, Schutzpatronin der Reisenden (nossa senhora da boa viagem), ihr gegenüber die Feste Villegaignon und weiter die Schlangeninsel (ilha das cobras) und dann die große

Vierter Abend.

Stadt, meilenlang am Ufer sich hinstreckend, das Kirchlein Maria da Gloria auf kleinem malerischen Vorgebirge, überhöht vom Castell- und Theresienberge; dann die unzähligen Handelsschiffe aller Größen und die stolzen Fregatten Englands, Frankreichs, Nordamerika's und selbst Brasiliens, aus deren Stückpforten jetzt der Morgengruß donnernd hervorquoll, während kleine geschäftige Dampfer begannen, den schönen Wasserspiegel nach allen Seiten zu durchkreuzen — da war wol Niemand an Bord, dessen Herz nicht voll Entzücken schlug.

Bald jedoch begann der Rausch der Sinne der nüchternen und ungeduldigen Erwartung der Erlösung vom Schiffe zu weichen. Der erfahrene Capitän sagte uns, daß wir kaum vor Nachmittag würden aus Land kommen; wir sollten daher den Matrosen helfen, unser Gepäck auf Deck zu hissen, damit es bereit sei, wenn man uns abzuholen komme. Er selbst dürfe erst aus Land, wenn die steueramtliche und ärztliche Visite vorbei sei, und wolle dann sich bestreben, unsere Ausschiffung zu beeilen. So legten wir denn in Gottes Namen wieder unsere Kleider ab und begannen unser Gepäck auf Deck zu schaffen und in Ordnung zu stellen.

Während dieser Arbeit langte ein großes Boot an, das schwerfällig von Negern gerudert wurde, die ersten Neger, die ich je gesehen hatte. Wir betrachteten sie natürlich mit der größten Aufmerksamkeit; ich muß Euch aber gestehen, daß ich gleich von vornherein eine wahre Abneigung gegen diese Kerle empfand, die in ihrem ganzen Wesen, mit ihrem eigenthümlichen Körperbau und den ungebührlich langen Armen einen rein thierischen Anblick gewährten, der bewies, daß diese Menschengattung in der Kette der Schöpfung das unterste Glied der Menschheit und den Uebergang zum Affen bildet. Ich habe jetzt in London einen ausgestopften Gorilla gesehen, den größten Affen, und bei meiner Seele, ich habe viele Neger gesehen, die mehr vom Affen an sich hatten als dieser Gorilla. Es ist aber dieß noch immer kein Grund, sie deßhalb wie das liebe Vieh zu verkaufen und auch so zu behandeln; im Gegentheil, ich glaube, man sollte gerade deßhalb mit den armen Burschen gütiger und freundlicher umgehen und sie, die trotz alledem doch Menschen sind, da sie die Gabe der Sprache besitzen, mehr zu uns heraufzuziehen suchen.

Die Beamten, welche mit dem Boote gekommen waren, sahen auch fremdartig genug aus, wenngleich sie die auch in Deutschland übliche städtische Tracht und Cylinderhüte trugen; sie waren eigenthümlich dunkelgefärbt, natürlich in Folge der warmen Sonne ihres Vaterlandes, vielleicht auch der Beimischung indianischen oder afrikanischen Blutes.

Sie kamen an Bord, sprachen mit dem Capitän und gingen daran, seine Schiffspapiere zu untersuchen. Als sie wieder heraufkamen, begannen sie unser Gepäck zu visitiren; sie nahmen es sehr leicht damit, da wir Auswanderer waren und als solche für unsere Sachen keinen Zoll zu zahlen hatten. Bloß hie und da ward eine Kiste geöffnet und oberflächlich durchgesehen. In Allem verfuhren sie sehr höflich und freundlich. Dann gingen sie. Sie hatten, wie der Capitän uns erzählte, nicht lange zuvor in einem andern Schiffe zufällig entdeckt, daß einer der Einwanderer auf Speculation eine Menge Kurz- und Schnittwaaren mitgebracht hatte, um sie bei der nur oberflächlichen Visitation des Auswanderer-Gepäcks einzuschmuggeln. Der arme, dumme Teufel wurde gleich arretirt und seine Sachen confiscirt; erst auf dringende Verwendung großer Herren, die mit seiner Unwissenheit Mitleid hatten und einen Einwanderer nicht gleich bei seinem vertrauensvollen Eintritte in ihr Land das ganze Gewicht der Strafgesetze fühlen lassen wollten, kam er los und wurde ihm die bedeutende Strafsumme nachgesehen, die er zu zahlen verurtheilt worden war. Aber seine Waaren blieben confiscirt und er erlitt dadurch beträchtlichen Schaden, von der von ihm und seiner Familie ausgestandenen Angst und Sorge und der erlittenen Haft und Zeitversäumniß ganz zu geschweigen. Ich habe dann später öfters noch ähnliche Dinge gehört, freilich auch, daß hie und da Einem das Schmuggeln geglückt war. Es gibt genug Leute unter den Auswanderern hier, die, auf einen solchen einzelnen Fall gestützt,

Vierter Abend.

ihren Freunden und Bekannten zu Hause ein ähnliches Verfahren rathen; besonders findet das am Rhein und der Mosel Statt, von wo die Einwanderer gerne Goldschmiedarbeiten, Hasenhaare zur Huterzeugung, Schnitt- und Kurzwaaren mitnehmen.

Ich aber rathe Jedermann, das nicht zu thun; denn selbst gesetzt, das Schmuggeln glückte, so ist doch ein Auswanderer noch lange kein Kaufmann, und hat er eine solche Menge Waaren mit, daß deren Verschleiß die Kosten, die Mühe und das Wagniß lohnen würde, so vermag er sie nicht an den Mann zu bringen und muß sie verschleudern, eben weil er kein Kaufmann ist und das Bedürfniß der Gegend, wohin er kommt, gar nicht kennt. Nimmt er aber nur einzelne Sachen mit, so verlohnt der kleine Gewinnst, den er daran machen kann, wahrlich nicht der damit verbundenen Mühe und Gefahr.

In Sta. Catharina laufen genug solche verunglückte Spekulanten herum, als warnendes Beispiel für Schmuggler. Es bleibt fest, was nicht Schuster ist, hat nichts beim Leisten zu thun, und der Auswanderer, der Landwirth oder Fabrikarbeiter oder dergleichen ist und Kolonist werden will, soll sich nicht in Dinge einlassen, bei denen selbst manch gelernter, tüchtiger Kaufmann, der das Land und seine Bedürfnisse seit Jahren kennt, so häufig zu Schaden kommt oder zu Grunde geht.

Nachdem die Visite beendigt war (der Arzt hatte sich mit dem Zeugnisse des Capitäns begnügt, daß Alles an Bord gesund sei), gingen wir zum letzten Male ans „Schaffen." Dabei muß ich aber noch in Betreff der Visite bemerken, daß es jetzt anders ist, als zu meiner Zeit. Es kommt außer den Zollbeamten und dem Arzte jetzt noch die Auswanderer-Commission an Bord; das ist eine sehr wohlthätige Einrichtung. Es ist nämlich in früherer Zeit, besonders von den portugiesischen Schiffern, sehr viel Unfug getrieben worden; sie nahmen oft um das Drei- und Vierfache mehr Passagiere mit, als ihnen nach dem Gesetz erlaubt war. Die armen Passagiere hatten dann oft kaum Platz zum Liegen und es fehlte häufig an den nöthigen Lebensmitteln und Wasser. Es rissen daher Krankheiten und sonstiges Ungemach ein und die Leute litten schrecklich.

Da verordnete die brasilianische Regierung, daß die Schiffe ihre Passagiere nicht früher ans Land gehen lassen dürfen, als bis die Auswanderer=Commission an Bord gewesen sei. Diese muß sich dann überzeugen, daß der Capitän nur so viel Passagiere mitgenommen hat, als ihm gesetzlich erlaubt ist; ferner, ob die Passagiere keine Klage in Bezug auf Verpflegung und Behandlung gegen den Capitän zu erheben haben. Der Capitän verfällt alsdann, wenn die Klage gegründet ist, in schwere Geldstrafe. Bei Schiffen, die aus deutschen oder belgischen Häfen expedirt werden, fällt die Befürchtung hinweg, daß die Passagiere wie die Häringe eingepackt und zu Hunger oder Durst verurtheilt werden sollten; dafür sorgen, außer der Ehrenhaftigkeit der Capitäne, die Gesetze in Betreff der Auswandererschiffe, die in allen diesen Häfen bestehen und streng gehandhabt werden und die ich schon am zweiten Abend theilweise Euch mitgetheilt habe.

In Bezug auf die Behandlung sind hie und da aber doch Klagen vorgekommen, und ich rathe daher jedem Auswanderer, dem sein volles Recht in Bezug auf Verpflegung nicht geworden, oder der durch üble Behandlung oder schlechtes Benehmen des Capitäns oder des Schiffsvolkes an seiner Ehre als Ehemann oder Vater ꝛc. geschädigt worden sein sollte, der Auswanderer=Commission gegenüber frei von der Leber weg zu reden. Sie wird ihm, falls er Beweise liefert, gewiß zu seinem Rechte verhelfen oder den Uebelthäter zur gerechten Strafe ziehen.

Der Capitän begab sich mit der Visite zugleich an's Land, um seinen Consignateur aufzusuchen und unsere Ankunft zu melden.

Nachmittags drei Uhr endlich kehrte er mit einem kleinen Dampfer und mehreren größeren Segelprahmen, hier falúas genannt, zu uns zurück, die sich seitlängs von uns legten, um uns und unser Gepäck aufzunehmen und uns auf eine kleine Insel (ilha

Vierter Abend.

do Bom Jesus) zu transportiren, wo ein altes Kloster zur Aufnahme und Bewirthung von Auswanderern eingerichtet ist.

Es hieß nun, daß wir uns auf den Dampfer begeben sollten, während die Prahme unser Gepäck aufnähmen und nachbrächten. Das wollte aber Niemand. Wir Deutschen sind einmal eine mißtrauische Nation und so wollte sich kein Mensch von seinem Gepäcke trennen. Ueber dem Zureden des Capitäns und dem Hin- und Herreden der Leute verging viele Zeit, und so kam es, daß, nachdem wir die Erlaubniß, jede Familie dürfe ihr Gepäck mit sich nehmen, erhalten, uns auf den Dampfer und die Prahme vertheilt und unsere Kisten und Kasten ebenfalls eingenommen hatten, wir erst lange nach Untergang der Sonne auf Bom Jesus anlangten. In Brasilien aber gibt es keine Dämmerung, und ist einmal die Sonne hinunter, so ist es gleich stockfinstere Nacht. Zum Glücke hatten wir Mondschein; sonst hätte unser Eigensinn uns bei der Ausschiffung sehr viel schaden können. Die Boote konnten bei der Ebbe nicht nahe genug ans Land, da der Strand flach und keine Landungsbrücke vorhanden ist. So mußten wir denn ein allerdings warmes Fußbad nehmen und unser Gepäck und unsere Familien durch's Wasser an's Land tragen. Das verursachte nun freilich bei Mondenschein weit mehr Spaß als Aerger; aber wie wäre es uns ergangen in einer dunkeln Nacht? Damals freilich dachte ich so wie die Uebrigen; ich kannte eben die Verhältnisse nicht besser und fürchtete mein ganzes Hab und Gut zu verlieren, wenn ich mich auch nur auf Augenblicke von ihm trennen sollte; auch wußte weder ich, noch sonst Jemand etwas von der Art und Weise, wie man uns unterbringen würde; wir hatten und nahmen uns keine Zeit zur Ueberlegung, disputirten uns in die Hitze und Angst hinein und waren zu keiner Nachgiebigkeit zu bewegen. Jetzt würde ich es anders anfangen und bin der Meinung, die Leute sollten sich einige Vertrauensmänner erwählen, die die Ausschiffung des Gepäcks überwachen, und selbes an Ort und Stelle begleiten. Dazu ist es zwar nicht nöthig, aber recht gut, wenn jeder Auswanderer einen Zettel, welcher nachweist, wieviel

Gepäckstücke er hat und mit welchen Zeichen dieselben gemarkt sind, den Vertrauensmännern übergibt. Dadurch kommen die Passagiere schneller in ihr neues Quartier, können sich dort einrichten, was besonders für Frauen und Kinder eine große Wohlthat ist, und die Männer können dann, wenn die Bagage ankömmt, tüchtig bei ihrer Landung helfen und in aller Ordnung und Ruhe jeder seine Sachen in Empfang nehmen. Auch das Uebertragen des Gepäcks vom Seeschiffe auf die Dampfer oder Prahme kann dann leichter und schneller vor sich gehen, wenn nicht alle Augenblick die Leute dazwischen kommen und fragen, schreien, streiten. Kurz, der Vortheil ist ganz auf der Seite der Passagiere, wenn sie mir folgen wollen. Natürlich rede ich nur von dem großen Gepäck; was das Handgepäck, die Schiffskisten, das Bettzeug und Geschirr betrifft, so versteht es sich von selbst, daß jede Familie sie selbst mitnimmt. Bedenkt man, daß unsere Schiffsgesellschaft allein mehr als 300 große Kisten und Kasten mit sich schleppte, so wird wol Jeder begreifen, welcher Zeitverlust entstehen kann, wenn Jeder sich in die Arbeit mengen will und durch endloses Hin- und Herreden die arbeitende Mannschaft stört, aufhält und übellaunig macht.

Das Alles hat jetzt noch mehr Gewicht als zur Zeit meiner Ankunft. Die Zollbeamten sind bei der Löschung (Ausschiffung) des Gepäcks zugegen und sind in Folge mancher entdeckten Schmuggeleien strenger geworden, was natürlich noch mehr aufhält, besonders wenn der Eigenthümer einer untersuchten Kiste zugegen ist und bei seiner Sprachunkenntniß die Procedur unnöthig verlängert.

Heutzutage geschieht die Ausschiffung meist durch das große Boot des Marine-Arsenals, mittelst dessen die Ein- und Ausschiffung der kaiserlichen Truppen besorgt wird. Ist das Boot voll, so wird es von einem Dampfer ins Schlepptau genommen; ist aber das Boot eben anderweitig verwendet, so werden noch immer die Faluas und kleine Hafendampfer zum Transport der Auswanderer verwendet. Die Ausschiffung geschieht meist um Sonnenuntergang und in geeigneter Weise, so daß es nicht mehr nöthig ist, ins Wasser zu

Vierter Abend.

springen und ans Land zu waten. Dessenungeachtet wäre es doch sehr gut, wollten unsere Landsleute meinem obigen Rathschlage gehorchen. —

Das Aufnahmehaus, hospedaria, auf der Insel ist, wie gesagt, ein altes Kloster, das einige geräumige Säle enthält, die zu gemeinschaftlichen Schlafsälen eingerichtet sind; ferner, an zwanzig separirte Zimmer für Familien. Alles ist reinlich hergerichtet, Betten und Schränke in sauberem Zustande.

Das Aufnahmehaus liegt sehr malerisch und gesund und bietet einen prachtvollen Blick über die Stadt und deren Umgebungen und die ganze Bai. Zu seiner äußerst gesunden Lage kömmt noch die große Annehmlichkeit, daß auf wenige Schritte vom Hause sowohl See- als Süßwasserbäder sich befinden.

Wir waren alle sogenannte Parcerie-Kolonisten und unsere sehr reichliche Verpflegung lief auf Rechnung unserer Gutsherren. Eines allein war uns im höchsten Grade empfindlich: wir waren wie Gefangene, denn wir durften nicht in die Stadt fahren. Es waren nämlich häufig Fälle vorgekommen, daß Auswanderer, die sich für irgend eine Kolonie verdingt hatten, bei dem anfangs völlig ungehinderten Verkehr mit der Stadt sich von unberufenen, jedenfalls unehrlichen Rathgebern hatten beschwatzen oder bange machen lassen und sich mit Sack und Pack davon machten, schändlicher Weise ihr gegebenes Wort brachen und dem vertrauenden Gutsherrn, der die ganze Seereise und Verpflegung für sie bezahlt hatte, dadurch in genteiner Weise um das ausgelegte Geld bestahlen. Ob das ihnen zum Vortheil gereichte, weiß ich nicht; aber ich kann es kaum glauben, da Unrecht nie Segen bringt. Uns aber brachte die Schlechtigkeit unserer Landsleute den entschiedenen Nachtheil, daß wir den Fuß nicht in die Stadt setzen durften. Nur Einzelnen ward hin und wieder die Begünstigung zu Theil, mit dem Boote, das alltäglich frisches Fleisch, Brod und Gemüse brachte, zur Stadt fahren zu dürfen.

Der Eigensinn der Einwanderer verhinderte die Ausführung einer anderen, sehr verständigen Maßregel. Es war bestimmt worden,

daß Frauen und Männer in gänzlich separirten Schlafsälen unter=
gebracht würden, eine Maßregel, die schon um ihres hohen sittlichen
Werthes willen verdient hätte, daß man sich ihr auf einige wenige
Tage oder Wochen fügte. Da wollte sich aber Niemand von seiner
Familie trennen, und die Leitung des Hauses war genöthigt, zu
gestatten, daß Frauen, Männer und Kinder durcheinander in dem=
selben Saale schliefen. Mit Mühe war es durchzusetzen, daß die
unverheiratheten Erwachsenen in verschiedenen Zimmern untergebracht
wurden und junge Eheleute abgesonderte Gemächer erhielten.

Ich meine aber, es sollte doch jeder vernünftige Mensch, der
seine Familie wirklich und mit Verstand liebt, die Direction in ihrem
Bestreben zur Aufrechterhaltung der Sittlichkeit unterstützen; ein ein=
ziger unbewachter Augenblick kann im Herzen des unschuldigen Kindes
den Giftsamen der Unmoralität ausstreuen.

Heutzutage soll die Direction, wie ich gehört habe, auch diesem
Uebelstande möglichst abgeholfen haben, indem sie jede Familie, die
im gemeinsamen Schlafsaale übernachten muß, durch Aufstellung von
Verschlägen von den andern Schlafgenossen trennt.

Auch die Verordnung, daß Niemand zur Stadt dürfe, ist auf=
gehoben und es kann Jedermann ungehindert hinüber; doch nimmt
das Lebensmittelboot nur so Viele umsonst mit, als der Raum zu=
läßt; die Uebrigen haben andere Fahrgelegenheiten, die indeß nicht
mangeln, selbst zu bestreiten.

Die Regierung, so wie die einzelnen Gutsbesitzer, welche sich
Kolonisten kommen lassen, zahlen auch jetzt noch die auflaufenden
Kosten. Die auf eigene Kosten dort wohnenden Einwanderer aber
haben für jeden Erwachsenen von 10 Jahren aufwärts per Tag
1 Milreis = ungefähr 25 Sgr., für jedes Kind von 2—10 Jahren
640 Reis oder 16 Sgr. zu entrichten, während Kinder bis zu 2
Jahren nichts zu bezahlen haben. Die Verpflegung ist reichlich und
besteht aus 3 Mahlzeiten, wobei zwei aus frischem oder gedörrtem
Fleische bestehen.

Damit Ihr aber wißt, welche Einwanderer als solche angesehen werden, welche dagegen ihre Verköstigung selbst zu bestreiten haben, so sage ich Euch, daß, sobald ein Schiff mit Einwanderern in Rio ankömmt, die Leute innerhalb 24 Stunden zu erklären haben, ob sie sich auf einer der Regierungskolonien niederlassen wollen. Sagen sie Nein, nun so können sie gehen, wohin sie wollen, also auch in das Aufnahmehaus auf der Insel Bom Jesus, müssen aber ihre Verköstigung, wie sonst überall, so auch hier selbst bezahlen. Ich möchte Solchen, wenn sie nicht bei Freunden und Bekannten in Rio unterkommen können, rathen, dorthin zu gehen, weil bei der in Rio, besonders in den Gasthäusern herrschenden Theuerung das Aufnahmehaus der beste, wohlfeilste und gesündeste Aufenthalt ist.

Solche aber, die auf obige Frage mit Ja antworten, werden auf Kosten der Regierung dort untergebracht und verköstigt; diejenigen, welche sich bei irgend einem Privatmanne contractlich verbingt haben, erhalten Kost und Wohnung auf Rechnung desselben.

Eine besondere Annehmlichkeit für unsere Landsleute besteht darin, daß sie dort deutsche Angestellte finden, so daß ihre Wünsche und Klagen nicht erst durch den oft falschen Mund eines Dolmetschers passiren müssen.

Ehedem mußten die Auswanderer wochenlang am Bord des Schiffes, das sie gebracht hatte, herumlungern und waren da zur Zeit des gelben Fiebers am ersten dessen Anfällen ausgesetzt. Es kam auch häufig vor, daß die Capitäne einfach ihre Passagiere ans Land setzten, die, ohne eigene Mittel, gezwungen waren, Tag und Nacht auf öffentlicher Straße zu campiren, bis die Regierung oder das öffentliche Mitleid sich ihrer erbarmten.

Aus alledem werdet Ihr ermessen können, welch' große Wohlthat dieses Aufnahmehaus für jeden nach Rio kommenden Einwanderer ist. Auch die kaiserliche Regierung und die Gesellschaft, auf deren Kosten dieß Haus hergerichtet und erhalten wird, legen demselben große Wichtigkeit bei.

Dieß hat aber nur auf jene Einwanderer Bezug, welche im Hafen von Rio de Janeiro landen. Die meisten Einwanderer, welche nach Rio Grande do Sul, Sta. Catharina und S. Paulo bestimmt sind, gehen direct dahin ab. Die nach den Kolonien von Espirito Santo und Minas Geraes Einwandernden gehen indeß zumeist über Rio de Janeiro, und da ich Euch von jeder dieser Kolonien einzeln erzählen will, so werde ich des Näheren bei dieser Gelegenheit gedenken.

Bevor ich über das Aufnahmehaus schließe, muß ich noch sagen, daß die Einwanderer nichts auspacken sollen. Sie mögen damit warten, bis sie an ihrem Bestimmungsorte anlangen. Ich weiß, daß die Versuchung groß ist, sich von dem Zustande der verpackten Gegenstände zu überzeugen; aber abgesehen davon, daß das Wiederverpacken eine sehr zeitraubende Arbeit ist, leiden die Sachen, einmal an die feuchte Seeluft gebracht, sehr und nehmen in der kurzen Zeit der Auspackung mehr Schaden, als wenn sie wohlverpackt noch Monate lang in den Kisten ruhen.

Um nun wieder auf mich und meine Erlebnisse zu kommen, so begrüßte uns gleich bei unserer Ankunft ein Herr, der sich als den Bevollmächtigten des Herrn Vergueiro auswies und für unsere hiesige Unterkunft und Verpflegung, so wie für unsere Beförderung nach Santos, dem Haupthafen der Provinz St. Paulo, zu sorgen hatte. Er theilte uns denn mit, daß wir in ungefähr acht bis zehn Tagen mit einem Dampfer dahin abgehen, daß diese Reise nur ungefähr 18—24 Stunden dauern, daß wir von dort aus dann zu Lande mittelst Karren und Maulesel landeinwärts auf die Kolonien befördert werden würden, daß Alles zu unserer Aufnahme bereit sei und daß wir gewiß mit unserer Aufnahme zufrieden sein würden; wir sollten nur Vertrauen haben und redlich unsere Pflichten erfüllen, unser Dienstherr würde es dann gewiß nicht an der Erfüllung der seinigen fehlen lassen.

Diese Worte erhöhten unsern guten Muth, gleichwie die wirklich sehr gute Verpflegung uns vielleicht zu große Begriffe von dem Leben beibrachte, das uns erwartete. Dieser Aufmunterung sollte die Herabstimmung nicht mangeln. Am 6. Tage erlaubte mir der

Vierter Abend.

Herr Director, mit Liesen nach der Stadt zu fahren; den Kleinen nahm eine andere Familie einstweilen in Obhut.

Kaum waren wir ein wenig in der Stadt herumgestrichen, so gesellten sich bald einige Deutsche zu uns, die uns fragten, woher wir kämen und wohin wir gingen und uns auf eine Flasche englisches Bier in die nächste Venda luden. Wir plauderten da ganz gemüthlich und unsere neuen Freunde schienen sehr freundliche und wohlgesinnte Leute zu sein, Handwerker, ich glaube Tischler, die schon mehrere Jahre in Brasilien waren. Sie erzählten uns, daß sie auch als Kolonisten herübergekommen waren, daß ihnen das Leben auf den Kolonien nicht gefallen habe und daß sie sich dann davon gemacht hätten und endlich nach Rio gekommen wären, wo sie jetzt in ihrem Handwerke arbeiteten. Sie wußten das Leben des Kolonisten nicht schwarz genug zu malen, und als sie vollends erfuhren, daß wir uns auf Halbpacht verdingt hatten, da beschworen und baten sie uns, ja nicht dort hinzugehen; denn das sei nichts als Sklaverei, man spanne uns mit den Negern zusammen in den Pflug, man sperre uns ein, wenn wir in irgend etwas fehlten, und der Sklavenaufseher würde uns mit der Peitsche traktiren. Wir sollten jetzt jedes Mittel ergreifen, um fortzukommen; denn einmal auf der Fazenda, sei es eine Unmöglichkeit zu entfliehen. Um unser weiteres Fortkommen solle ich keine Angst haben, denn ein tüchtiger Mann verdiene sich leicht guten Tagelohn. Als sie vollends hörten, ich verstehe mit der Axt umzugehen, so nahm ihr Zureden kein Ende. Ich müßte lügen, wenn ich nicht wenigstens einen Theil ihrer Worte geglaubt hätte; wäre unser Kleiner bei uns gewesen, wer weiß, ob wir in der ersten Stimmung auf die Insel zurückgegangen wären? So hielt ich mich aber tapfer, besonders, weil ich sah, daß Liese's schon thränenvolle Augen auf meinem Gesichte erwartungsvoll hafteten. Ich frug die Leute, ob sie das Leben auf einer Fazenda, wie sie es schilderten, selbst gesehen hätten; sie antworteten mit Nein, sie hätten es eben auch von Andern gehört. Nun sagte der Eine noch, daß ihm das wol übertrieben scheine; doch wisse er gewiß, daß ein schändlicher

Betrug bei Maß und Gewicht und bei Berechnung der Kaffeepreise stattfinde. Ich erwiederte, ich glaubte selbst das nicht, und wäre es so, man müßte ja doch im Lande sein Recht finden können, und wenn nicht, so sei dann die Zeit zum Fortlaufen gekommen, und es falle dann wenigstens nicht mir die Schuld des Contractbruches zu. Ich sei all' mein Lebtag ein ehrlicher Mann gewesen, der sein freiwillig gegebenes Wort gehalten habe, und wolle hier meinen Eintritt nicht mit einem Schurkenstreich beginnen. Und was das Nichtfortlaufenkönnen von der Fazenda beträfe, so scheine mir das höchst unwahrscheinlich; denn hätte man so viel Leute im Lande, um zu jeder Familie Tag und Nacht eine Schildwache zu stellen, so brauchte man nicht so viel Geld auszugeben, um Deutsche kommen zu lassen. Es werde gewiß viel Anlaß und Ursache zu Klagen geben; aber mit Bescheidenheit, Geduld und offener Geradheit werde man gewiß auch hier zum Ziele kommen. Die Herren seien wol auch übel berichtet gewesen; denn ich halte sie für zu ehrenhaft, als daß sie beabsichtigten, einen ehrlichen Mann zum Wortbruche zu verleiten.

Als sie nun sahen, daß ich so fest blieb, lobten mich die Einen, während die Andern die Achseln zuckten und sagten, wem nicht zu rathen, dem sei nicht zu helfen. Alle aber erklärten, daß sie keine böse Absicht hätten, daß sie mir wohlwollten und daß sie schließlich wol zugeben müßten, Ehrlichkeit währe am längsten.

So trennten wir uns, und ich muß sagen, ich war stolz auf den Sieg, den ich im Kampfe mit meiner eigenen inneren Furcht errungen hatte. Denn der Kampf war heftig und der Sieg ein schwieriger gewesen. Um so zufriedener waren ich und Liese mit mir; wenn wir auch vielleicht beide in Folge jener abschreckenden Erzählungen eine geheime Furcht vor der Zukunft in uns nährten, so hüteten wir uns doch, ihr Worte zu leihen.

Die Stadt Rio ist sehr groß und ausgedehnt, aber von unansehnlicher Bauart; damals war sie auch höchst nothdürftig gepflastert und hatte nur zwei bis drei breitere Straßen. Die Häuser haben selten mehr als ein Stockwerk; das Meeresufer war nicht ausge=

Vierter Abend.

mauert und es lag da aller Unrath und aller Schutt, todte Hunde, Katzen ꝛc. Aber einzelne Straßen hatten sehr schöne, reiche Verkaufsläden; je weiter man aus der eigentlichen Stadt hinauskömmt, desto häufiger finden sich freundliche Gärten und schöne Landhäuser.

Mich und Liese interessirte am meisten der Marktplatz; es ist dieß ein großes viereckiges Gebäude mit offenen Höfen, an deren Wänden die Gemüse-, Obst-, Fleisch-, Geflügel- und Fischverkäufer ihre Kaufläden haben.

Was sah man da für Seeungeheuer, was für Vögel, Affen und andere Thiere, was für Früchte und Gemüse! Um wenige Kupferstücke im Werthe von Silbergroschen kauften wir da die saftigsten Ananas und Orangen, Feigen und Trauben, wobei wir in natürlicher Vorsicht die andern, uns völlig unbekannten einheimischen Früchte Brasiliens vermieden.

Es versteht sich von selbst, daß wir unserm Kleinen die Früchte brachten; sie sind sehr gesund, wenn sie vollkommen reif sind, aber im Uebermaß genossen schädlich, wie jedes Uebermaß überhaupt.

Die Gärten und Landhäuser, die Früchte und Thiere der Markthalle hatten uns einigermaßen zerstreut und im erhebenden Gefühle des Bewußtseins, recht gehandelt und einer dringenden Verlockung widerstanden zu haben, kehrten wir zur Stelle zurück, wo das Boot auf uns wartete und uns in langausgehaltenen, kräftigen Ruderschlägen zur Insel und zum Aufnahmehause brachte, wo uns der Kleine jauchzend empfing.

In Rio lernten wir denn zuerst das brasilianische Geld kennen. In Hamburg hatten wir unsere paar Gulden in einige Zwanzigfrankenstücke verwechselt, die neben den englischen Sovereigns in Brasilien den besten Curs halten. Preußische Thaler nahmen nur Deutsche oder Geldwechsler, während an süddeutschem Gelde der größte Verlust war. Englisches und französisches Silber und Gold nahm man aber gern in jedem Gasthause.

In Brasilien wird nach dem Real (in der Mehrzahl Reis, sprich re—is, genannt) gerechnet. Da aber der brasilianische Real nur in der Einbildung existirt und einen winzig kleinen Werth hat, so ist die niedrigste, aber nicht häufig vorkommende Kupfermünze 10 Reis, die zweite ein Vintem, 20 Reis, dann die Stücke zu 40 Reis. Die zu 10 Reis heißt meio vintem, halber Vintem, die zu 40 zwei Vintems. Der Vintem ist also die eigentliche Kupfermünze und gilt ungefähr einen halben Silbergroschen, etwa 2 Kreuzer rheinisch Geld.

Dann kommen die Silbermünzen, wie:
1. Der Tostão (sprich Tostong), gilt 100 Reis = 2½ Sgr.
2. Die Pataca gilt 320 Reis = 8 Sgr.
3. Der Cruzado (Krusado) gilt 400 Reis = 10 Sgr.
4. Der Milreis d. h. 1000 Reis = 25 Sgr.
5. Der Patacão (Patakong) gilt 6 Patacas = 48 Sgr.

An Goldmünzen gibt es:
1. Zehnmilreis (dez mil) im Werthe von 250 Sgr. = 8 Thlr. 10 Sgr.
2. Zwanzigmilreis (vinte mil) im Werthe von 500 Sgr. = 16 Thlr. 20 Sgr.
3. Unzen Goldes (onças), wechseln zwar im Curse, halten aber 16 patacões = 768 Sgr. = 25 Thlr. 18 Sgr.

An Papiergeld:
Banknoten zu 1, 2, 5, 10, 50, 100, 200, 500 und 1000 Milreis.

Zur Zeit meiner Ankunft in Brasilien sah man wenig Papiergeld, fast nur Gold und Silber; damals waren die Banknoten auf elendes Papier gedruckt.

Seitdem hat man dieselben sehr zierlich und schön ausgestattet, aber dafür mit ihnen in den letzten fünfziger Jahren das Land überschwemmt, so daß man dort so wenig Gold oder Silber zu sehen bekam, als in Oesterreich. Erst seit den letzten drei Jahren bekommt man wieder mehr Metall zu sehen, seit die Regierung den kleinen Banken das Recht, Banknoten auszugeben, genommen hat.

In der Provinz Rio Grande do Sul wurde immer nur nach Unzen und Patacões nach Art der spanischen Nachbarn gerechnet,

Vierter Abend.

und Papiergeld sah man nur bei Kauf- und Gewerbsleuten, die es mit Aufschlag zum Steuer- und Zollzahlen kaufen mußten, da die Regierungskassen kein anderes Geld annahmen. —

Am 12. Tage nach unserer Ankunft erhielten wir den Befehl, uns marschfertig zu machen. Der Dampfer, der nach Santos bestimmt war, lag einige hundert Schritte von uns vor Anker und die Boote hatten Arbeit vollauf, unsere Abtheilung, — es ging von uns füerst nur die Hälfte ab, die Andern sollten später folgen — an Bord desselben zu bringen. Da war es freilich unangenehm, daß wir auf Deck bleiben mußten; der Dampfer war zu klein, als daß man uns hätte anderswo unterbringen können, und die Cajüte war voll von zahlenden Passagieren. Uns Männern lag am Ende wenig dran, ob wir bei so warmem Wetter unter freiem Himmel und in voller Kleidung eine oder zwei Nächte zubrächten; indeß schadete es auch den Weibern und Kindern nicht, und wenn man mir die Wahl ließe, ob ich mit einer so zahlreichen Gesellschaft über Nacht im Zwischendeck eingepfropft zubringen wolle, oder unter freiem Himmel auf Deck, so würde ich letzteres unbedingt vorziehen. Bei Regenwetter indeß mag es gerade nicht zur Annehmlichkeit gehören; man muß freilich die Sache nicht gar zu verwöhnt nehmen. Wären wir zu Lande an unsern Bestimmungsort marschirt, so hätten wir neben dem Regen noch den Koth und die angeschwellten Gewässer gehabt, und die Bivouacs im freien Felde sind um kein Haar angenehmer, als die harten Dielen des Decks. Ueberdieß waren wir arme Teufel und konnten wol keinen größeren Luxus ansprechen, als die Regierung ihren eigenen Dienern und Soldaten gewährt, die nicht allein hier, sondern selbst in Europa auf dieselbe Art befördert werden. Aber ein sehr großer Uebelstand herrschte damals noch bei dieser Beförderung. Man betrachtete es nämlich für die kurze Dauer der Fahrt als überflüssig, den Einwanderern etwas zu kochen. Waren sie nun so unvorsichtig, sich nicht mit Mundvorrath zu versehen, so mußten sie auf der ganzen Fahrt hungern, was namentlich bei Kindern und Frauen von üblen Folgen sein konnte. Jetzt ist Vorsorge getroffen, daß den auf Regierungs- oder Privatkosten auf Dampfern transportirten Einwanderern ebenfalls regelmäßige Mahlzeiten verabreicht werden.

Auch in anderer Beziehung ward für sie Sorge getragen; die Capitäne solcher Dampfer nämlich haben die Verpflichtung, am Deck des Vordertheils ebenfalls ein Zeltdach sowohl bei Regenwetter, als bei großem Sonnenbrand anbringen zu lassen, wie solche auf dem Hinterdeck gewöhnlich angebracht sind.

Unserer Reisegesellschaft verging die erste Nacht recht gut. Vor Morgengrauen schon setzte sich der Dampfer in Bewegung und brauste wieder bei dem Felsenthore hinaus, wo wir vor wenig Tagen so voll Erwartungen hereingekommen waren. Dann aber wendete er sein Bugspriet nach Südwesten und am späten Abend desselben Tages nach sehr glücklicher und rascher Reise betraten wir den Hafen von Santos.

Fünfter Abend.

Welche Reiseroute ist die beste und auch gewöhnlichste für Halbscheid-Kolonisten? — Georgs Aufenthalt in Santos. — Er geht nach San Jeronymo. — Wie das Halbscheidwesen entstand. — Vortheile dieser Einrichtung für den Einwanderer. — Vorbereitungen zur Landreise. — Von Santos nach San Jeronymo. — Ankunft daselbst. — Wie es Georg dort fand. — Dankbare Betrachtungen. — Georgs Wohnung. — Die Fazenda. — Was Georg zu leisten hatte und die Behandlung, die er erfuhr. — Uebelstände beim Halbscheidwesen und wie ihnen abgeholfen wird. — Warum wollen die Gutsbesitzer keine Halbscheid-Kolonisten mehr? — Wer läßt noch solche kommen und unter welchen Bedingungen?

Damals gingen die Halbscheid-Kolonisten noch manchmal über Rio de Janeiro, auch wenn sie für die Provinz S. Paulo bestimmt waren. Seit dem aber gehen sie direct von dem europäischen Hafen nach Santos. Der Grund liegt einfach darin, daß die Fahrt von Hamburg oder Antwerpen nach Santos ebensoviel kostet, als die nach Rio de Janeiro, und dabei werden noch die Kosten des Aufenthaltes im Aufnahmehause Bom Jesus und der weitere Transport von dort nach Santos erspart, eine bedeutende Erleichterung sowohl für den Geldbeutel des Grundherrn, der diese Kosten vorzuschießen hat, als für den des Kolonisten, der sie schließlich zahlen muß, so wie eine beträchtliche Zeitersparniß.

Wir hatten noch die Nacht an Bord zu bleiben. Am frühen Morgen des anderen Tages aber kam schon ein Bevollmächtigter des Hauses Vergueiro zu uns und ließ uns ans Land und in ein zu unserer Unterkunft bestimmtes Local schaffen, das für unsere Bedürfnisse genügte. Wir wurden dort sehr freundlich und zuvorkommend empfangen, so wie uns auch die Bevölkerung in den

Straßen freundlich begrüßte, und wir hatten uns kaum eingerichtet, so wurden uns von allen Seiten als Zeichen des Willkommens Früchte und Blumen zugesendet. Auch einige Consuln deutscher Staaten fanden sich bei uns ein und erkundigten sich theilnehmend nach unseren Erlebnissen.

Diesen Tag war für uns gekocht worden; gleich bei unserer Landung erhielten wir freilich schwarzen Kaffee, aber kräftig und hinreichend süß, und ein Weißbrod pr. Kopf; Mittags gab es Suppe, schwarze Bohnen mit Mandioc und frisches Fleisch.

Am Abend wurden aber die Lebensmittelrationen, wie selbe für uns in den Kolonien bemessen werden, für die kommende Woche an uns ausgegeben, um sie selbst zu kochen, da wir voraussichtlich noch einige Tage hier verweilen mußten, weil die Maulthiere, welche wir zur Weiterreise benöthigten, noch nicht eingetroffen waren.

Auch mußte die Vertheilung der Einwanderer auf die verschiedenen Gutsbesitzer stattfinden. Damals nämlich hatte Hr. Vergueiro, der außer seiner Senatorswürde und zwei großen Landgütern noch ein großes Kaufmannsgeschäft in Santos besaß, es übernommen, für jeden Grundbesitzer in der Provinz S. Paulo, der Halbscheidkolonisten zu haben wünschte, dieselben zu verschreiben und kommen zu lassen und die Kosten einstweilen zu tragen. Deßhalb wurden denn auch alle solche Kolonisten für den Hrn. Vergueiro angenommen, und erst in Santos fand die Vertheilung der Kolonisten an die Gutsbesitzer Statt, welche selbe bestellt hatten.

Für uns war das vollkommen gleichgiltig; wir kannten die neuen Herren so wenig als den Hrn. Vergueiro, unsere Contracte galten für den einen so viel, wie für den andern, und so hatten wir weiter nichts dagegen einzuwenden. Der einzige Wunsch, den wir, d. h. ich und Liese, hegten, war, bald an Ort und Stelle zu sein und unsere Arbeit beginnen, unsere Existenz gründen zu können. So waren wir denn froh, zu hören, daß wir für den Hrn. Senator Queiroz und auf die Fazenda S. Jeronymo im Bezirke Limeira, nicht sehr weit von Hrn. Vergueiro's Gute, bestimmt seien. Uns

Fünfter Abend.

und nebst uns noch 7 Familien, im Ganzen 35 Köpfe, alle so ziemlich ruhige, ordentliche Leute aus aller deutschen Herren Ländern, traf diese Bestimmung und zugleich der Befehl, uns für den zweiten Tag reisefertig zu halten.

Hier wird es aber am Platze sein, Euch, liebe Landsleute, zu sagen, was denn eigentlich diese Gutsbesitzer veranlaßte, uns kommen zu lassen. Früher, als noch der Sklavenhandel oder, besser gesagt, die Einfuhr von in Afrika gestohlenen oder gekauften Mohren erlaubt war, da hatten die Brasilianer sich alle Jahre solche Neger schicken lassen, um ihre sehr weitläufigen Besitzungen, die sie selbst unmöglich hätten bebauen können, von ihnen bearbeiten zu lassen. Diese Neger waren sehr wohlfeil und auch ihre Erhaltung kostete sehr wenig; daher war der Ankauf von Sklaven sehr vortheilhaft, weil die Bodenprodukte verhältnißmäßig sehr hohe Preise hatten. Es war also eine gute Speculation, sein Geld in den Ankauf von Sklaven zu stecken und mit ihrer Hülfe Landwirthschaft zu treiben.

Daher kam es, daß diese Gutsbesitzer bei so zahlreichen Arbeitern (selten hatte einer weniger als 30—40 Sklaven, manche auch in die Tausende) sich der besonders rentablen Pflanzung von Zucker und Kaffee zuwandten.

Im Süden des Reiches, wozu die Provinz S. Paulo noch gehört, wendete man sich mehr der Kaffeecultur, im Norden mehr dem Zuckerrohr zu. Um aber vom Kaffee Vortheil zu ziehen, bedarf man sehr großer Pflanzungen, und gar viele zählen mehrere Hunderttausend Bäumchen.

Diese nehmen natürlich einen ungeheuren Raum ein, denn ein Morgen Landes faßt kaum 1000 Kaffeebäumchen, wenn sie heckenartig angelegt sind; sind aber dieselben nach der Art unserer Obstbäume gepflanzt, so kommen deren kaum 300 auf einen Morgen. Solche ungeheure Strecken von Unkraut rein zu halten und die Kirschen zu ernten, die sehr verschieden reifen, dazu gehören sehr viele Arbeiter.

Als nun die Sklaveneinfuhr verboten wurde, da fingen den Gutsbesitzern nach einiger Zeit die Arbeitskräfte zu fehlen an; die großen Zuckerpflanzer im Norden, welche die reichsten Leute im Lande sind, kauften die ihnen fehlenden Neger im Süden zusammen, wo man angesichts der daselbst viel stärkeren freien Bevölkerung und der nicht unbedeutenden Anzahl von Einwanderern sich bestrebte, die Sklaven zu vermindern, um dem Tage leichter entgegen zu sehen, wo über kurz oder lang die Sklaverei aufgehoben werden würde.

Um indeß der Sklaven so viel als möglich sich entledigen zu können, mußten die Grundbesitzer bedacht sein, für ihre Pflanzungen Arbeiter zu erhalten, wenn sie nicht ruinirt werden und an den Bettelstab kommen wollten.

Da kam dem alten Senator Vergueiro, einem sehr klugen und thätigen Greise, der Gedanke, die in fast ganz Italien, dann in einigen Theilen Frankreichs und Englands in Gebrauch stehende Sitte der Halbpächter einzuführen.

In diesen Ländern, besonders aber in Italien, gibt nämlich der Grundbesitzer sein Land an arme Leute, die ihm statt eines Pachtzinses die Hälfte ihrer Ernten abliefern.

In Brasilien selbst konnte man nicht hoffen, die nöthigen Leute dazu zu finden; denn es fehlt an Leuten überhaupt und der farbige Theil der freien Bevölkerung liebt im Allgemeinen viel zu sehr die Trägheit und die Ungebundenheit, als daß er sich eine bindende Verpflichtung auferlegte.

Man richtete demnach seine Augen auf die auswanderungs= lustigen Völker Europa's, besonders auf die Portugiesen, Deutschen und Schweizer. Es war ja bekannt, daß Hunger und Kälte da= selbst alljährlich große Opfer fordern unter den niederen Schichten der Bevölkerung. Diesen wollte man die Möglichkeit geben, aus ihren traurigen Verhältnissen herauszukommen, indem sie ihre in der alten Heimat so schlecht bezahlte Arbeit hier zu ihrem und ihrer Grundherren Vortheil verwendeten.

Dazu war es aber vor Allem nöthig, daß man es ihnen möglich machte, nach Brasilien zu kommen. Es mußten ihnen daher die Reisekosten vorgeschossen werden; und da sie gänzlich unbemittelt

Fünfter Abend.

hier ankamen, mußte ihnen Unterkunft, Nahrung, Kleidung gegeben und Sorge getragen werden, daß sie sich selbst etwas erwerben könnten, um nicht stets im Sacke des Grundbesitzers zu hängen.

Man ließ daher solchen zur Auswanderung geneigten, aber durch ihre Mittellosigkeit daran gehinderten Leuten vorschlagen, ob sie geneigt wären, ihren einzigen Besitz, die Kraft ihrer Arme und derer ihrer Familie, so lange dem Dienste ihres Gutsbesitzers zuzuwenden, bis es ihnen möglich werde, aus der ihnen dafür zukommenden Hälfte der Ernte die Schulden zu bezahlen, die ihnen aus dem Vorschusse der Reisekosten und der Erhaltung auf der Kolonie erwachsen wären. Natürlich griffen Viele so zu, wie ich zugegriffen habe. Und das ist die Geschichte von den Halbscheid-Contracten.

Daß dieß eine große Wohlthat für uns arme Leute ist, die wir zu Hause in Verzweiflung und Elend verkommen wären, ist an und für sich klar. Aber auch in Brasilien konnten sich die Contracte nur höchst günstig für die Einwanderer erweisen.

Die Leute kamen ja in ein Land, von dessen Sprache sie gar nichts verstanden, dessen Früchte, Art des Landbaues, der Verwerthung, Saat- und Erntezeit sie gar nicht kannten. Sie lernten also Alles, was ein anderer Einwanderer nur auf eigene Kosten lernt, auf Kosten ihres Gutsherrn, den die Folgen der Ungeschicklichkeit und Unwissenheit seiner Halbscheidler am empfindlichsten trafen. Sie machten auf seine Kosten ihre Akklimatisation durch und waren, sobald sie ihre Schulden bezahlt hatten, erfahrene Leute, die Land, Menschen und Sprache kannten und sich eine neue Existenz mit großer Leichtigkeit und großem Vortheile gründen konnten.

Ihr werdet mir zugeben müssen, daß dieser Gedanke ein großer und herrlicher ist, der einst noch reiche Früchte zu bringen bestimmt sein dürfte. Ich werde Euch gleich erzählen, wie dieser Gedanke ausgeführt wurde, wie die Neuheit desselben und die Fehler der Menschennatur sich demselben feindlich zeigten und wie trotz alledem das Bessere darin zur vollen Geltung kam. Kehren wir einstweilen nach Santos zurück.

Fünfter Abend.

Der Agent des Hrn. Queiroz mit den Maulthieren war angekommen und besuchte uns, um die Gepäckstücke in Augenschein zu nehmen, die wir mithatten. Uns, mir und meiner Familie, ging es dabei ganz gut: unsere Armuth hatte uns nicht erlaubt, besonders viel mitzunehmen; außer der Proviantkiste vom Schiffe her und einem kleinen Koffer hatten wir nur zwei mittelgroße Kisten mit unsern Betten, Kleidern und Kücheneinrichtungen, deren jede an die 100 Pfund wog. Der Agent lobte uns deßhalb, da wir dieselben ungehindert auf einen Maulesel packen konnten, während die Proviantkiste und der Koffer mit sammt dem Kleinen auf dem zweiten Platz fanden.

Schlechter ging es meinen Gefährten. Diese hatten große, ungeschlachte Kisten zu 2, 3, auch mehr Centnern Gewicht, die nie und nimmer ein Maulesel hätte schleppen und die kein Mensch auf einem solchen Thiere hätte verpacken können. Da nun auf dem Wege nach S. Jeronymo (St. Hieronymus) Fahrten zu Wagen absolut unmöglich sind, oder wenigstens damals waren, also die Kisten hätten zurückbleiben müssen, so blieb nichts übrig, als dieselben auszupacken und die großen Kisten in so viel kleine zu verwandeln, als zur Wiederverpackung der Gegenstände nothwendig waren. Was aber auch manche dieser Leute eingepackt hatten! Alte Stühle, Fetzen und Lumpen, unbrauchbares Hausgeräth, irdene Töpfe, kurz offenbar Alles, was in ihrer früheren Wohnung nicht niet- und nagelfest gewesen war! Der Agent bestand nun unerbittlich darauf, daß dieses Gerümpel fort geworfen werde; sonst sei er nicht im Stande, mit seinen 30 Maulthieren alles Gepäck zu transportiren. Seufzend fügten sich die Leute dieser harten Anordnung, und unter dem hellen Gelächter der Uebrigen flogen alte Holzstücke ins Feuer, Töpfe und Häfen voll Ruß und Flunkern auf die Gasse, und noch vor Abend waren unter rüstigem Beistande Aller die Kisten abgesägt und neu zusammengefügt, verpackt und zur Abreise bereit. Diese traten wir denn am andern Morgen früh an und legten sie in 14 Tagen zurück. Wir machten keinen Tag

Fünfter Abend.

mehr als 3 bis 4 Leguas (2½—3⅓ deutsche Meilen), hielten Mittagsrast, marschirten Vor- und Nachmittags, Männer, Weiber und größere Kinder zu Fuße, Kinder und Mattgewordene auf Mauleseln, neben unserm Gepäcke her. Die Nachtlager hielten wir meist unter Ranchos, freistehenden Hütten, die keine Seitenwände, sondern nur Dächer hatten. Hie und da mußten wir auch im freien Felde übernachten oder wurden in wirklichen Häusern untergebracht. Das Land war immer schön, hügelig, reich bewaldet und wenigstens in der Nähe größerer Ortschaften gut bebaut. In der Nähe von Santos und der Stadt S. Paulo begegneten wir vielen Karreten. Das sind große starke Wagen auf zwei ungeheuren Rädern; die größten davon werden oft von 10 und mehr Joch Ochsen gezogen, und da die Räder aus Holzscheiben bestehen, die fest an die Achse geschlagen werden, die sich sammt den Rädern bewegt, so entsteht beim Fahren ein furchtbares Gekreisch, das man auf halbe Stunden weit hört. Es gibt auch kleinere, mit ordentlichen Rädern und fester Achse, aber diese sind viel seltener. Später begegneten wir nur noch Maulthierzügen (der Brasilianer nennt sie tropas), die meist mit Kaffee seewärts und mit verschiedenen Waaren landwärts zogen.

Auf unsern Lagerplätzen bekamen wir Lebensmittel ausgetheilt, die wir uns natürlich selbst bereiten mußten, wobei uns das vom Schiffe mitgebrachte Geschirr gute Dienste leistete. Mit den Betten sah es schlecht aus, und diejenigen, welche ihre Schiffsmatratzen behalten oder in Santos Strohmatten (sie heißen im Lande esteiras) gekauft hatten, wurden von den Anderen sehr beneidet. Denn wir waren mitten im Winter, und wenn es auch bei Tage sehr warm war, die Nächte wurden, je höher wir ins Gebirge kamen, immer kühler. Auch war der Weg und manchmal das Wetter herzlich schlecht, und wer glaubt, so ein Regen in Brasilien sei wie die unsrigen, der irrt gewaltig. In großen Tropfen kommt er wie aus Eimern gegossen und in fünf Minuten ist man bis auf die Haut naß; in einer Stunde ist das kleinste Bächlein furchtbar angeschwollen, und dann heißt es durchwaten, so gut es geht. Das Gute dabei ist nur, daß man dadurch eben nicht nässer werden kann, als man ohnehin schon vom Regen ist. Wir mußten auch einmal am Ufer eines solchen Baches mehrere Stunden liegen bleiben, bis dessen Wasser sich wieder etwas verlaufen hatten, wobei es ein Glück ist, daß sie eben so schnell gehen, als sie kommen.

Nach all diesen Strapazen kamen wir endlich am hellen Nachmittage auf der Fazenda S. Jeronymo an, wo uns unser neuer Grundherr, der Hr. Senator Queiroz und seine Familie selbst erwarteten und sehr freundlich und gütig aufnahmen. Er sprach einige Worte zu uns, die der Director, Hr. Braun, übersetzte und welche uns willkommen hießen und die Hoffnung ausdrückten, es werde uns hier gefallen und wir würden bald Freunde werden; wir sollten Vertrauen zu ihm haben; was an ihm läge, wolle er thun, um uns zufrieden zu stellen.

Darauf führte uns der Director nach unsern Wohnungen, die etwa eine halbe Viertelstunde von der Fazenda entfernt lagen, und theilte jeder Familie ein Häuschen zu. Das meinige war wie alle übrigen ungefähr 17 rhn. Schuh Gassenfronte und ungefähr 27 Schuh tief; es enthielt einen Flur und links und rechts davon ein Zimmer, rückwärts im Hofe eine Küche und dabei einen Fleck Land für den Garten. An Möbeln war nur das Allernothdürftigste vorhanden; aber das Häuschen war solid nach Landesart gebaut und hatte ein Ziegeldach aus sogenannten Dachpfannen, von denen die Brasilianer behaupten, daß sie besser den dortigen Stürmen und Regengüssen zu widerstehen vermöchten, als unsere deutschen Dachziegel. Für dieses Häuschen hatte ich nun dem Herrn 6 $reis (lies: sechs Milreis) oder 5 Thaler jährlichen Miethzins in monatlichen Raten von $12^1/_2$ Silbergroschen zu entrichten. Auch konnte ich Ackerland gegen Entrichtung eines kleinen Pachtes haben, so viel ich brauchte, und zwar mußte ich für einen Morgen $12^1/_2$ Sgr., einen halben Milreis, jährlich Pacht geben. Wollte ich mehr als einen Morgen, so mußte ich für den zweiten Morgen 1 Milreis und für jeden Morgen mehr

Fünfter Abend.

2 Milreis zahlen. Auch durfte ich, sobald ich Vieh haben würde, dasselbe auf den Weidegrund der Fazenda schicken, sollte aber für jedes Pferd oder jeden Maulesel 700 Reis oder 17½ Sgr. und für jedes Stück Rindvieh 400 Reis oder 10 Sgr. monatlichen Zins entrichten.

So lange ich nicht im Stande war, dieses zu bezahlen, wurde es mir bloß im Rechnungsbuch angeschrieben, ebenso wie die Lebensmittel, welche der Herr mir gegen bestimmte Preise lieferte und die frisches und gedörrtes Fleisch, Speck, Mandiocmehl, Mais, Bohnen, Reis, Salz, Rum, Essig, Pfeffer, Seife und Licht umfaßten. Auch wurde dem, der es wünschte, ein Maulesel, eine Milchkuh sammt Kalb, ein Schwein, Hühner ec. auf Borg gegeben. Ebenso konnte Jeder von uns, was er zur Kleidung oder nöthigstem Hausrath bedurfte, vom Magazin des Herrn entnehmen; der Director hatte die Austheilung und Aufschreibung zu besorgen. Diese geschah indeß so, daß jeder Kolonist ein Büchlein (cadernete) empfing, in welchem das, was ihm gegeben ward und die dafür berechneten Preise eingeschrieben wurden, während in das Hauptbuch der Fazenda dasselbe eingetragen ward. Am Ende des Jahres wurde dann die ganze Summe berechnet. Auf der andern Seite des Büchleins wurde dann eingetragen, wie viel Kaffee der Kolonist geerntet, was ihm davon und sonstwie zu Gute kam, und dieses ward dann von der Schuldsumme abgerechnet. Endlich wurden, aber erst vom zweiten Jahre an, sechs Procent Zinsen dazu geschlagen und auf das neue Jahr übertragen.

So konnte jeder Kolonist genau wissen, was er schuldig war und sich darnach richten. Wäre überall diese Ordnung streng eingehalten worden, so hätte Niemand einen Grund gehabt, sich je über das Halbscheidwesen zu beschweren.

Ich bin da ein wenig aus der Ordnung gekommen und kehre jetzt zu unserem Einzug zurück. Noch am selben Abend packten wir unsere Betten aus und richteten uns möglich behaglich ein. Unser kleiner Georg fand sich sehr bald zu Hause und wir fühlten uns zu innigem Danke gegen Gott gestimmt, der uns in seiner großen Gnade und

Barmherzigkeit durch so viel Gefahren und Mühen hierher geführt hatte, und hofften, daß er uns gewiß auch hier nicht verlassen würde.

Des folgenden Tages wurden wir auf der Fazenda bewirthet und erhielten dann unsere Rechnungsbücher, in welche schon unsere Schulden für die See- und Landreise und für Kost und Unterkunft auf Bom Jesus, in Santos und hier eingetragen waren. Ich erinnere mich noch, daß dieser erste Posten für mich, Liese und den Kleinen weit über 300 Milreis, also über 500 Fl. rhn. betrug. Und diese Summe hatte mir ein Mann geliehen, den ich nie gesehen, von dem ich nie gehört hatte! Er hatte mir sie im Vertrauen auf meine Ehrlichkeit, auf meine künftige Arbeit hin vorgestreckt, mir, dem in seiner Heimat selbst die besten Freunde und Bekannten nicht die 80 Gulden hatten leihen wollen, die ich nur zum Nachweise der zur Erlangung der Heirathserlaubniß nöthigen 160 Gulden bedurfte! Und wie hoch beliefen sich erst die Vorschüsse der Anderen! Manche Familie schuldete 1000 und mehr Thaler.

Mögen Andere darüber denken, wie sie wollen, Liese und ich, wir fühlten warme Dankbarkeit für den Mann, der so viel für uns gethan und wir faßten den festen Vorsatz, unsere Pflichten gegen ihn auf das Treulichste zu erfüllen.

Schon am zweiten Tage zogen wir aus, um die Kuh und die Hühner zu bekommen und das machte Liesens Freude vollkommen. Der Gutsherr ließ uns einige Tage Ruhe, um uns von der Reise zu erholen, uns in unseren Wohnungen heimisch zu machen, die Fazenda und den Kaffeeberg zu besichtigen.

Unsere Wohnung gefiel uns ganz gut, wenn auch der Fußboden bloß aus gestampftem Lehm bestand und, statt der Fenster mit Glasscheiben, bloße Fensterladen waren. Der Herd in der Küche bestand einfach aus einem großen Steine und der Rauch nahm seinen Weg durch Thür und Fenster, weil man dort an keinen Rauchfang denkt. Auch lag die Küche abgesondert, was aber sehr klug ist, da die Hitze dorthin die meisten Insecten lockt, und somit die Wohnung von diesen verschont bleibt.

Fünfter Abend.

Ich habe den Ausdruck Fazenda schon so häufig gebraucht, daß ich ihn Euch endlich einmal erklären muß.

Fazenda bedeutet gar vielerlei, als Finanzen, Waaren 2c. In dem von mir gebrauchten Sinne bedeutet es aber Landgut oder Pflanzung, zum Unterschiede von Estancia, das auch ein Landgut, aber ein solches, wo hauptsächlich Viehzucht im Großen getrieben wird, bedeutet. Auf einer Fazenda dagegen wird hauptsächlich Ackerbau getrieben. Man nennt aber auch das auf diesem Gute befindliche Herrenhaus Fazenda. Die Herrenhäuser sind meist ebenerdige Gebäude, aus Bruchstein aufgemauert und je nach dem Reichthume des Besitzers mehr oder minder luxuriös, kleiner oder größer. Selbst viele Herrenhäuser haben keine Glasfenster, während andere wieder Kamine, Marmorplatten, Balkone 2c. aufweisen.

An das Herrenhaus stoßen die Wirthschaftsgebäude und die sogenannten Engenhos; da sind die Scheunen, wo der Kaffee getrocknet wird, da sind die Stampfen zum Schälen desselben, die Vorrichtung zum Waschen, Reinigen und Sortiren, die Zuckermühle, die Branntweinbrennerei und Zuckersiederei, die Mandiocca=Presse und Röste, kurz Alles, nur keine Stallungen für das Vieh. Hinter den Wirthschaftsgebäuden kommen dann eine oder mehrere Reihen elender Hütten, in denen die Sklaven der Fazenda wohnen. Bei dem Herrenhause dehnt sich der meist mit Mauern eingeschlossene, aus ummauerten Beeten bestehende Blumengarten und der ebenfalls mit Mauern eingefaßte Obstgarten, arvoredo, so wie der Gemüsegarten hin. Hie und da sieht man auch bei solchen Häusern ein Wäldchen von Orangen=Bäumen und Bananen=Pflanzen.

Unter den Wirthschaftsgebäuden der Fazenda befand sich auch das Magazin, aus welchem wir unsere Bedürfnisse erhielten. Gleich in unserer Nähe war der eingezäunte Weideplatz (potreiro) und vor den Wirthschaftsgebäuden war der sogenannte corral, ein kleiner, eingezäunter Platz, wohin die Pferde und Esel getrieben werden, wenn man deren für den Dienst bedarf.

Endlich ist da noch ein kleinerer Corral, der zur Aufnahme der Kälber dient, die man bei Hause halten muß, damit sie der Kuh nicht die Milch wegsaugen.

Den Kaffeeberg endlich und seine Behandlung werde ich ein ander Mal beschreiben. Für heute beschränke ich mich darauf, Euch zu wiederholen, was man von uns begehrte. Wir sollten das zwischen den Kaffeebäumchen liegende Feld von Unkraut frei halten, also 3—4mal, auch öfter, unsern Antheil jäten und dann die reif werdenden Kirschen nach und nach abpflücken und dem Director übergeben. Alle Zeit, die von diesem Geschäfte übrig blieb, konnten wir nach Gutdünken verwenden und brauchten darüber keine Rechenschaft zu legen. Nur wenn wir die Kolonie auf einige Tage verlassen wollten, mußten wir dazu die Erlaubniß des Directors einholen. Auf Trunkenheit und Widersetzlichkeit, so wie Arbeitsversäumniß standen Geldstrafen; Verbrecher aber fielen dem Landesgesetze anheim.

Ihr seht daraus, liebe Landsleute, daß wir keinesweges als Sklaven, ja nicht einmal so streng wie die Knechte in Deutschland gehalten wurden. Die Arbeit war nicht sehr anstrengend, beim Pflücken konnten sogar Kinder und Greise mithelfen und Alles hatte seine gewisse, regelmäßige Zeit. Auch stand nirgends vorgeschrieben, wir müßten gerade an diesem oder jenem Tage arbeiten, oder die Arbeit müßte zu dieser oder jener Stunde beginnen und zu einer gewissen Stunde aufhören. Wir gingen zur Arbeit, wann es nöthig schien und beendeten sie nach unserem Gefallen; nur wenn dem im Freien zum Trocknen ausgebreiteten Kaffee eine plötzliche Gefahr vom Regen drohte oder bei Feuersbrünsten u. dergl., waren Alle verpflichtet, auf die erste Mittheilung zu Hülfe zu eilen.

Was unsere Behandlung Seitens des Directors betraf, so hatten wir Deutschen — es waren ihrer 72 Familien — uns wenig zu beklagen; er war rechtlich und, wenn auch etwas barsch, weder hart, noch ein Ohrenbläser.

Und der Herr und seine Familie, die leider nicht immer auf der Fazenda weilten, waren die Liebe und Güte selbst. Die Damen

Fünfter Abend.

der Familie besuchten die Kranken, nahmen gefährliche Kranke sogar auf die Fazenda zur besseren Wartung, richteten Nähschulen für unsere Weiber und Mädchen ein, statteten Brautpaare aus und waren wahre Engel der Wohlthätigkeit.

Der Hr. Senator ließ von Zeit zu Zeit für die protestantischen Kolonisten den deutschen Pastor von S. Paulo kommen, nahm einen Schullehrer auf und errichtete eine Schule, in der unsere Kinder auf deutsch und portugiesisch unterrichtet wurden. Er sandte jedem Kranken den Hausarzt und bestritt oft selbst die Medicamente.

Die katholischen Kolonisten waren schlechter daran, da sie in die Kirche zu dem brasilischen Geistlichen gehen mußten, dessen Predigt sie nicht verstanden und der sie weder beichten lassen noch auf dem Krankenlager trösten konnte. Unser Herr hatte auch einen eigenen Kirchhof für uns anlegen lassen, den wir indeß nur mit geringem Zuspruch beehrten. Der Arzt half unsern Kranken übrigens nur sehr wenig; das Meiste thaten die Frauen, die in Brasilien heute noch, wie im Mittelalter in Europa, die Heilkunde und Krankenpflege zu den Ehrenrechten ihres Geschlechtes rechnen. Es war daher kein Wunder, daß wir alle mit unserer Lage zufrieden waren. Die einzige Ausnahme bildeten zwei Schweizerfamilien, die mit vielen Kindern belastet waren. Diesen war von ihrer Heimatsgemeinde das Geld zur Reise vorgeschossen und zu hohen Zinsen berechnet worden. Ueberdieß waren sie keine Landleute und nebenbei faul und mißmuthig. Wir andern alle waren aber Leute vom Lande, und wenn auch ich z. B. von Profession ein Müller war, so war ich doch auf dem Lande aufgewachsen, hatte an allen Feldarbeiten theilgenommen; denn was eine rechtschaffene Mühle ist, die hat immer Aecker und Wiesen und der Mühlknappe Zeit und Gelegenheit genug, die Feldarbeit nicht zu vergessen. Liegt doch das ganze Geheimniß des Ackerbaues darin, daß man schwere Arbeiten zu verrichten gewohnt ist; das richtige Pflügen, Eggen und Säen braucht man da nicht, und ein anstelliger Mann würde es im Nothfalle auch bald lernen.

So war es auf unserer Kolonie, aber leider nicht auf allen.

Es gab auf manchen eine Menge Uebelstände, und der größte davon war, daß das ganze Ding den Einwanderern sowohl als den Gutsherren völlig neu war, dann, daß man sich gegenseitig mit Mißtrauen betrachtete. Schon weil eins das andere in seiner Sprache nicht verstand, ward viel gethan, was man sonst gewiß vermieden hätte. So aber verschüttete man das Kind mit dem Bade und machte Geschrei und Spectakel, wo einiger guter Wille und die Erfahrung allein hätten Hülfe schaffen können.

Wir hatten gleich selbst den Beweis davon. Beim Messen der Kaffeekirschen wurde ein Alqueirenmaß, obwohl es gesetzlich cimentirt war, zu groß gefunden und wir machten dem Director darüber eine Bemerkung. Dieser sagte es dem Herrn und der schickte uns die Botschaft, wir sollten einen Vertrauensmann unter uns wählen, der mit dem Director nach der Stadt Limeira reisen und die Alqueire neu untersuchen und cimentiren lassen sollte. Das geschah und wir überzeugten uns, daß das, was man anderwärts als Betrug ausschrie, hier ganz einfach eine Nachlässigkeit des Beamten gewesen war, der die Cimentirung zu besorgen hat. Es gibt oder gab wenigstens damals vielleicht keinen Ort in der Provinz, wo Maße und Gewichte vollkommen gleich gewesen wären. Hätten wir nun über Betrug geschrieen, die Arbeit eingestellt, wie es anderwärts die Kolonisten thaten, so hätten wir und der Gutsherr unermeßlichen Schaden gehabt und wir wären erst jetzt endlich da, wohin wir bei vernünftigem Auftreten gleich im ersten Jahre gelangten.

Ferner hatte unser Contract nur von der Reise im Allgemeinen gesprochen und bestimmt, daß wir dieselbe zu ersetzen hätten. Wir hatten darunter immer nur die Seereise verstanden und geglaubt, daß die Reise vom Hafen bis auf die Kolonie selbst vom Gutsherrn zu tragen sei, besonders weil sie fast immer mit dessen eigenen Maulthieren geschah.

Es war uns daher sehr unangenehm, daß uns jeder Maulesel mit 12 Milreis berechnet wurde, was bei großer Familie und zahlreichem Gepäcke eine bedeutende Summe betrug. Der Contract

Fünfter Abend

freilich sagte nichts über die Landreise, und so hätten wir unweigerlich zahlen müssen. Anderswo erhob sich darüber viel Geschrei und die Geschichte machte viel böses Blut. Wir aber gingen einfach zum Herrn, stellten ihm bescheiden unsern Irrthum und unsere Wünsche vor, worauf er erklärte, daß er, falls wir keine Ursache zur Klage gäben, die gesammten Transportkosten von Santos bis S. Jeronymo nach Ablauf eines Jahres uns schenken würde.

Diesem Beispiele folgten fast alle größeren Besitzer, die den Transport durch ihre eigenen Maulthiere hatten besorgen lassen. Freilich die kleineren Grundherren, welche die Tropas dazu hatten miethen müssen, vermochten dieß nicht zu thun, gewährten aber doch manche Erleichterungen.

Ein anderer Grund zur Unzufriedenheit lag darin, daß eine Theilung der Ernte nicht allein bei der Kaffee-Ernte, sondern auch bei den sonstigen Erzeugnissen der Kolonisten bedungen war, sobald sie dieselben verkauften, z. B. bei Gemüsen, Früchten, Mais, Bohnen ꝛc. Wie hätte sollen bewiesen werden, wie viel der Kolonist verkaufte und wie viel er dafür gelöst hatte? Die Folge davon war, daß die Kolonisten gar nichts zahlten und die meisten Gutsbesitzer stillschweigend darauf verzichteten.

Dieß hatte nun wieder andere Uebel im Gefolge. Der unredliche Kolonist, der weniger auf die Abzahlung seiner Schulden, als auf seinen eigenen augenblicklichen Vortheil sah, kümmerte sich wenig um den Kaffeeberg und wendete seine ganze Zeit dem Anbau von Feldfrüchten, Obst und Gemüse zu, deren Ertrag ihm allein zufloß. Unser kluger Gutsherr hatte dem vorgebaut, indem er auf die Theilung des Erlöses verzichtete, dafür aber für jedes Stück Feld, das er den Kolonisten gab, sich Pacht zahlen ließ. Ebenso verhinderte er die Speculation mit der Viehzucht auf seine Kosten dadurch, daß er sich für Benutzung seiner Weide ebenfalls Pacht zahlen ließ.

Auch die Theilung der Kaffee-Ernte führte zu vielen Mißhelligkeiten. Die Leute pflückten den Kaffee und lieferten ihn ab. Nach vollendeter Ernte, im Monat September oder noch später, wurde die Summe der abgelieferten Kirschen notirt. Gerechnet aber konnte erst werden, sobald der Kaffee gestampft, gewaschen, polirt, verschickt, verkauft und die Verkaufsrechnungen von dem Verkäufer eingelaufen waren. Das dauerte gewöhnlich ein bis anderthalb Jahre. Dann wurden erst die Kosten für die Herrichtung des Kaffees und für dessen Transport, die Verkaufscommission, die Wegzölle 2c. in Abzug gebracht, und erst hienach die Theilung vorgenommen. Denkt Euch nun einen von unsern mißtrauischen Landsleuten, der das alles nicht recht begreift und überall Betrug wittert, dem allerdings auch Thür und Thor geöffnet sind, so ist die Unzufriedenheit der Leute mit dem, was sie erhalten, leicht erklärlich. Deßhalb ist **man auch** jetzt davon abgegangen und die Gutsherren haben sich mit den Kolonisten dahin geeinigt, daß sie ihnen für jede Alqueire gepflückter, reifer Kirschen eine gewisse Summe, die zwischen 300 und 400 Réis = 7½ bis 10 Sgr. schwankt, gleich vergüten und die Gefahr des Verderbens der Frucht, des Schwankens der Marktpreise und der Transportkosten auf sich nehmen.

Anfangs mußten die Leute hie und da die erhaltenen Vorschüsse zu 10 und 12 Procent verzinsen, weil die Gutsbesitzer auch so viel für das **hiezu** aufgenommene Capital zahlen mußten. Jetzt aber sind überall, wo noch die alten Contracte gelten, 6 Procent zu zahlen und in neueren Contracten einigen sich Gutsbesitzer und Kolonisten über die Höhe der Zinsen. Dagegen gewähren sie den Leuten für das von ihnen den Herren geliehene Geld eben so hohe Procente.

Das klingt Euch komisch; aber ich kann Euch sagen, daß ich manche Familie kenne, die 1000 und mehr Milreis Erspartes bei ihrem Herrn stehen hat.

Früher mußte auch jedes Kind für die Schulden haften, die der Vater für die Familie eingegangen war; jetzt sind sie nicht mehr dazu verpflichtet, nur müssen sie bis zum 21. Jahre, dem Mündigkeitsalter in Brasilien, auf der Kolonie verbleiben.

Ihr seht, daß die Verhältnisse durch die Erfahrung sich sehr günstig für die Halbscheid=Kolonisten gestaltet haben. Dessenun-

Fünfter Abend.

geachtet sind diese Art Kolonien fast alle eingegangen und meines Wissens lassen nur noch zwei Gutsbesitzer Kolonisten kommen; das sind die Söhne Vergueiro's und der Comthur Herr Souza Barros. Und warum das? Einfach darum, weil sie mit den Kolonisten höchst traurige Erfahrungen gemacht haben. Viele sind mir nichts, dir nichts davon gegangen, ohne ihre Schulden zu zahlen; andere ziehen es vor, nichts für Abzahlung ihrer Schulden zu thun und nur für den eigenen Beutel zu sorgen; wieder andere lassen die Bäume zu Grunde gehen, die Kirschen verfaulen, oder pflücken grüne und halbreife ab, wobei sie auch noch aus Faulheit die Aeste abbrechen.

Viele, ja die meisten der Kolonisten sind in den Städten und Fabriken zusammengerafftes Volk, Huren, Schauspieler, Barbiere, Schullehrer, Weber, nur keine Landleute; sie haben nie weder Schaufel noch Haue gehandhabt und sich die wunderlichsten Vorstellungen von Brasilien gemacht. Auch Greise, Krüppel, Blinde, Blöd- und Wahnsinnige bekamen die Gutsherren statt tüchtiger Feldarbeiter geschickt.

Dazu gesellte sich die grenzenlose Rohheit, die Trunksucht und die Undankbarkeit vieler Kolonisten. Ich weiß z. B., daß auf einer Fazenda die Leute vom Gutsherrn verlangten, er solle ihren Weibern und Töchtern seidene Kleider, ihnen selbst aber englisches Bier und portugiesischen Wein auf Vorschuß geben. Und als er ihnen in seiner unbegreiflichen Güte und Schwäche willfahrte, brachten sie neue Tollheiten zu Stande, bis die Nationalgarde des Bezirks gegen sie aufgerufen ward und einige Rädelsführer in Ketten nach der Stadt geschickt wurden.

Dieß Alles kam bei uns nicht vor und wir fuhren wohl dabei.

Auch unser Gutsherr war freundlich und gütig gegen uns; aber er wußte, wie weit er darin gehen konnte, und auch wir wußten es. Er ließ uns eine Kegelbahn bauen, gab uns Tabak und sorgte auch sonst für unser Vergnügen. Aber was die Vorschüsse anbetraf, so gewährte er nur das wirklich Nothwendige, und obgleich er sehr gern und großmüthig dem wahren Bedürfnisse abhalf, der leichtsinnigen Verschwendung gegenüber war er unerbittlich.

Noch Eins muß ich bemerken, was auf unserer Kolonie sehr kluger Weise angeordnet ward. Für das Pflanzen und die Pflege junger Kaffeebäume, die noch nichts tragen, ward den Kolonisten für das Tausend ein Jahreslohn von 10 Milreis = 8 Thlr. 10 Sgr. und die Erlaubniß gegeben, auf den Zwischenräumen Gemüse und Feldfrüchte zu ziehen. Bedenkt man, daß die Pflege der Bäumchen hauptsächlich durch das Reinhalten von besonders schlingpflanzen= artigem Unkraute besteht und daß schon durch den Anbau dieses Reinhalten befördert wird, so sind die 10 Milreis ein recht hübsches Taschengeld und ganz geeignet, den Leuten zu dieser Arbeit Lust einzuflößen.

Ihr habt mich früher gefragt, ob noch jetzt Grundbesitzer solche Halbscheidkolonisten kommen lassen, und ich sagte, daß ich deren nur noch zwei wüßte, Vergueiro's Söhne und Herrn Souza Barros; die einen für die Fazenda Ibicaba, der andere für die Fazenda St. Lorenz.

Die Bedingungen auf St. Lorenz sind:
1. Die Kolonisten erhalten nur ein Jahr lang die Lebensmittel vorgeschossen.
2. Sie erhalten für die Alqueire Kaffeekirschen 350 Reis.
3. Sie haben den Vorschuß mit 6 % zu verzinsen.
4. Sie haben an Hausmiethe 1 Milreis, an Weidezins per Stück Vieh 500 Reis monatlich zu entrichten.

Für Ibicaba aber sind die Bedingungen:
1. Die Kolonisten erhalten ein Häuschen ohne Miethzins, müssen dieses aber selbst erhalten.
2. Sie erhalten im ersten Jahre per Kopf einen Vorschuß bis zu 20 Milreis.
3. Sie erhalten Land zum Ackerbau gegen Ablieferung des halben Erlöses bei etwaigem Verkaufe der Produkte.
4. Sie haben die Vorschüsse mit 6 % zu verzinsen.
5. Für das Behacken der Kaffeebäume erhalten die Kolonisten jährlich 50 Reis und

Fünfter Abend.

6. Für jede gestrichene Alqueire Kaffeekirschen 350 Reis und zwar die Hälfte baar, die andere Hälfte wird von den Vorschüssen abgerechnet.

Sollte Jemand Lust haben, diese Gelegenheit zu benutzen, so wende er sich an die Expedienten in Hamburg und Antwerpen, die ich an einem der vorigen Abende erwähnt habe. Diese werden ihm gewiß Mittel und Wege zur Erreichung seines Zieles angeben können.

Morgen werde ich Euch weiter von meinen persönlichen Erlebnissen erzählen.

Sechster Abend.

Das Akklimatisiren, was ist das und woher kommt es? — Man richte sich nach den Landeskindern. — Trage Stiefel. — Fußbäder und gedielte Fußböden. — Mäßigkeit. — Obst. — Der Orangenfresser und sein Hut. — Das Klima. — Geschrei wegen des Mucury. — Rio Novo und D. Francisca. — In Brasilien muß es gesünder sein, als in Deutschland. — Das gelbe Fieber. — Langlebigkeit. — Moskiten, Sandflöhe und Spinnen. — Ameisen. — Baratten. — Schlangen. — Jacaré. — Unzen oder Tiger. — Wie Georg und seine Familie sich ans Klima gewöhnten. — Wie sie lernten brasilianisch zu kochen. —

———

Wir fanden uns bald in die neue Ordnung, die anfangs viel Ungewohntes für uns haben mußte, hinein. Natürlich aber ging das nicht ohne alle Unannehmlichkeiten ab. Bedenkt man die große Aufregung und Unruhe, die sich bei jedem Auswanderer in der Zeit vor seiner Abreise einstellt, dann die Entbehrungen und Strapazen einer Reise, die Alles in Allem mehr als drei Monate dauert und außer den gewöhnlichen Reisemühseligkeiten noch die Seekrankheit, eine ganz ungewohnte Kost und eine trotz allen Vorkehrungen schlechte Luft im Zwischendecke mit sich bringt, so ist es wol kein Wunder, wenn bei erneuter Thätigkeit nach so langem Müßiggange der Körper irgend eine Abspannung äußert.

Dazu kommt die in Brasilien herrschende, abermals für den Magen ganz neue Kost, der Wechsel der Jahreszeit (denn wir mußten ja im selben Jahre zwei Winter durchmachen), das Klima und die fremde Luft. Die durch alles das hervorgerufene Abspannung der Kräfte äußert sich natürlich sehr verschieden. Bei Vielen ist es bloß ein mehrtägiges Unwohlsein, bei den Meisten ein leichtes Fieber; bei Einigen ist das Fieber von Geschwüren begleitet, bei Allen aber

Sechster Abend.

von einer gewissen Mattigkeit. Diese Krankheitserscheinungen nennt man das Akklimatisiren, d. h. das Angewöhnen des Klimas. Alte und schwache Leute leiden mehr darunter als junge und kräftige, die Kinder am wenigsten.

Das Akklimatisiren ist nicht von gefährlichen Zufällen begleitet und kann durch richtige Maßregeln auch sehr gemildert werden. Es ist in fremden Ländern immer und überall das Gescheidteste, zu beobachten, wie die Inländischen sich benehmen und dann ihrem Beispiele zu folgen.

Der Brasilianer trägt sich den Tag über ganz leicht gekleidet, aber den Strohhut thut er nie vom Kopfe; Abends zieht er seine Tuchjacke an, oder hängt den Poncho um, denn da wird die Luft gleich viel kühler und die schnellen Sprünge in der Temperatur sind schädlich. Der Brasilianer geht nie barfuß auf sein Feld oder im Hause herum, das thun nur die Neger; denn im Felde und Walde ist es sehr feucht und es gibt Dornen und Baumstrünke genug, an denen man sich verletzen kann, und auch vor Schlangen und Spinnen schützt ein Stiefel besser als die eigene Haut.

Ferner nimmt der Brasilianer jeden Abend ein lauwarmes Fußbad, was ich jedem Ansiedler auf das Dringendste empfehle; ist irgendwo ein zum Baden geeignetes Wasser in der Nähe, so nimmt er häufig Bäder.

Nur in Einem verlasse der Ansiedler den brasilianischen Gebrauch: die brasilischen Häuser haben fast alle nur einen aus Lehm gestampften Fußboden, und ich habe bemerkt, daß dieser mit Ursache an den häufig vorkommenden, oft lange dauernden Fußgeschwüren ist.

Es kann ja auch nicht anders sein; im Sommer, bei sehr trockener Zeit, ist der Fußboden freilich trocken und warm, aber sobald Regen eintritt, wird er feucht und kalt, und wenn nun die Leute barfuß oder in Holzschuhen von außen kommen, und die vom Gehen noch warmen Füße auf den feuchten und kühlen Fußboden stellen, erkälten sie sich und Entzündungen und Geschwüre sind die Folge davon.

Wer davon befreit bleiben will, der lege sich einen Fußboden entweder aus Palmenlatten oder aus Brettern des Käsebaums, die er ohne fremde Hülfe herzustellen vermag. Die kleine Mühe wird sich bei ihm und seiner Familie hundertfältig lohnen.

Der Brasilianer ist außerdem sehr nüchtern und mäßig; ich habe in allen 10 Jahren keinen betrunkenen Brasilianer gesehen, wohl aber Neger und leider auch Deutsche genug. Der Brasilianer ißt drei Mal des Tages und meine brasilianischen Arbeiter ließen sich es jedes Mal trefflich schmecken; hie und da verschmähten sie auch ein Gläschen Schnaps nicht, aber sonst tranken sie nur Wasser; und das Wasser in Brasilien ist sehr gut und frisch. Das kann aber so ein echter Deutscher nicht, der da meint, Gott habe das Wasser bloß zum Kochen und Waschen erschaffen.

Der Brasilianer ißt ferner sehr gern und sehr viel Obst, aber er ißt nur das vollständig reife. Das sollten unsere Leute doch auch schon in Deutschland gelernt haben. Aber kaum sind sie drüben und sehen an irgend einem Baume Orangen und Bananen oder irgendwo eine Melone, die erst halbreif ist, und sie können sie erwischen, so muß sie gegessen werden, und wenn es die Pfalz gälte. Was habe ich für Massen Obst schlucken gesehen von frischen Ankömmlingen! Obst ist sehr gesund, aber Uebermaß schadet in allen Dingen, und zu viel Obst, besonders zu viel Melonen, kühlt den Magen zu sehr ab und verursacht Durchfall und Fieber.

Was manche Leute an Obst zu essen im Stande sind, davon sah ich in Rio Pardo ein ergötzliches Beispiel. Es hatten sich ihrer zwei unter einem Orangenbaum gelagert und es sich bequem gemacht; sie begannen nun Orangen zu essen, und als sie endlich genug hatten und fortgehen wollten, fand der Eine seinen Hut nicht mehr. Erst nach langem Suchen entdeckte er ihn unter den weggeworfenen Orangeschalen, die ihn ganz bedeckt hatten. Wie viel Orangen mußte der verzehrt haben?

Beobachtet man diese Verhaltungsregeln und übernimmt sich anfangs nicht mit der Arbeit, so wird die Angewöhnung an das

Sechster Abend.

Klima gar leicht vor sich gehen. Denn das Klima ist in ganz Brasilien gesund und zuträglich, und wer das Gegentheil behauptet, nun der ist auch nicht an seiner ersten Lüge erstickt. Ich weiß recht wohl, daß in manchem Flußthale bösartige Fieber herrschen; aber das ist eine Ausnahme und bedeutet bei einem so ungeheuren Lande, wie Brasilien, gar nichts. Da haben die deutschen Zeitungen z. B. vor einigen Jahren einen gewaltigen Lärm darüber geschlagen, wie ungesund das Mucurythal sei und wie viele Leute dort am bösartigen Fieber gestorben. Aber die Herren Schreier verschwiegen, daß die dort zu Grunde gegangenen Auswanderer gar nichts am Flusse zu thun hatten und aus bloßem Eigensinn, trotz aller Warnungen und Vorstellungen, dort verblieben waren. Die deutsche Kolonie liegt ja viele Meilen weiter landeinwärts, und dort sind noch nie bösartige Fieber vorgekommen.

In gleicher Weise steht es am Rio-Novo, wo allerdings auch Fieber herrschen, die aber von Ursachen herstammen, die sich leicht entfernen lassen; denn sonst hätte der Schweizer Gesandte, ein gelehrter, äußerst rechtschaffener und Brasilien genau kennender Herr, diese Kolonie nicht für eine solche erklärt, die den Ansiedlern außerordentliche Vortheile verspräche, während Andere, bezahlte Lohnschreiber, den Ort nicht schlecht und schwarz genug malen konnten.

Manchmal auch liegen andere Ursachen vor, die unter den Ansiedlern Krankheiten und häufige Todesfälle verschulden. So z. B. starben auf der Kolonie D. Francisca im Jahre 1851 die Einwanderer wie die Fliegen weg: die Ruhr und der Typhus herrschten daselbst. Da schrie auch alle Welt über das ungesunde Klima, und alle Welt hatte Unrecht. Denn die Zeit bewies, daß D. Francisca ein sehr gesunder Platz ist, da sich seitdem kein einziges Mal mehr jene Krankheiten dort gezeigt haben. Das Uebel war schon auf dem Schiffe entstanden und kam erst auf dem Lande zum Ausbruch; so mußte das Land büßen, was irgend eine versäumte Gesundheitsregel auf der Seereise verschuldet hatte.

Solcher Beispiele könnte ich Euch Hunderte erzählen; aber dann müßte ich ein Jahr lang bei Euch bleiben, statt 14 Tage. —

Es ist ja auch ganz natürlich, daß das Klima gesund ist: gute, gesunde Kost, gutes Wasser, ziemlich gleichmäßige Wärme das ganze Jahr hindurch, keine übertriebene Hitze, die überdieß durch häufigen Regen und Thau und regelmäßigen Wind gemildert wird; keine übermäßige Anstrengung — warum sollte es in Brasilien nicht gesund sein? Darum hat auch Brasilien keine einheimischen Krankheiten und ist jedenfalls gesünder, als es bei uns sein kann, wo zwischen der größten Kälte und der größten Hitze oft ein Abstand von einigen 40 Graden ist, wo der Sommer, oft übermäßig heiß, in seinen langen Tagen übertriebene Arbeit verlangt, während im Winter die strenge Kälte die Leute wochenlang auf das Haus beschränkt. Der arme Mann hat dabei gar häufig wenig und schlecht zu essen, muß im Winter aus Mangel an Holz und hinreichender Kleidung frieren; kann es daheim also gesünder sein?

Es gibt indeß genug Leute, die entweder es eben nicht besser kennen oder absichtlich die Wahrheit verdrehen, und die nun sagen und schreien, Brasilien werde vom gelben Fieber verheert. Das ist nun gerade so dumm oder eigentlich noch viel dümmer, als wenn Jemand sagen wollte, Europa werde vom Typhus verheert, weil diese Krankheit in den großen Städten auftritt.

Das gelbe Fieber ist eine Art Cholera; das Blut zersetzt sich dabei und der Kranke bricht das gestockte Blut weg, weßhalb diese Krankheit auch das schwarze Erbrechen heißt; tritt dieses einmal ein, so stirbt der Kranke. Die Krankheit ist in die großen Hafenstädte von Nordamerika aus eingeschleppt worden und hat in Rio de Janeiro, Bahia, Pernambuco und allen Hafenstädten bei der leider herrschenden großen Unreinlichkeit, bei dem Zusammenpferchen vieler Menschen in kleine Wohnungen, bei der Negerwirthschaft reichliche Nahrung gefunden; gerade so wie aus denselben Ursachen in den großen Städten Europas der Typhus seine Opfer fordert. Aber es ist gerade ein Zeichen von der außerordentlichen Gesundheit des bra=

Sechster Abend.

silianischen Klimas, daß das gelbe Fieber noch nie ins Innere gedrungen, sondern immer nur auf die Küstenstädte beschränkt geblieben ist. Und da der deutsche Auswanderer ja fast immer nur nach dem Innern geht und auf dem Lande sein Forkommen sucht, so hat diese Krankheit für ihn gar keine Bedeutung; ja, ich bin zum Beispiel 10 Jahre in Brasilien gewesen, und bin doch ziemlich darin herumgekommen, aber ich habe noch nie einen Gelbfieberkranken gesehen und keiner von allen meinen Bekannten ist am gelben Fieber gestorben. Freilich war ich immer auf dem Lande.

Darum, wer Euch so etwas weiß machen will, der weiß es entweder nicht besser, oder er belügt Euch mit Absicht; jedenfalls dürft Ihr ihm ins Gesicht lachen und ihm von mir sagen, daß es außer Brasilien wol kein Land gibt, wo so viele Greise vorkommen, die das hundertste Jahr zurückgelegt, ja von denen Einzelne selbst das Alter von 130 Jahren erreicht haben.

Eine weitere Lüge, die diese sauberen Herren unsern Landsleuten aufheften wollen, besteht darin, daß sie von den Insecten, Schlangen und wilden Thieren die schrecklichsten Dinge erzählen.

Es mögen freilich auch die Kolonisten in Brasilien selber dran schuld sein, daß solche Räuber= und Jagdgeschichten geglaubt werden; denn gar Viele, die nie einen Tiger gesehen haben, können es nicht unterlassen, in Briefen oder im Gespräch Jagdabenteuer zum Besten zu geben, die denen des Herrn von Münchhausen nicht viel nachstehen. So ist ihre Eitelkeit und Prahlerei denn Schuld an den vielen Lügen.

Ich will Euch offenherzig erzählen, was Wahres daran ist, und beginne denn bei den wahren Plagen, den Insecten.

Die erste davon sind die Moskiten; die kann ich nicht übergehen, sie plagen den Menschen wirklich, besonders auf dem Wasser, dann nächtlicher Weile im Walde und bei Licht. Freilich muß man da zwischen den Moskiten im Norden und denen weiter südlich wohl unterscheiden. Von den erstern hört man Verschiedenes: die Einen sagen, sie stächen durch Stiefel= und Handschuhleder hindurch, während Andere sagen, sie suchten nur die bloßliegende Haut heim; ich weiß nichts davon, denn ich habe mich im Norden nicht selbst aufgehalten. Was aber die im Süden betrifft, so sind sie wohl eine Landplage, aber auch nicht ärger, als die Rheinschnaken, ja, wenn ich es recht bedenke und meine neuesten Erfahrungen allhier veranschlage, nicht einmal so arg; nur dauern die Moskiten fast das ganze Jahr, während die Rheinschnaken bloß im Sommer ihr Unwesen treiben. Im Norden schützt man sich durch Moskitonetze und Mückengitter gegen sie. Ich für meinen Theil habe weder in Rio, noch in S. Paulo oder sonst wo ein Moskitonetz gebraucht und bin, wie Ihr seht, dabei ganz wohl gediehen.

Nummer zwei sind die Sandflöhe, ein schon etwas ernsteres Capitel, da leider unter unsern auswandernden Landsleuten hübsch viele Saubärte oder Schmutzfinken sich finden. Der Sandfloh gleicht dem Erdfloh und hält sich im Kehricht, in Holzabfällen aller Art am liebsten auf; er bohrt sich gern an den Zehen an und bei den Nägeln ein, wo er seine Eier legt. Diese Eier entwickeln sich zu Maden und können heftige Entzündungen des Fußes herbeiführen. Das beste Mittel gegen sie ist das Reinhalten des Hauses, das schon früher empfohlene tägliche Fußbad, wobei die Zehen einer sorgfältigen Untersuchung unterzogen werden müssen. Zeigt sich an einer Zehe ein weißer Punkt, so ist dieser sorgfältig mit einer Nadel zu öffnen, die Eier sammt dem sie umgebenden Sacke sorgfältig herauszudrücken, so daß ja keines zurückbleibt, und dann die Oeffnung mit Tabaksaft oder Asche zu bestreichen. Das thut nicht im mindesten wehe und hilft gewiß. Ich selbst hatte nur einmal einen Sandfloh und den holte ich mir dadurch, daß ich auf dem Platze, wo ich mein Bauholz zimmerte, die Späne längere Zeit liegen ließ und auf ihnen den ganzen Tag herumging. Seitdem schaffe ich derlei Abfälle immer schleunig weg.

Zu den schädlichen Insecten gehört auch eine Gattung Spinnen, die entweder durch den Biß oder durch das Ausschwitzen einer beißenden Flüssigkeit eine Anschwellung der Glieder verursachen, die

Sechster Abend.

sie berühren. Das kömmt aber doch selten vor, obgleich ich selbst, ohne es zu wissen, einer solchen Spinne einmal nahe gekommen bin, wovon mir die rechte Hand faustdick aufschwoll. Die Brasilianer behandeln solche Erscheinungen mittelst Besprechungen und Sympathie; obwohl ich nach dieser Behandlung die Geschwulst verlor, so glaube ich doch, daß ich sie vielleicht auch ohne Besprechung verloren hätte.

Die schlimmsten Insecten sind aber die Ameisen, und die haben mir viel Schaden, aber noch weit mehr Aerger verursacht. Von diesen Thierchen gibt es verschiedene Arten, die man ja nicht verwechseln muß, denn die einen sind ebenso nützlich, als die andern schädlich.

Die sogenannten Räuberameisen sind groß und roth und besonders den Blumen- und Gemüsegärten gefährlich; sie entlauben binnen wenigen Stunden ganze Gärten, besonders junge Bäume und Sträucher.

Dann gibt es eine Art kleiner rother Ameisen, welche sich sehr unangenehm bemerkbar machen. Ihr habt Euch Kaffee gekocht und holt Euch nun geschwind dazu die Zuckerbüchse aus dem Schranke; Ihr öffnet den Schrank und begegnet ganzen Schaaren von Ameisen; Ihr öffnet die Büchse und findet darin Ameisen, von denen Ihr gar nicht begreift, wie sie hineingekommen. Ihr greift nach dem Brodlaib, auch da sind Hunderte von Ameisen; sogar den Schmalztopf haben sie besucht. Richten sie nun auch verhältnißmäßig wenig wirklichen Schaden an, so liebt doch nicht Jeder, seinen Kaffee mit Ameisen zu zuckern, oder Brod und Butter mit Ameisen zu verzehren; genug, sie verursachen manchmal höllischen Aerger.

Wollt Ihr Euren Schrank gegen ihren Besuch schützen, so müßt Ihr dessen Füße in Schalen voll Wassers stellen, denn durch's Wasser können sie nicht. Ich habe gesehen, daß selbst Vorräthe, welche an der Stubendecke aufgehangen waren, noch den Besuch der Thierchen empfingen; da wäre höchstens zu helfen, wenn man guten Vogelleim hätte und den Strick damit bestriche.

Ferner gibt es eine dritte Art kleiner schwarzer Ameisen mit starken Freßzangen, die besonders Gartenanlagen gefährlich sind. Die Brasilianer suchen ihre Gärten dadurch zu schützen, daß sie die Blumenbeete in aufgemauerten Umfassungen anlegen.

Die Obstbäume schützt man vor dem Besuche der Ameisen, indem man Binsen recht austrocknen läßt und sie dann in einen Bündel um den Stand des Baumes so bindet, daß die scharfabgeschnittenen dicken Ende derselben nach unten kommen. Diese scharfe Bürste erschwert ihnen das Hinaufklettern. Ebenso gut, wenn nicht besser ist es, wenn man ein Stück Weißblech in Form eines Trichters um den Baum windet; es muß aber das dünne Ende gut am Stamme anliegen und das offene Ende nach abwärts sehen.

Zur Entschädigung für diese unangenehmen Ameisen gibt es zwei nützliche Gattungen derselben. Die einen sind die sogenannten Wanderameisen, deren es mehrere Arten gibt; die, welche ich zumeist gesehen, ist mittelgroß mit sehr starken Freßzangen. Sie sind die Polizei unter den Insecten. Sie marschiren nämlich in ungeheuren Schwärmen in der einmal angenommenen Richtung fort, über Häuser, Zäune, Felsen, und nichts vermag sie aufzuhalten; auf diesem Zuge fangen und fressen sie alle laufenden und kriechenden Insecten, und die Landbewohner in Brasilien sehen sie deßhalb nicht ungern kommen, da sie die Wohnungen viel gründlicher säubern, als Besen und Borstwisch es vermögen. Aber selbst der Mensch thut wohl, ihnen aus dem Wege zu gehen; denn sie untersuchen auch ihn auf das Strengste nach der verbotenen Waare und erregen mit ihren Füßen und Zangen höchst unangenehme Empfindungen. Mich haben sie einmal sammt der ganzen Familie Nachts in den Wald hinausgejagt im bloßen Hemd, und ein andres Mal bin ich, in Gedanken meinen Weg verfolgend, in einen ihrer Züge hineingerathen, woran sie mich so empfindlich mahnten, daß ich Hals über Kopf Reißaus nahm und nur schleunigst alle Kleider abwarf, um die zwickenden und kneipenden Quälgeister loszuwerden.

Sechster Abend.

Die andere nützliche Art sind die sogenannten Holzameisen, ganz große, schwarze Thiere, welche sich auf alten Baumstumpfen ansiedeln und selbe baldigst der völligen Verwitterung zuführen, was dem Landmanne sehr zu Statten kommt.

Gegen die Ameisenplage hat man eine Menge Mittel vorgeschlagen. Mir scheint das praktischste darunter zu sein, neben dem Ameisenhaufen ein tiefes und weites Loch zu graben und dann den Haufen ganz hineinzustoßen, tüchtig mit Wasser zu begießen und fest zu stampfen oder zu treten. Gehen auch vielleicht nicht alle zu Grunde, so doch die meisten, ganz besonders die junge Brut und die Eier.

Nächst den Ameisen sind es noch die Baratten, welche den Ansiedler schwer belästigen. Es sind dieß die auch in Deutschland, hauptsächlich bei Bäckern oder in Backhäusern sich aufhaltenden Bäckerkäfer, die in manchen Gegenden auch Schwaben genannt werden. Sie sind in Brasilien nur vielfach größer, und bei ihrer ungeheuern Naschhaftigkeit findet man diese ekelhaften Gesellen in allen Töpfen und Vorräthen. Da sie die Wärme sehr lieben, so sind sie in der Nähe der Küche am zahlreichsten zu finden und eben darum ist es gut, wenn man die Küche vom Hause trennt. Das beste Mittel gegen sie sind die Wanderameisen; auch ein Pulver aus zwei Theilen Borax, einem Theil Mehl und einem Theil Zucker hilft.

Nach den Insecten, die nur lästig sind, komme ich zu den Schlangen, die zuweilen gefährlich werden. Es gibt vielleicht keinen Menschen, der einen größeren Abscheu vor Schlangen, überhaupt vor allem kriechenden, kalten, glatten Gethier hätte, als ich. Wollte ich bloß meiner Abneigung Gehör schenken, so würde ich alle diese Thiere kurzweg vertilgen, so viel in meiner Macht steht. Aber die Vernunft und die Erfahrung haben mich belehrt, daß die Schlangen z. B. weit nützlicher, als gefährlich sind. Der Ansiedler kann recht froh sein, wenn auf seinem Besitze Schlangen sind; denn dann hat er von Mäusefraß u. dgl. nichts zu fürchten, während die Mäuse da, wo man die Schlangen unbarmherzig ausrottete, ganze Gegenden aufgefressen haben.

Der Hauptübelstand besteht nur darin, daß man aus leicht erklärlichen Gründen nicht weiß, welche zu den giftigen gehören und welche nicht, und da wird denn die eine mit der andern todtgeschlagen. Die eine, welche man unter dem Namen Jararaca (Schararaca) kennt, ist unbedingt giftig; von den andern vermuthet man es nur und es will sich begreiflich Niemand dazu hergeben, es an sich versuchen zu lassen. Ja, selbst die Jararaca kennen die Leute nicht genau, denn dem Einen ist sie 7—8 Fuß lang und armsdick, dem Andern 3—4' lang und 1½ Zoll im Durchmesser, dem Dritten erscheint sie wieder anders; aber grau mit schwarzen Streifen soll sie nach allgemeiner Aussage sein. Weiter im Norden gibt es auch Klapperschlangen, die freilich sehr giftig sind, und Riesenschlangen.

Der Biß einer Jararaca ist im hohen Grade gefährlich und, wenn nicht schleunigst Maßregeln getroffen werden, tödtlich.

Doch muß ich hier erwähnen und sagen, daß eine Giftschlange nur beißt, wenn man sie reizt oder geradezu auf sie tritt; denn alle Schlangen sind sehr furchtsam und fliehen vor dem geringsten Geräusch. Es wird daher selten vorkommen, daß man gerade auf eine Schlange tritt, außer im Süden in den Wintermonaten, wenn sie, von der kalten Nacht halberstarrt, in Feld und Wald liegen. Hat man gute Stiefel an, so ist es außerdem kaum denkbar, daß ein Schlangenzahn durchdringt.

Ueberhaupt sind von Schlangen Gebissene wenigstens im Süden so selten, als bei Euch hier in Deutschland von tollen Hunden Gebissene.

Wird aber doch Jemand von einer Schlange gebissen, so schneide er gleich mit seinem Messer die kleine Wunde auf und sauge das Blut aus; hat er einen Feuerbrand zur Hand, so brenne er damit die Wunde aus. Seine Freunde und Verwandten werden ihm dasselbe vornehmen an solchen Stellen, wohin er mit dem Munde nicht gelangen kann. Schröpfköpfe thun sehr gute Wirkung. Das Wichtigste aber bleibt, den Gebissenen in Schweiß zu bringen, und dazu eignet sich das von mir bereits erwähnte Mittel, Salmiak mit Schwe-

Sechster Abend.

feläther und Bernsteinöl, **womit man die Wunde betupft und wo=
von man alle halben Stunden 6—8 Tropfen in Wasser oder Brannt=
wein nimmt.** Sonst hilft auch Fliederthee, sehr heiß eingenommen,
aber doch nicht so sicher.

Ich habe Euch das erzählt, weil die gewissen Herrn so viel
Lärm davon machen, nicht aber, weil es wirklich nothwendig wäre,
davon zu sprechen. Ich habe **während sämmtlicher zehn Jahre**
meines Aufenthalts an so vielen Stellen in Brasilien von keinem
Menschen meiner Bekanntschaft gehört, **daß er von einer Schlange
gebissen worden wäre.**

Ganz so ist es mit den Alligatoren, die man in Brasilien Ja=
caré (Schakareh) nennt. Man erzählt eine Menge Räubergeschichten
von ihnen; aber ich habe noch nie ein furchtsameres Thier als das
Schakareh gesehen und konnte nie auf ein solches zum Schusse kom=
men, obgleich es wol in Brasilien keinen Fluß oder See gibt, wo
es deren nicht gäbe.

Kein Mensch läßt sich ihretwegen abhalten zu baden; auch sind
sie nicht im entferntesten so groß, wie die Krokodile. Die größten,
welche ich sah, waren 5—6 Fuß. So wenig sie nun uns selbst
gefährlich waren, desto gefährlicher wurden sie meinen Enten und
Gänsen, die durchaus im gefahrvollen Flusse baden wollten, während
sie es auf einem kleinen Teiche in voller Sicherheit hätten thun
können. Diese büßten nach und nach alle ihren Eigensinn mit dem
Tode, so daß ich um die fettesten Braten kam, bis ich mir den Teich
einzäunte und das Geflügel hineinsperrte.

Hinsichtlich der wilden Thiere ist es auch nicht anders. Ich
habe, so lange ich in Brasilien bin, keinen Tiger oder Unze gesehen,
außer einer gefangenen, die in einen Käfig gesperrt war, wenn ich
auch mehrere Tigerkatzen gesehen und auch eine geschossen habe,
von deren Fell Ihr hier bei mir die Reisetasche sehen könnt. Es
kann wol sein, daß in weit entlegenen Kolonien, wie Thereza oder
Assungun oder S. Angelo, noch hie und da Tiger getroffen und
auch geschossen werden. Tiger sind im Lande, das ist gewiß; denn

man bekömmt genug Felle aus dem Innern. Auf der Zeichnung hier könnt Ihr die drei Gattungen Unzen oder Tiger sehen, die in Brasilien noch vorkommen. Die gelbe Unze, auch der amerikanische Löwe oder Puma genannt, die schwarze Unze, auch Jaguar geheißen, und endlich die gefleckte Unze oder der eigentliche Tiger.

Wer aber glauben wollte, daß diese Thiere ihren afrikanischen und asiatischen Vettern an Größe, Kraft und Wildheit gleich seien, der würde sich gewaltig irren. Es ist nämlich auffallend und merkwürdig, daß die Thiere der neuen Welt, wenigstens Amerika's, alle bedeutend kleiner als die der alten Welt sind; der Elephant Asiens und Afrika's wird zum unscheinbaren Tapir, das Rhinoceros und das Nilpferd schrumpfen zum Wasserschwein zusammen, das Dromedar und Kameel verwandeln sich in ein Lama, die Hirsche und Rehe werden zu Zwergarten; sogar die aus Europa gekommenen Hausthiere werden kleiner und schwächer, wie das Pferd, die Ziege, das Schaf. Genau so geht es mit dem Tiger und dem Löwen; nach ihren Fellen zu urtheilen und dem, was alte Caboclos-Jäger von ihnen sagen, sind sie so groß wie ein starker bairischer Hofhund oder eine englische Dogge, nur etwas länger gebaut. Das muß vollkommen wahr sein; denn die halbwilden einheimischen Hunde von der Größe unserer Vorstehhunde sollen häufig in Gesellschaft auf die Unze Jagd machen und ihrer Herr werden. Auch soll es selten vorkommen, daß ausgewachsene Pferde oder Rinder von Tigern angefallen werden, wol aber Schafe, Schweine, Ziegen, dann auch junge Kälber und einzelne Hunde. Noch etwas spricht dafür, daß sie nicht größer sind, nämlich der Umstand, daß die Unzen auf die Bäume klettern.

Unter solchen Umständen kann also ein Mensch kaum je Gefahr von einer Unze laufen, höchstens daß auf einer Unzenjagd das angeschossene oder verzweifelte Thier vom Baume herab auf den unvorsichtigen Jäger spränge.

Die Tigerkatzen machen sich dem kleinen Hausvieh sehr unliebsam bei Kolonien im Walde; sie sind so groß, wie die wilden

Thiere Brasiliens.

Sechster Abend.

Katzen in Deutschland, auch vielleicht etwas größer und werden von den deutschen Kolonisten mit großer Begierde gejagt, um das Fell zur Satteldecke zu bekommen. Das ist Alles, was ich Euch von den brasilianischen Raubthieren sagen kann, obgleich es, wie schon erwähnt, Leute gibt, die unaufhörlich von Tigerabenteuern schwatzen, ohne je eine Unze gesehen zu haben.

Der Zeichner des Bildes hier hat die schwarzen und gefleckten Unzen ein wenig fantastisch ausgestattet und recht groß und stark gemacht; ich zeige Euch das Bild aber doch, damit Ihr wenigstens einigermaßen einen Begriff bekommt, wie die Thiere in Farbe und Gestalt aussehen.

Um das Capitel der Raubthiere vollständig zu machen, muß ich noch des brasilianischen Wolfes (lobo), des Fuchses und des sogenannten Stinkthiers, einer Mardergattung mit Bisamdrüse, erwähnen. Der lobo hat die Größe eines deutschen Fuchses, der Fuchs (rapoza) und das Stinkthier die eines alten deutschen Marders. Alle drei sind eifrige Freunde von Geflügel und dessen Eiern; daß sie dem Menschen nicht gefährlich sein können, dafür bürgt wol das Angeführte.

Ueber die jagdbaren Thiere und den Fischfang werde ich Euch an einem andern Abende erzählen.

Was nun uns selbst und unsere Gewöhnung an das Klima betrifft, so ging sie ziemlich leicht von Statten. Eigentlich war ich der Einzige in der Familie, der wirklich etwas darunter litt, und selbst dieß dauerte nicht ganz drei Wochen.

Anfangs freilich erschrak ich, als ich die zunehmende große Mattigkeit und den Mangel an Appetit verspürte und fühlte, daß ich fast jeden Abend ein leises Fieber hatte. Der Director aber tröstete mich und sagte mir, daß es nur das Akklimatisiren sei, was jeder Einwanderer durchmachen müsse; das würde bald vorübergehen, ich solle mich nur nicht entmuthigen lassen. Damit beruhigte ich mich denn; nur ging mir der Wein sehr ab, den bei uns zu Hause ja selbst der Aermste gewohnt ist und der dort sehr theuer kommt. Als meine Liese das bemerkte, ging sie selbst zum Herrn und fragte, ob sie auf Vorschuß auch eine Flasche Wein für mich erhalten könne; denn unser Geld war schon lange zu Ende. Da kam der Herr selbst mit dem Doctor zu mir, tröstete mich und schickte mir noch am selben Tage zwei Flaschen alten, rothen, portugiesischen Wein von seinem eigenen Vorrathe zum Geschenke. Er ließ mir zugleich sagen, daß ich es mich nicht zu sehr anfechten lassen solle; denn jetzt wäre ohnehin wenig zu thun, der Kaffee schon eingeheimst und die Pflanzzeit sei noch nicht recht da; ich könnte mich also schonen und pflegen. Auch befahl er dem Director, mir statt des gedörrten Fleisches frisches Fleisch und Hühner zu geben. Es war demnach kein Wunder, daß ich mich bald erholte und wieder der Arbeit nachgehen konnte. Nur einige Geschwüre am linken Fuße wurden nicht eher heil, als bis ich mir aus Palmittenlatten einen Fußboden gelegt hatte.

Mein Weib litt wenig an der Angewöhnung; außer etwas Mattigkeit und Appetitlosigkeit, die nach wenigen Tagen vorübergingen, spürte sie keine weiteren Beschwerden, als die ihres Zustandes, da sie im sechsten Monate schwanger ging. Unser Bub' dagegen war stets kreuzfidel und wohlauf, als wenn er in gar keinem andern Lande oder gar auf einem Schiffe gewesen wäre; er wuchs und gedieh, daß es nur eine Freude war, ihn zu sehen; Backen hatte er wie ein Posaunenengel und fett und dick wurde er, daß er mit den kleinen Beinen kaum strampfeln konnte. Auch aß er die brasilianische Kost, als wenn er nie etwas Anderes gekannt hätte, während uns die Knöpfle und Spätzle und das geräucherte Schweinefleisch der Heimat gar manchmal einfielen, wenn wir sie in unserer Leidenszeit auch selten genug gesehen hatten.

Hinsichtlich der Kost ging indeß die Gewöhnung leichter als auf dem Schiffe. Ich habe Euch schon gesagt, daß unser Expedient, der Capitän Valentin in Hamburg, uns wirklich reichlich und mit bester Waare versehen hatte; aber was nützt das beste Pökelfleisch, wenn

Sechster Abend.

man kein gepökeltes Fleisch mag, oder wenn der Schiffskoch aus den besten Lebensmitteln etwas kocht, was einem den Magen umdreht?

Hätten wir selbst kochen dürfen und können, so ist mir gar nicht bange, daß gar keine Klage gehört worden wäre.

Die brasilianische Kost kochten wir uns selbst, und manch liebes Mal noch recht ungeschickt, wie denn das mit neuen Speisen zu gehen pflegt. Das schmeckte nun freilich nicht; aber mein Weib kam bald hinter die Wahrheit, und dann schmeckte es um so besser. Unser Hauptessen bestand denn, wie bei allen Brasilianern, in schwarzen Bohnen, mit frischem oder getrocknetem Fleische gekocht. War Dörrfleisch dabei, so mußte man Speck dazu geben. Die schwarzen Bohnen werden mit Wasser und dem frischen Fleische, oder mit Wasser, Dörrfleisch und einer Handvoll gehackten Speckes zum Feuer gegeben und $2\frac{1}{2}-3$ Stunden lang gekocht; dann wird angerichtet und Mandiokmehl, vielleicht auch etwas Essig und grüner Pfeffer darunter gethan. Für den Kopf rechnet man eine gute Handvoll Bohnen auf den ganzen Tag, da sie sehr anschwellen; frisches Fleisch $^3/_4$ Pf. und Dörrfleisch ein halbes Pfund. Die Bohnen sind sehr mehlig und schmecken gut. Weniger schmeckt das Dörrfleisch; das ist nämlich Rindfleisch, das dem getödteten Thiere in großen Stücken von den Knochen gelöst, dann eingesalzen und auf Stangen an der Sonne getrocknet wird; es hat einen etwas faden Geschmack.

Die schwarzen Bohnen aßen wir bald so gern, daß wir drei Mal des Tags davon Mahlzeit hielten, obgleich es uns durchaus nicht an Gemüse gebrach, sondern Aypim, Cará, Kartoffel und Bataten genug vorhanden waren und wir auch bald Kohl und Rüben zogen. Die Bohnen haben das mit dem Sauerkraute gemein, daß sie durch's Aufwärmen nicht leiden. Sie ersparen daher viel Kocherei.

Zum Frühstück hatten wir Kaffee mit Zucker, Abends desgleichen; nur mit dem Brode stand es lange Zeit schlecht, da die Brasilianer statt dessen Mandiokmehl essen und keine Mühlen für den Türkischweizen vorhanden waren. Dann und wann lieferte der Wald den Braten eines Wildes, das wir in der Falle fingen; die Kuh gab uns Milch zum echten, selbstgebauten Kaffee; dazu hatten wir freilich nur helles, frisches Quellwasser, kein Bier, keinen Wein, nur zu Zeiten etwas Schnaps. Aber wir hatten noch nie so gut gelebt und waren noch nie so vergnügt gewesen. —

Doch für heute genug. —

Siebenter Abend.

Ein braves Weib der größte Segen. — Schwer ist es, in Brasilien eine passende Heirath zu finden. — Dortige Behandlung der Frauen. — Mädchenmangel. — Kindersegen. — Wie es Frau Liesen im Wochenbette erging. — Wie Georg seinen Tag eintheilte. — Brief-Schreiben und Bestellen. — Was für Maß und Gewicht in Brasilien gilt. — Mit was für Werkzeugen man dort Landwirthschaft treibt. — Wie der Kaffeebaum aussieht. — Wie man einen Kaffeeberg anlegt. — Verjüngen alter Bäume. — Das Pflücken. — Die Arbeit im Kaffeeberge. — Die Ernte und ihr Ergebniß. — Rentirt sich für den kleinen Grundbesitzer der Kaffeebaum? — Wie sich der Ansiedler seinen Hauskaffee herrichtet. — Georg zieht fort. — Die Regierung und die Halbscheidler. — Rückblick.

Der größte Segen, meine lieben Landsleute, dessen ein Ansiedler im fremden Lande theilhaftig werden kann, ist ein braves, gesundes, fleißiges Weib, so wie das größte Unglück für ihn ein zanksüchtiges, falsches, ungetreues und faules Weib ist.

Ein gutes Weib in Brasilien zu bekommen, ist aber für einen Einwanderer sehr schwer. Eine Farbige mag er nicht, und das mit Recht. Eine Weiße wird er sehr schwer erhalten, und bekommt er sie, so wird sie so wenig als eine Farbige ihm im Felde schaffen helfen, weil das gegen die dortige Landessitte ist. Auch könnte er eine Brasilianerin erst dann bekommen, wenn er mit ihr reden kann, das heißt, sobald er portugiesisch gelernt hat. In den Städten geht das wol schnell, und es sind dort genug deutsche Handwerker und Wirthe mit Brasilianerinnen verheirathet; aber auf den Kolonien (und von denen allein kann ich reden) ist dazu wenig Gelegenheit, und es können Jahre vergehen, ehe der Einwanderer nothdürftig die Landessprache sprechen kann. Aber gerade in der ersten Zeit geht dem Kolonisten das Weib am meisten ab; gerade, wenn er seine erste Hütte sich baut, fehlt ihm am fühlbarsten das weibliche Wesen, das unbedingt dazu gehört, um einen häuslichen Herd zu gründen; wenn dann der arme Bursche von der Arbeit müde heimkehrt und sich erst sein Essen kochen soll, oder wenn er selbst zum Bache hinab muß, seine schmutzige Wäsche und Kleider, meist höchst ungeschickt und mangelhaft, zu waschen, da wird er leicht melancholisch und heirathet manchmal lieber des Teufels Großmutter, als daß er noch länger ledig bliebe.

Auf den Halbscheid-Kolonien geht es in dieser Hinsicht noch gut; da sind die ledigen Leute meist den verschiedenen Familien beigegeben, deren Weiber und Mädchen ihnen Kost und Wäsche besorgen. Und auf andern Kolonien hilft man sich, indem die jungen Bursche sich bei den Familien verdingen oder kopfüber die nächste beste heirathen, mag ihr Aussehen, ihr Alter oder ihr Ruf sein, welcher er wolle. Das gibt dann natürlich höchst unglückliche Ehen, in denen der Mann sich besäuft und das Weib prügelt, und sich und sein Haus um alle Reputation bei Nachbarn und Fremden, besonders bei den Brasilianern bringt, die die Nüchternheit und die äußere Wohlanständigkeit sehr hoch halten und Trunksucht und Rohheit auf's Höchste verabscheuen.

Man wird nie hören, daß ein Brasilianer sein Weib prügelt; außer der sanfteren Sitte des Landes ist das Weib in Brasilien ein so werthvolles, nützliches Mitglied des Hauses, daß ihre Thätigkeit vollkommen eben so viel gilt, als die des Mannes und, wie gesagt, durchaus unentbehrlich ist. Schon deßhalb wird jeder vernünftige Mensch sein Weib respectiren und hoch halten und keiner kann sagen, er müsse sein Weib ernähren; das ernährt sich schon selbst und braucht ihn gar nicht dazu, im Gegentheil, es trägt eben so viel als der Mann zur Ernährung der Kinder und zur Beschaffung eines Sparpfennigs bei.

Der langen Rede kurzer Sinn ist, daß jeder Auswanderer darnach trachten soll, sich schon in der Heimat zu verheirathen, wo es

Siebenter Abend.

an Mädchen nicht fehlt; und dann, daß ein Auswanderer mit Töchtern ein gesegneter Mann ist, denn sie werden ihm, wie das frischgebackene Brod dem Bäcker, ordentlich aus den Händen gerissen und haben freie Wahl unter den Besten und Hübschesten. Es wandern nämlich weit mehr Männer als Weiber aus, so daß man in vielen Kolonien erst auf drei Männer ein Weib findet. Darum haben selbst Großmütter und liederliche Weibsbilder noch Partien gemacht.

Ist nun ein Weib ein großer Segen, so sind auch die Kinder ein Glück zu nennen; freilich, so lange sie ganz klein sind, hat man viel Mühe und versäumt viel Zeit mit ihnen; aber sind sie erst 5 bis 6 Jahre alt, so können sie schon ihr Brod verdienen und sind von da ab bis zu ihrem Austritte aus dem elterlichen Hause eine sehr werthvolle Beihülfe, natürlich vorausgesetzt, daß sie in Gottesfurcht und häuslicher Zucht erzogen werden.

Nun, an Kindersegen fehlte es bei mir nicht. Ich war kaum wieder vollkommen hergestellt, so kam Liese ins Wochenbett. Da hättet ihr die Gutsfrau und ihre Töchter sehen sollen; der Arzt war gerade nicht anwesend und statt einer Hebamme war bloß eine alte Sklavin auf der Fazenda, die schon oft die Dienste einer Wehmutter versehen hatte. Kaum hatten nun die Damen von Liese's Zustand gehört, so schickten sie gleich die Negerin, und bald kam die alte Dame selbst nach. Die Schwarze war ganz geschickt, und die Sache ging glücklich und ziemlich schnell vorüber. Die alte Dame und ihre Töchter hatten Kinderzeug und Windeln, Thee, Suppe, Hühner gebracht und sorgten für die Wöchnerin, als wenn sie ihre eigene Tochter oder Schwester gewesen wäre. Und das nicht allein das erste Mal, sondern bei jedem neuen Wochenbette erfuhr Liese dieselbe Güte und Aufmerksamkeit; aber sie wußten auch, daß wir ihnen höchst dankbar waren, und dann hielten sie große Stücke auf uns, weil sie sahen, daß wir fleißig, ehrlich, sparsam und nüchtern waren.

Sie zeigten sich indeß auch gegen andere Kolonisten in deren Krankheiten höchst wohlthätig: so nahmen sie Schwerkranke selbst in die Fazenda auf, gaben ihnen Wartung, Pflege, Arznei und Kost; sie errichteten eine Nähschule für unsere Weiber und Mädchen, und die Fräuleins gaben da Unterricht im Weiß= und Buntnähen.

Die Herrschaft sorgte außerdem auch noch für unsere Unterhaltung und gab uns von Zeit zu Zeit einen Tanz mit Bewirthung; der Herr Senator ließ uns eine Kegelbahn erbauen und Tabak schenkte er uns, so viel wir wollten, wobei ich bemerke, daß Raucher wohl thun, sich einen kleinen Vorrath an Pfeifen mitzubringen, da diese hier gar nicht oder sehr theuer und schlecht zu haben sind.

Unsere Tageseintheilung war sehr einfach, und weil der Tag das ganze Jahr gleich lang ist, so blieb sie auch das ganze Jahr durch unverändert. Um 5 Uhr des Morgens standen wir auf, um $1/2$ 6 Uhr tranken wir unsern Kaffee, und dann ging ich ins Feld oder in den Kaffeeberg oder sonst an die Arbeit und kehrte um 11 Uhr, wenn die Hitze schon stark war, nach Hause zurück, ließ mir das Mittagessen schmecken, blieb dann bis gegen 2 auch 3 Uhr zu Hause, um dann wieder an die Arbeit zu gehen. Um sechs Uhr wird es finster; da machte ich Feierabend und half der Frau bei mancherlei Arbeiten zu Hause; war Mondschein und gerade recht viel zu thun, so ging ich wol nach dem Abendessen und dem Kaffee wieder aufs Feld und arbeitete so lange es mir gut dünkte. Das geschah aber höchst selten. Die Frau ging ihren häuslichen Verrichtungen nach, besorgte das Kind, die Kuh, die Schweine, kochte, wusch und buk Brod, und hatte sie freie Zeit, so kam sie zu mir in den Garten oder ins Feld und half mir. Sonntags früh ruhten wir und beteten; Nachmittags gingen wir spazieren oder hin und wieder in die Venda oder auf die Kegelbahn oder auch auf ein Plauderstündchen zu Nachbarn. An Regentagen entkörnten wir Mais oder droschen und reinigten Bohnen. Kurz, zu thun gab es immer; aber kein Mensch, nur unser eigener Wille und unser eigener Vortheil, so wie die Verpflichtung gegen unsern Wohlthäter, zwangen uns zur Arbeit.

Siebenter Abend.

Manchmal schrieben wir auch Briefe, aber ich glaube, daß wir in den fünf Jahren auf der Fazenda kaum mehr als drei geschrieben und auch nicht mehr als drei aus der Heimat erhalten haben. Ich weiß gar wohl, daß das nicht gut ist; denn es gibt Leute genug, die ins Blaue hinein schreiben und überall ausgeschrieen haben, daß es allen Halbscheid-Kolonisten entsetzlich schlecht ginge. Briefe von solchen, denen es wohl erging, kamen nicht, und wenn solche einmal nach Deutschland gelangten, so hieß es, wegen ihrer Seltenheit: die sind von den Gutsherren dictirt, das sind lauter Lügen.

Der Bauer schreibt aber einmal nicht gern: die angestrengte Arbeit macht die Hände hart und eignet sie nicht, die Feder zu handhaben. Je fleißiger nun ein Bauer ist, desto weniger Zeit und Lust hat er zum Schreiben; er verschiebt es von einem Sonntag auf den andern, und setzt ihn die Frau nicht an den Tisch und gibt ihm Feder und Dintenfaß und Papier in die Hand, so kommt er gar nie dazu.

Daher kommt es, daß die meisten Briefe von dort Klagen enthielten; denn sie waren von faulen Kerlen und solchen Leuten geschrieben, die mehr Anlage zur Feder- als zur Feldarbeit haben und denen die ungewohnte Hantierung nicht behagen will.

Die paar Briefe, welche wir an Mutter Gertrud schickten, gab ich immer selbst in der Stadt Limeira auf die Post; es kann sie also Niemand auf dem Gute gelesen haben, und dictirt hat mir sicher Niemand, als meine Liese.

Die Briefe aus Deutschland hat aber die brasilianische Regierung jedesmal in einem eigenen Briefbeutel unentgeltlich bis auf die Fazenda geschickt, so wie sie auch die Kolonistenbriefe, welche die Koloniedirectoren einschicken, kostenfrei an ihre Adresse in Europa befördert, was alle Jahre ein hübsches Sümmchen ausmachen muß.

Es wird Euch ferner interessiren, was wir denn in Brasilien für Maße und Gewichte haben. Es gibt Maße für die Längen, für die Flächen und für den Raum.

Als Längenmaß gilt die Legoa, wovon 18, hie und da auch 20 auf 15 deutsche Meilen oder einen Grad gerechnet werden. Gesetzlich werden 18 Legoas gerechnet. Also ist eine solche Legoa etwas mehr als 1½ Wegestunden.

Die Legoa hat 3000 Brassas oder Klafter. Eine Brassa hat ungefähr 6 Fuß 8 Zoll rheinisch. Zehn Palmen oder Spannen machen eine Brasse und eine Palme hat 8 brasilianische oder auch rheinische Zoll.

Als Ellenmaß besteht der Stab, die Vara, aus 5 Palmos oder Spannen zu 40 Zoll, und die Elle, der Covado, aus 3 Palmos zu 24 Zoll (pollegadas). Eine Pollegada hat 12 Linien.

Als Flächenmaß besteht die Quadratbrasse; drei Quadratbrassen sind eine Ruthe rheinisch, und ein Magdeburger Morgen hat 540 Quadratbrassen. Die Quadratlegoa enthält bei 17,000 Magdeburger Morgen.

An Hohl- oder Raummaßen für Flüssigkeiten, als Wein, Branntwein, Oel ꝛc. gilt die Tonne (tonnel), die zwei Pipen enthält; die Pipe ist das gewöhnliche Maß, und es gehen deren ungefähr 2¼ auf ein rheinisches Stückfaß. Sie enthält ungefähr 312 kölnische Maß.

Die Pipe hat 26 Almuden, der Almude zwei Cantaros und der Cantaro 6 Medidas, die jede zwei Maß kölnisch halten und noch zu 4 Quartilhos, Seidel, gerechnet werden. Gewöhnlich wird nur nach Pipen und Mediben gerechnet.

Als Hohlmaß für Getreide, Bohnen, Kartoffeln ꝛc. dient der Moio zu 15 Fanegas oder 30 Säcken; der Sack zu 2 Alqueiren, die Alqueire zu 4 Quartos und der Quarto zu 4 Selamins oder Handvoll.

Für gewöhnlich rechnet man nur zu Sack und Alqueiren. Die Alqueire ist ungefähr ⁴⁄₅ preußische Scheffel oder 2½ frankfurter Sester oder 3 kölnische Viertel; auf einen badischen Zuber gehen ungefähr 36 Alqueiren.

Das Gewicht endlich ist ein Quintal, Centner, zu 4 Arroben, die Arrobe zu 32 Pfd. (Libras), das Pfund zu 16 Unzen und die

Siebenter Abend.

Unze zu 8 Octaven. Gerechnet wird im Großen immer nach Arroben, im Kleinen meist nach Unzen. Das brasilianische und preußische Pfund werden sich ziemlich gleich sein.

Bevor wir zu der Beschreibung des Kaffeeberges und seiner Behandlung übergehen, wird es nothwendig sein, Euch einen Begriff von den Werkzeugen zu geben, mit denen in Brasilien die gesammte Landwirthschaft im Allgemeinen betrieben wird.

Ich habe Euch schon früher einmal gesagt, daß man in Brasilien weder Pflug noch Egge angewendet sieht, oder doch so selten, daß diese Art des Ackerbaues nur eine Rarität ist. Auch ist es in der ersten Zeit, wenn Land urbar gemacht wird, und in den nächsten 10—12 Jahren nur bei ausdauerndem Fleiße und vielen Arbeitern möglich, das Land unter den Pflug zu bringen. Ich habe Euch erzählt, daß das meiste Land aus Wald besteht und daß dieser erst niedergehauen und verbrannt werden muß, bevor man das Land bepflanzen kann. Auch nach dem Brande liegen noch die Baumstämme wild durcheinander, denn diese und ihre stärkeren Aeste brennen nicht weg, sondern nur das Laub, die dünnen Zweige, das Gestrüpp und das Gesträuch. Schon die herumliegenden Baumstämme, deren Wegschaffung bei dem weichen, fetten Boden ungemein viel Zeit und Arbeit verlangen würde, hindern die Anwendung des Pfluges, der überdieß in dem prächtigen Boden vollkommen überflüssig wäre. Aber noch hinderlicher sind der Anwendung des Pfluges die tausend und aber tausend starken und zähen Wurzeln, welche im Boden bleiben und sich noch viele Jahre frisch erhalten, ja häufig wieder austreiben. Hat man da am Pfluge Scharen von Schmiedeeisen, so bekommen diese in einer Stunde solche Scharten, daß man gleich zum Schmied muß, und wo findet man einen solchen gleich in der Nähe? Und hat man gußeiserne Scharen, die man gewöhnlich gleich zu 50 oder 100 kauft, so kann man davon in einem Tage 10 und mehr unbrauchbar machen. Dann steht der Pflug wieder einige Monate still, und es wäre besser, man hätte damit gar nicht angefangen. Der Neuling soll aber überhaupt vor

Nichts sich so sehr hüten, als vor dem Versuchen und Probiren; dazu hat er Zeit, wenn er einmal warm sitzt und Zeit, Einsicht und Geld genug hat, vernünftige Verbesserungen einzuführen. Für den Anfang thut er weitaus am klügsten, wenn er die Arbeit so verrichtet, wie es Landessitte und auch wirklich für den Anfang am besten ist. Der Ansiedler in Brasilien, auf welcher Kolonie er auch immer lebe, braucht nur fünf Werkzeuge; das sind die Axt, das Waldmesser (facão), der Fuchs (fouce) und zweierlei Hauen, eine stärkere und eine schwächere. Ich habe auf der Zeichnung hier eine Axt, einen Fakon und einen Fuchs abgebildet. Die Axt ist eine sogenannte amerikanische, die man sammt dem eigenthümlich geformten Stiel in Hamburg wie in Antwerpen zu kaufen bekommt; die zweitgrößte Gattung ist die beste. Anfangs geht es der Ungewohntheit wegen schwer; hat man aber einmal den Vortheil weg, so nimmt man keine andere Axt mehr zur Hand. Das Waldmesser oder der Facon dient dazu, im Walde sich Bahn zu schaffen, und sehr albern würde derjenige handeln, der in den Wald ohne Fakon gehen wollte. Es ist ein bei 20 Zoll langes, 3—4 Zoll breites, spitziges Messer mit starkem Rücken, das einen hölzernen oder einen Beingriff hat und am Gürtel in einer Lederscheide getragen wird. Der Fakon dient außerdem zu sehr vielen häuslichen Verrichtungen.

Der Fuchs oder die Foisse, auch Buschsense genannt, ist ein starkes krummes Messer, dessen Rücken einen Viertelzoll stark ist. Der Fuchs wird an einem starken, langen Stocke festgemacht und dient so zum Niederhauen der Gesträuche, zum Durchhauen der zahllosen, oft sehr starken Schlingpflanzen und sogar junger Bäume, die oft mehrere Zolle im Durchmesser haben. Man verwendet den Fuchs auch wie eine Sense zum Niedermähen der Maisstengel und des starken und hohen Unkrauts der Felder, zum Schneiden des Zuckerrohrs, des Reises 2c., obgleich man zur Zuckerrohrernte lieber den Fakon gebraucht. Alle diese Arbeiten nennen die deutschen Kolonisten Buschen; es will aber gelernt sein. — Auch die Foisse wie den Fakon bekommt man in Hamburg sowohl als

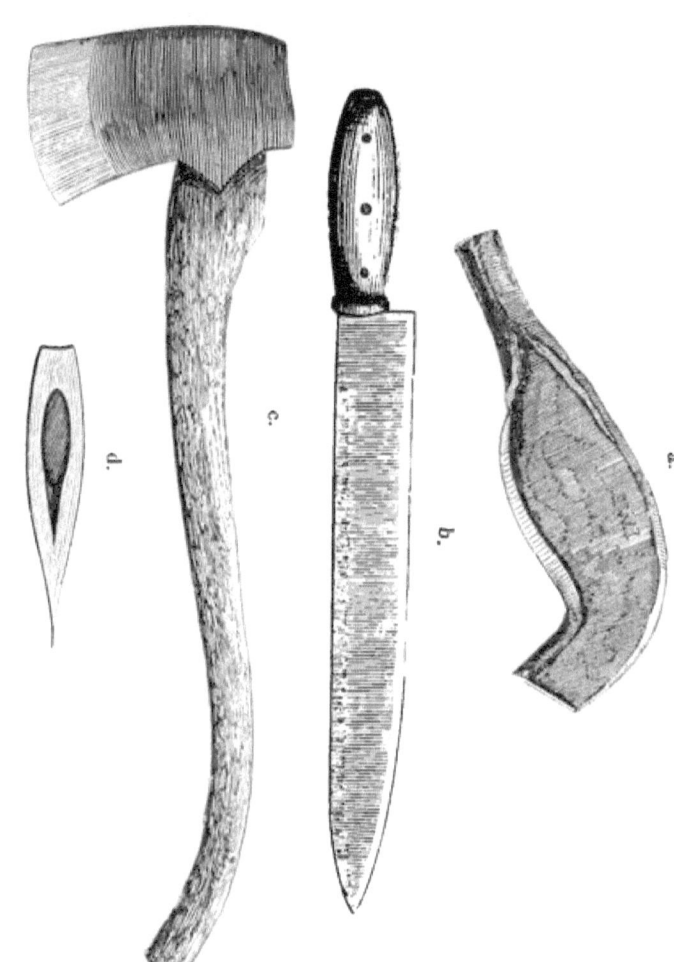

a. Fouce (Fuchs).
b. Facão (Waldmesser).
c. Amerikanische Axt.
d. Untere Ansicht derselben.

Pflanzen Brasiliens.

Der Kaffee.

Siebenter Abend.

in Antwerpen, und zwar in Hamburg bei A. W. Niemeyer am Rödingsmarkt № 18, in Antwerpen bei Delvaux und Gysels, wo man auch alle Blech- und Eisengeräthe kauft. Den Preis davon kann ich Euch leider nicht sagen, es wird aber auch nicht die letzte Hose kosten, und in Europa bekommt Ihr es doch besser und billiger als drüben.

Der Hauen sind, wie gesagt, zweierlei. Die schwerere braucht man zum Umhauen des Bodens nach den Ernten, was viel besser und leichter geht, als das Umgraben; die andere, bedeutend leichtere dient zum Jäten und Reinhalten der Pflanzungen und zum Pflanzen oder Säen selbst.

Diese fünf Werkzeuge also bilden das ganze Ackergeräthe des Ansiedlers, und das ist, wie Ihr zugeben müßt, sehr einfach und nicht kostspielig, was dem leeren Beutel der meisten Ankömmlinge außerordentlich zuträglich ist.

Von diesen Werkzeugen braucht man im Kaffeeberge, oder überhaupt auf der Fazenda einer Halbscheid-Kolonie nur die zweierlei Hauen und dann und wann den Fakon.

Ich glaube kaum, daß Ihr wißt, wie ein Kaffeebaum aussieht. Auf der Zeichnung hier seht Ihr einen Zweig mit Blüten, grüner und reifer Frucht; daneben die Kaffeekirsche in natürlicher Größe, so getheilt, daß Ihr die Kaffeebohnen drinnen sitzen seht, und endlich die Bohnen selbst.

Der Kaffeebaum ist unsern Kirschbäumen sehr ähnlich, blüht ebenfalls weiß, gibt aber zur Zeit der Blüte einen starken und angenehmen Geruch. Er hat dunkelgrünes, festes Laub, das am Feuer gedörrt einen guten Thee geben soll.

Eine Kaffeepflanzung oder ein Kaffeeberg ist ein großes Feld oder mehrere große Felder, meist Hügel, welche vor starkem Windanfall geschützt sind und auf denen die Pflanzung in verschiedener Weise angelegt ist.

Die gewöhnliche Art ist, die Bäumchen auf einen Abstand von 6—10 Fuß in Reihen zu pflanzen; diese Entfernung ist groß genug, um den Arbeitern den Durchgang zu gestatten, und doch wieder nahe genug, damit der Fuß der Bäumchen beschattet sei, worauf sehr zu sehen ist. Eine andere Art besteht darin, die Bäumchen eng an einander in Form von Hecken zu ziehen, so daß die Bäumchen drei Fuß und die einzelnen Heckenreihen 10 Fuß von einander abstehen.

Bei beiden Pflanzarten ist es nothwendig, den Gipfel des Baumes in der Höhe von 6 bis 8 Fuß abzubrechen und so dessen weiteres Wachsthum zu verhindern; auch werden alle Zweige bis auf die drei besten und schönsten ausgeschnitten.

Eine dritte Art endlich, die aber höchst selten zur Anwendung kömmt, ist, den Kaffeebaum in solchen Entfernungen zu pflanzen, wie wir es mit unsern Kirschbäumen thun und sie ungehindert frei wachsen zu lassen. Sie entwickeln sich dann zu großen, schönen Bäumen, die dann oft einen Centner Kaffeebohnen zu liefern im Stande sind, während die Bäumchen in Hecken und Reihen durchschnittlich selten mehr als 1½ Pfd. liefern. Der wahre Grund, warum dessenungeachtet die Hecken- und Reihencultur mehr Anhänger zählt, ist, daß die Kaffeebäume im anderen Falle erst nach 8 oder 9 Jahren oder noch später zu ihrer vollen Ertragsfähigkeit gelangen, während die Heckenbäumchen schon im dritten, längstens vierten Jahre ein ziemliches Erträgniß liefern. Auch ist großen Kaffeepflanzern unbedingt das Hecken- oder Reihensystem zu empfehlen, während ich jedem kleinen Ansiedler, der sich seinen Vorrath an Kaffee selbst ziehen will, das der hochstämmigen Bäume anrathe, da der Baum selbst eine große Zierde jedes Gartens bildet.

Der Kaffeebaum liebt einen ziemlich trockenen, nicht zu kräftigen Boden, Schutz gegen Winde und gegen zu große Sonnenhitze; darum legt man die Pflanzungen am liebsten auf Hügeln an, die gegen Süden (Ihr habt gehört, daß das in Brasilien die kältere Weltgegend ist) abfallen.

Der Kaffeebaum wird auf dreifache Art gezogen: entweder aus dem Kerne, durch Verpflanzung junger Wildschößlinge, oder durch Verjüngung der alten Stämme. Aus dem Kerne, der unstreitig

Siebenter Abend.

besten Art, zieht man sie, indem man eine Baumschule auf gut reingehaltenem und gelockerten Boden anlegt und daselbst die Kaffee=bohnen, am besten sammt dem Fleische, einen Zoll tief in die Erde steckt. Die Bohnen kommen auf einen halben Fuß Abstand von einander. Hat man dazu recht reife Kirschen genommen, so werden sehr kräftige Pflanzen kommen.

Nach einem, längstens anderthalb Jahren sind die Pflanzen hoch genug, um versetzt zu werden. Beim Versetzen werden sie bis auf einen halben Fuß von der Erde abgeschnitten. Die Löcher, in welche man sie zu versetzen beabsichtigt, müssen schon früher ge=graben und gut von zurückgebliebenen Wurzeln gereinigt sein; auch thut man gut, in demselben Felde Mais weitläufig zu säen, um den jungen Bäumchen Schutz gegen die Sonnenhitze zu geben und das allzustarke Aufschießen des Unkrauts zu hindern.

Viele erziehen indeß die jungen Bäumchen, indem sie gleich die Kerne an Ort und Stelle legen, wohin die Bäumchen ausgepflanzt werden sollen. Doch ist es dann gut, die Stelle zu bezeichnen, wo die Bohnen gelegt wurden, damit die jungen Pflanzen nicht mit dem Unkraute ausgejätet werden; es ist auch sicherer, 2 oder 3 Bohnen in ein und dasselbe Pflanzloch zu legen.

Die häufigst im Gebrauche stehende Art des Anpflanzens von Kaffeebergen besteht aber darin, die unter den älteren Bäumchen aus abgefallenen Früchten von selbst aufwachsenden Schößlinge zu verpflanzen, was freilich alle Kosten der Anlage einer Baumschule erspart. Auch diese werden an den Wurzeln sorgfältig beschnitten und $1/2$ Schuh über der Erde gekappt.

Das Verjüngen der alten Bäume geschieht, wenn diese in ihrem Ertrage bedeutend abnehmen, was gewöhnlich im 15. oder 16. Jahre eintritt. Man zieht dann diese Bäume sorgfältig aus, beschneidet vorsichtig alle verletzten Wurzeln und schneidet die Herz=wurzel ganz weg. Darauf pflanzt man den Stamm in ein schon früher gut vorbereitetes Loch eben so tief, als er früher stand, und schneidet ihn einen halben Fuß über der Erde ab. Natürlich muß das entweder bei Regenwetter geschehen, oder es müssen die Wurzeln tüchtig eingeschlämmt werden.

Die beste Zeit zur Pflanzung oder Verjüngung der Kaffeebäume ist im Juli, August und September; die der Ernte ist vom Mai bis November, da der Kaffee sehr ungleich reift und der Baum meist mit Blüten, grünen und reifenden Früchten zugleich bedeckt ist. Die Kirschen sollen erst dann gepflückt werden, wenn sie ganz reif sind, das heißt, sobald sie braun zu werden anfangen; denn das ist die Hauptsache, da der unreife Kaffee nichts taugt. Darin aber haben besonders die Halbscheidler oft gefehlt, daß sie in ihrer Faulheit und Dummheit zu ihrem eignen großen Schaden die Zweige einfach herabbogen und alles, was daran saß, Blätter, Blüten und Früchte abstreiften, um nur recht schnell fertig zu werden.

Beim Pflücken ist es am besten, wenn Frauen und Kinder die untern Zweige absuchen, während die Männer gleichzeitig die oberen ablesen. Die Früchte werden in Körbe oder sonstige Gefäße gethan, dann an einem vom Gutsherrn bestimmten Orte ausgeleert, untersucht und gemessen. Die Kinder können auch zum Auflesen bereits abgefallener Kirschen verwendet werden.

Nach dem Pflücken geht der Kaffee in die Hände des Gutsherrn über, der dann in seiner Fabrik ihn für den Markt bereitet.

Die Hauptarbeit im Kaffeeberge besteht aber im Reinhalten des Bodens, oder im Jäten. Dieß geschieht wenigstens viermal im Jahre, manchmal auch öfter, und muß sehr sorgfältig vorgenommen werden. Besonders ist auf das Vogelkraut, herva passarinha, zu achten, welche Schlingpflanze, dem deutschen Windling gleich, fast unausrottbar ist. Dabei kommt meist die Haue, oft aber auch sogenannte Exstirpatoren zur Anwendung; das sind Gestelle, welche nach Art einer kleinen Egge statt der eisernen Zinken derlei kleine Scharen haben und mit denen schnell und gut gearbeitet wird.

Bei jungen Kaffeepflanzungen wird, theils um den Bäumchen den nöthigen Schatten zu geben, theils um den Boden recht locker zu halten, noch zwischen den Kaffee Mais, Bohnen, Kartoffeln ꝛc.

Siebenter Abend.

gebaut, die wenigstens auf San Jeronymo Eigenthum des Kolonisten waren.

Die Kaffee-Ernte ist, wie alle Ernten, eine sehr wechselnde, in diesem Jahre eine gute, im andern eine mittelmäßige, im dritten eine schlechte; aber eine vollständige Mißernte gibt es nicht, wegen der so verschiedenen Reifezeit der Kirschen.

Ich selbst litt anfangs unter der Ungunst des Wetters und der eigenen Unerfahrenheit. Seit lange waren keine so schlechten Ernten erzielt worden, als in den Jahren 1852 und 1853, wo es in der Blütezeit fast unaufhörlich regnete. So betrug denn mein Antheil für diese beiden Jahre nur 257 Fl., und meine Schuld hätte sich bedeutend vermehren müssen; da ich aber ein schönes Stück Geld aus meinen Feldern löste und im zweiten Jahre viel Glück mit meiner Hühnerzucht hatte, so konnte ich meine Bedürfnisse nicht bloß decken, sondern sogar meinen ganzen Erlös an Kaffee zur Abschreibung meiner Schuld überlassen. Anderen ging es nicht so gut; aber gerade jetzt konnten sie so recht die Wohlthaten des Halbscheidwesens in Brasilien kennen lernen. In Deutschland hätte man einen Pächter, der zwei Jahre lang nicht allein nichts zahlen konnte, sondern auch neue Schulden eingehen mußte, einfach zum Hause hinausgejagt und dessen sämmtliche Habseligkeiten gepfändet; auf S. Jeronymo that man hingegen Alles, um die Leute zu ermuthigen und ihnen zu helfen, wie es nur möglich war. Und bei alledem hatten die Leute durchaus nicht Noth zu leiden: sie bekamen nach wie vor ihr tägliches Essen vollauf, ihren Trunk, ihren Tabak, ihre Kleidung. Wo wäre das bei Euch möglich gewesen?

Indessen war es doch sehr gut, daß das Jahr 1854 sich bedeutend besser anließ; ich machte in dem Jahre allein über 1200 Fl. an Kaffee und die Andern im gleichen Verhältniß. Das folgende Jahr brachte an 700 Fl. und das nächste wieder über 900 Fl. ein, so daß ich in den fünf Jahren meines Hierseins nur an Kaffee allein über 3000 Fl. verdient hatte. Ich hatte damit meine Schuld längst abgezahlt, und die Erträgnisse meines Feldes, meiner Hühner,

meiner Kühe und meiner Anstelligkeit und Erfahrung im Mühlen=
wesen bildeten einen hübschen Sparpfennig, mit dem ich schon meine
eigene Wirthschaft unternehmen konnte.

Bevor ich aber zu diesem Punkte übergehe, möchte ich Euch
noch Einiges über den Kaffee sagen. Ich habe die Ansicht, daß
der Anbau von Kaffee sich für den einzelnen Kolonisten nicht rentirt,
wenigstens jetzt nicht. Er kann nur von großen Capitalisten betrieben
werden, die genug Sklaven besitzen oder Halbscheidkolonisten kommen
lassen können. Alle kleineren Pflanzungen gehen ein, weil den
Besitzern das Geld fehlt, um ein oder zwei schlechte Jahre über=
dauern zu können.

Dann kosten die Maschinen in der Fabrik, wo der Kaffee für
den Markt bereitet wird, sehr viel Geld. Da braucht man den
Depolpador, wo das Fleisch von den Kernen gelöst wird; da ist ein
Stampfwerk, um die inneren Hülsen zu sprengen, da sind Wasch=
bottiche für sogenannte alkalische Bäder, dann Windreutern mit
Sortirnetzen, endlich der Glättapparat, der Lustrador, der Trocken=
apparat, die Branntweinbrennerei und dergl. Um diese Maschinen
im Stande zu erhalten, müssen auf der Pflanzung eine Schmiede
und Schlosserei, sowie andere Handwerke vorhanden sein.

Um den Kaffee, der in ungeheuren Quantitäten gewonnen
wird, aufbewahren und trocknen zu können, müssen zahlreiche
Scheuern vorhanden sein, und um ihn zu Markte zu bringen, be=
darf der Pflanzer, der nicht von der Willkür der Maulthiertreiber
abhängig sein will, eigener zahlreicher Maulthierheerden und einer
Schaar von Treibern; ja die Säcke allein erfordern in mancher
Pflanzung ein kleines Capital.

Und doch wird später der ganze Kaffee von kleinen Grundbe=
sitzern gebaut werden und ein Capitalist wird nur die Fabrik her=
stellen; ganz so wie bei Euch die Runkelrübenzuckerfabriken. Die
Ansiedler werden Contracte mit dem Fabrikanten auf Lieferung von
Kaffeekirschen schließen, und dann können beide Theile gedeihen;
dieß ist aber erst einer späteren Zeit vorbehalten.

Siebenter Abend.

Für jetzt thut der Ansiedler wohl, ein paar Bäume in seinem Garten zu ziehen, die ihm mit der Zeit seinen Hausbedarf an Kaffee decken werden. Wenn er seinen Kaffee erntet, so hat er ihn einfach auf mit sogenannten Esteiras, Binsenmatten, belegte Bretter auszubreiten und am besten an der Sonne zu trocknen, wobei er ihn aber sorgfältig vor jedem Regen hüten und Abends ins Haus bringen muß. Sind die Kirschen ganz trocken, so gebe er sie in einen, wo möglich hölzernen, Mörser und stampfe sie, bis die Hülse sich gelöst hat; dann wasche er die Kerne und lasse sie wieder trocknen. Durch ein abermaliges Stampfen werden die Kerne von der zweiten und dritten Hülse befreit, worauf man die Spreu durch Worfeln entfernt.

Aus den Fleischhülsen kann guter Branntwein gebrannt werden; auch können sie gleich nach dem Pflücken ohne weiteres Trocknen abgeschält werden. —

Wie die Fabriken bei der Bereitung des Kaffees verfahren, kann für Euch wenig Interesse haben; es genügt zu sagen, daß sie das, was Ihr mit der Hand verrichtet, mittelst Maschinen thun, und daß das, wozu bei Euch einige Hände hinreichen, dort Hunderte von Arbeitern und Thieren erfordert. —

Also am Ende des fünften Jahres, im September 1857, schickten wir uns an, die Fazenda S. Jeronymo zu verlassen. Es war ein schwerer Entschluß; denn wir hatten uns da recht glücklich gefühlt, unser heimisches Elend vergessen und den Grund zu einer gedeihlichen Zukunft gelegt. Drei unserer Kinder waren hier geboren worden. Der Gutsherr und seine Familie waren sehr gütig gegen uns gewesen; aber wir konnten doch nicht all unsere Lebtage Tagwerker bleiben in einem Lande, wo die Arbeit sich so gut bezahlt macht. Wir waren es unsern Kindern schuldig, eine selbständigere Stellung zu erringen. Gern wären wir auf S. Jeronymo geblieben, hätte der Hr. Senator uns ein Stück Land verkauft. Da er aber in eblem Stolz das Vatererbe ungeschmälert seinen Kindern hinterlassen will, so waren wir zum Auszuge genöthigt. Eigentlich hätten wir das schon vor anderthalb Jahren gekonnt; denn schon damals waren wir mit unserer Schuld quitt geworden. Aber wir glaubten, der gegen uns so gütig gewesenen Gutsherrschaft schuldig zu sein, noch einige Zeit drüber zu bleiben und so unsere Dankbarkeit und Zufriedenheit zu beweisen. Es wurde dieß auch anerkannt und der Hr. Senator berechnete uns von da an auch höhere Preise für den Kaffee als früher, und als ich denn im letzten März contractgemäß meine Absicht kundgab, sprach er sein lebhaftes Bedauern, aber auch die Anerkennung meiner Handlungsweise aus und gab uns ein glänzendes Zeugniß und viele Empfehlungen mit.

Die kaiserliche Regierung hat nämlich angeordnet, daß die Halb= scheid=Kolonisten, sobald sie von ihren Grundherren einen Schein über die völlig bezahlte Schuld beibringen, auf Regierungskosten in eine von den Kolonisten auszuwählende Kolonie gebracht werden, wo ihnen, wie jedem anderen Einwanderer, Land gegen gleich baare Zahlung oder auf Credit verkauft und alle Begünstigungen gewährt werden, welche andern Einwanderern bewilligt zu werden pflegen.

Mit uns gingen damals noch acht andere Familien, im Ganzen 48 Köpfe, von S. Jeronymo fort. Wir alle hatten verlangt, nach Sta. Cruz in Rio Grande gebracht zu werden. Dazu mußten wir nach Santos reisen, wozu uns der Hr. Senator seine Maulesel lieh.

Mit wie ganz anderen Gefühlen zogen wir jetzt denselben Weg seewärts, den wir vor fünf Jahren landwärts gezogen waren!

Alle bangen Gefühle der Ungewißheit und des Fremdseins waren verschwunden; wir kannten das Land, seine Vegetation und Bauart befremdete uns nicht mehr; die Laute der Landessprache, für uns damals so fremd, klangen uns jetzt vollkommen vertraut und wir konnten mit den Maulthiertreibern, den Wirthen ꝛc. ganz gemüthlich plaudern. Unser Gepäck, das wir damals auf zwei Mauleseln bequem hinauf schaffen konnten, wurde jetzt mühsam von deren sechs geschleppt; meine Frau und die zwei jüngsten Kinder saßen auf ihrem eigenen Maulesel, ich hatte den einen Burschen vor mir auf dem Sattelknopfe meines eigenen Pferdes, während der kleine Georg stolz auf seinem Pony saß. Während endlich vor fünf

Siebenter Abend.

Jahren mein Beutel kaum wenige Kupfermünzen enthielt, da konnte ich jetzt behaglich mit Goldstücken klappern; denn ich hatte 1:100 $ rs. in der Tasche, wohl erworben und erspart.

Mit welcher Sicherheit durchschwärmten wir die Stadt S. Paulo und mit welchem Selbstgefühle zogen wir in Santos ein, das uns so demüthig und zagend gesehen! und mit welchem Gefühle gingen wir da zur Kirche, um dem Allerhöchsten im Staube aus Grund unseres Herzens zu danken für all die Gnade, mit der er uns arme Verzweifelnde aus der alten Heimat in die neue geführt, beschützt und beglückt hatte! —

Achter Abend.

Das Kolonisiren. — Das Halbscheidwesen. — Der freie, kleine Grundbesitz. — Begünstigungen der Kolonisten auf Staatskolonien. — Erläuterungen. — Militärdienst. — Keine Conscription. — Nationalgarde. — Provinzkolonien. — Begünstigungen für Einwanderer in Rio Grande. — Privatkolonien. — D. Pedro II. — Sta. Thereza. — D. Francisca. — Maria Einsiedeln. — St. Lorenz. — Militärkolonien. — Niederlassung auf eigene Faust. — Georg reist von Santos ab. — Paranaguá. — Die Provinz Paraná. — Straßen. — Assumguy. — Rio Negro. — Die Provinz=Regierung. — Weizen und Wein von Curitiba. —

Heute beabsichtige ich Euch ein Langes und Breites über das Kolonisiren in Brasilien zu erzählen und bitte Euch, wenn Einer oder der Andere von Euch wirklich dahin auswandern will, recht wohl Acht zu geben; denn es ist ganz ungemein wichtig, daß Ihr das begreift.

Kolonisiren ist ein fremdländisches Wort und heißt zu deutsch „ansiedeln"; Kolonisten sind also Ansiedler. Nun gibt es in Brasilien verschiedene Arten zu kolonisiren. Die eine Art, das Halbscheidwesen, habe ich Euch deutlich zu machen versucht und Ihr werdet wenigstens begriffen haben, daß diese Art für die ganz armen Auswanderer die beste, ja die allein mögliche ist; wie könnte er sonst die lange Reise bestreiten und die Kosten der Ansiedelung? Wer würde ihm in Deutschland oder der Schweiz wol je so viel Geld auf sein Paar Arme hin leihen, da man dort keinen Mangel an wohlfeilen Taglöhnern hat?

Die zweite Art des Kolonisirens ist die, dem Einwanderer Land gegen baare Zahlung oder auf Credit zu verkaufen und ihn in der ersten Zeit mehr oder minder zu unterstützen.

Achter Abend.

Diese Art der Ansiedelung ist es, welche einem unabhängigen Manne am meisten zusagt, kann aber begreiflich nur von Jenen unternommen werden, welche ihre Reise selbst zu zahlen vermögen, verlangt also, wie ich Euch bereits am zweiten Abend erzählt habe, schon ein ziemliches Häufchen Geld; denn man hat ja auch noch die Reise aus dem Heimatsorte nach Hamburg oder Antwerpen dazu zu rechnen.

Diese zweite Art wird in Brasilien von der Reichsregierung, von den Provinzen, von Gesellschaften und Privatleuten betrieben, und zwar von Jedem auf seine eigene Art. In jeder Provinz, in jeder Kolonie wird das Ding etwas anders angefaßt; am Ende läuft es aber doch darauf hinaus, daß man überall das Beste des Einwanderers will.

Unter diesen verschiedenen Kolonien nach zweiter Art sind meiner persönlichen Ansicht zufolge die Staatskolonien, d. h. die auf Kosten der Reichsregierung angelegten, vorzuziehen.

Die kaiserliche Regierung hat 1861 mit dem Hause Steinmann u. Comp. in Antwerpen, von dem ich Euch am zweiten Abende bereits erzählte, einen Vertrag geschlossen, zufolge dessen sie per Kopf einen Reisezuschuß von 50 Franken = 13 Thlr. 10 Sgr. oder ungefähr 22 Fl. 51 Kr. rheinl. bewilligt und noch überdieß den Einwanderern folgende Begünstigungen zugesteht:

1) Jeder Einwanderer wird als vollkommen frei betrachtet und so, als ob er keinerlei Verpflichtung gegen die Regierung hätte.

2) Es steht ihm also gänzlich frei, sobald er in Rio de Janeiro (oder sonstwo) ankommt, nach seinem Belieben sich den Ort seines Aufenthaltes zu wählen, sich anzusiedeln, wo und wie es ihm gefällt; natürlich hat er aber auch gar keinen Anspruch auf weitere Unterstützung oder auf eine der weiter unten folgenden Begünstigungen.

3) Die Einwanderer aber, welche 24 Stunden nach der Ankunft im Hafen, noch auf dem Schiffe, erklären, daß sie auf eine der Regierungskolonien gehen, dort Land kaufen und als Grund-

besitzer sich niederlassen wollen, werden noch folgender Vergünstigungen theilhaftig:

a. Sie werden, wie ich Euch bereits gesagt, in dem Aufnahme=
hause von Bom Jesus unentgeltlich untergebracht, verpflegt
und, wenn Einer oder der Andere krank wird, ärztlich besorgt;
sie bleiben dort so lange, bis es möglich wird, sie nach der
Provinz und der Kolonie, welche sie gewählt haben, zu schicken.

Die hier genannten Regierungs=Kolonien sind diejenigen, welche
in den Provinzen Espirito Santo (Rio Novo, Santa Isabel,
Sta. Leopoldina), Minas Geraes (Philadelphia), Sta. Catha=
rina (Sta. Isabel, Blumenau, Itajahy, Brusque, Theresopolis)
und Paraná (Assumguy) bestehen.

b. Nach diesen Kolonien werden sie sammt Gepäck und so schnell
als möglich kostenfrei gebracht.

c. Während ihres Aufenthalts am Schiffe oder in Bom Jesus
steht es ihnen frei, mit ihren Consuln oder Gesandten, oder
wem immer zu verkehren. Und zwar werden sie zu bestimmten
Tagen und Stunden unentgeltlich zur Stadt und zurückgebracht;
auf eigene Kosten aber können sie herumfahren, wann und wie
sie wollen.

d. Auf der von ihnen gewählten Kolonie werden sie ebenfalls so
lange in einem Aufnahmehause untergebracht, bis sie sich auf
ihren Ländereien eingerichtet haben.

e. Es werden ihnen per Familie 125,000 $\square$=Klaftern Land (unge=
fähr 230 Morgen) oder wenigstens die Hälfte auf Credit verkauft,
so zwar, daß die $\square$=Klafter drei Reis (das ganze Landloos
also 385 Milreis = 320 Thlr. = 548 Fl. rhn.) kostet, die in
sechs Jahren so zu zahlen sind: Im ersten und zweiten Jahre
zahlen die Einwanderer nichts; im 3., 4., 5. und 6. Jahre
jedesmal 137 Fl., wenn sie ein ganzes Landloos, und 69 Fl.,
wenn sie ein halbes Landloos genommen haben.

Hat eine Familie einen oder mehrere Söhne über 18 Jahre,
so hat jeder derselben den Anspruch auf eben so viel Land zu

denselben Bedingungen; aber sie bekommen es nur, wenn die Eltern darum einschreiten.

f. Die Einwanderer erhalten ihr Land schon vermessen und begrenzt, mit einem Häuschen von genügendem Raume und einer fast zwei Morgen betragenden Rodung, so daß sie gleich pflanzen können.

g. Ferner wird ihnen das nothwendige, bereits von mir erwähnte Ackerwerkzeug, die nöthigen Sämereien für die erste Pflanzung, dann sechs Monate lang Nahrung verabreicht, sogenannte Subsidien, die in den verschiedenen Kolonien verschieden bemessen werden. Diese Subsidien werden aber nur dann gewährt, wenn auf der Kolonie keine Arbeiten, bei denen die Ansiedler beschäftigt werden, zu machen sind, und sie hören nach sechs Monaten ganz sicher, aber auch noch früher auf, wenn die Einwanderer nicht ihr Land bebauen.

4) Am Ende des zweiten Jahres können die Einwanderer brasilianische Bürger werden, sind aber auch dann vom Militärdienste frei; sie sind nur zum Dienste in der Nationalgarde und zwar bloß innerhalb ihrer Bezirksgemeinde verpflichtet.

Ihr seht also, daß ein Einwanderer, der sich auf einer der genannten Kolonien niederlassen will, vom Augenblicke an, wo er nach Brasilien kommt, keinen Kreuzer mehr auszugeben braucht. Er erhält auf Regierungskosten Unterkunft, Zehrung, freie Reise für sich und sein Gepäck; er bekommt ein ansehnliches Stück Land, auf dem die allerersten Arbeiten für ihn verrichtet sind. Er bekommt das landesübliche Ackerwerkzeug, als: Hauen, Fuchs, Waldmesser, Axt, ein Gewehr und verschiedene Hausrequisiten, Aussaat; es wird ihm für die ersten sechs Monate, nämlich bis zur ersten Ernte, gut bezahlte Arbeit zugesichert; oder er erhält, wenn die Arbeit fehlen sollte, einen Lebensmittelbeitrag. Endlich kann er, wie übrigens auf jeder Kolonie, nach zwei Jahren das brasilianische Bürgerrecht erwerben, wobei er ausdrücklich vom Militärdienst befreit bleibt. Der Dienst in der Nationalgarde steht ihm freilich bevor;

aber diese wird meist sehr selten einberufen, und dann kenne ich keine einzige der in den letzten 10—15 Jahren gegründeten Kolonien, wo die Nationalgarde schon errichtet wäre. Nur die alten Kolonien aus den zwanziger Jahren haben ihre Nationalgarde.

Auch mit dem Militärdienst ist es eine besondere Sache in Brasilien: die fremden und die naturalisirten Bürger (so heißen die Eingewanderten, welche das Bürgerrecht erlangt haben) sind vollkommen frei davon. Es kann ein Einwanderer nach Brasilien kommen, der gar nicht brasilianischer Bürger werden will; das steht ihm vollkommen frei und er hat darum keinen andern Schaden, als daß er keine Obrigkeit, keine Deputirten 2c. wählen darf und auch nicht dazu gewählt werden kann. Ein Einwanderer dieser Art hat nie zu fürchten, je zum Militär oder zur Nationalgarde genommen zu werden.

Aber auch die in Brasilien geborenen Söhne der Kolonisten haben den Militärdienst nicht sehr zu fürchten; wenigstens jetzt noch nicht. Es besteht nämlich dort keine Conscription. Die ganze Armee besteht in Wirklichkeit aus kaum 12,000 Mann, was auch recht gescheidt ist, da man in einem solchen Lande die Menschen zu was Besserem brauchen kann, als zum Exerciren. Jene zwölftausend Mann werden ergänzt durch freiwillige Werbung und durch das zwangsweise Einstellen von Vagabunden, Gesindel und dergl. Der Freiwillige kann Handgeld bis zu 600 Fl. bekommen für sechs Jahre Dienstzeit, eine Löhnungszulage und, wenn er ausgedient hat, ein Stück Land zum Geschenk. Obgleich das einen deutschen Einwanderer kaum verlocken wird, in den Kriegsdienst zu treten, so gibt es doch genug verdorbene Subjecte, die sich dadurch ein Stück Brod sichern wollen und denen das Drillen und Schildwachestehen angenehmer ist, als die Feldarbeit. Erst wenn diese Leute nicht genügen, den Abgang zu decken, wird in die Provinzen der Befehl geschickt, so und so viel Rekruten zu stellen. Nun sind der Polizei und den Ortsbehörden das Gesindel und die Vagabunden ihres Bezirks gar wohl bekannt; diese werden dann zusammengefangen und,

Achter Abend.

sobald sie tauglich sind, auf sechs Jahre in die Armee gesteckt. Ist diese Art Rekrutirung auch nicht sehr human, so ist sie doch besser als die Conscription, welche die fleißigen, ordentlichen Bursche von ihrem Handwerke, von ihrem Besitze, aus ihrer Familie reißt, um ihnen den verhaßten Soldatenrock anzuziehen, in welchem sie dem Staate gewiß weniger Dienste leisten, als auf ihrem natürlichen Platze. Wer fleißig und verträglich ist, kann in Brasilien sicher sein, daß er zum Militär nicht genommen wird, und Stänkern, Tagedieben, Raufern, Säufern und Wirthshaushelden schadet es nicht, ein paar Jahre der Trommel nachzulaufen und im Nothfalle mit dem spanischen Rohre nähere Bekanntschaft zu machen.

Von der Nationalgarde muß ich noch erwähnen, daß sie eigentlich nichts anderes als die Landwehr ist. Zum Dienste in ihr ist jeder waffenfähige Mann verpflichtet, und sie marschirt auch gegen den Feind aus. Aber es sind zwei Abtheilungen in der Nationalgarde: die zum Ausmarsche bestimmten, welche von dem jüngeren, kräftigeren und meist unverheiratheten Theile der Männer gebildet wird, und dann die bloß zum Dienste in dem Heimats=Gemeinde=District bestimmte Abtheilung, zu welcher außer den älteren und verheiratheten Männern auch noch die naturalisirten Einwanderer, ob alt oder jung, gehören.

Jetzt glaube ich deutlich genug gewesen zu sein und kehre von dieser Abschweifung wieder zu den Kolonien zurück.

Die sogenannten Provinzkolonien sind ebenso wie die Staats=Kolonien; nur wurden sie von den Regierungen der einzelnen Provinzen aus Landesmitteln errichtet. Auch die Provinz=Regierungen gewähren den Ansiedlern große Vortheile. So hat z. B. die Provinz Rio Grande do Sul mit dem Hause Steinmann u. Comp. in Antwerpen und, wenn ich nicht irre, auch mit Donati u. Comp. in Hamburg einen Vertrag geschlossen, dem zufolge sie einen Reisezuschuß für Leute zwischen 1—45 Jahren und außerdem folgende Begünstigungen gewährt:

1) Freien Transport von Rio Grande do Sul nach Porto Alegre (ungefähr 40 Meilen) pr. Dampfschiff; dann

2) Unterkunft in Rio Grande und Porto Alegre.

3) Den ferneren Transport nach den gewählten Kolonien. Dieser freie Transport geschieht jedoch nur vorschußweise und ist innerhalb fünf Jahren nach Empfange der Besitzurkunde über das Kolonieland abzuzahlen.

4) Provinzkolonien sind Sta. Cruz, St. Angelo und Neu-Petropolis. Dort erhalten die Kolonisten ein Stück Land von 100,000 Quadratklaftern = 185 Morgen zu 3 Reis die Quadratklafter (also 300 $ oder 446 Fl. rhn.), welche Summe innerhalb 5 Jahren getilgt sein muß.

5) Das Landstück ist auf Provinzkosten vermessen und bezeichnet; bis die Ansiedler den Preis und die erhaltenen Vorschüsse bezahlt haben, bleibt es hypothecirt.

6) Jede Familie erhält ein solches Stück Land; doch können auch unverheirathete Glieder derselben, so wie die, welche sich im 18. Jahre verheirathen, ein gleiches Grundstück erhalten.

7) Die Provinz liefert Aussaat, Ackergeräth und den Unterhalt bis zur ersten Ernte.

8) Wünschen die Einwanderer von Rio Grande do Sul oder Porto Alegre aus anderswohin zu gehen, so haben sie dieß zu erklären, und zwar in Porto Alegre binnen 48 Stunden. Sie verzichten damit auf alle obigen Vortheile und haben alle für ihre Verpflegung und Transport aufgelaufenen Unkosten zu ersetzen. Doch ist in keinem Falle der Reisezuschuß zurückzuzahlen.*)

9) Briefe von und an Einwanderer in den Provinzkolonien besorgen Steinmann u. Comp. gratis.

Nur jene Einwanderer, welche ein von Steinmann u. Comp.

---

*) Der von der kais. Regierung und den Provinzen gewährte Reisezuschuß ist dahin zu verstehen, daß die Schiffsexpedienten einen um so viel niedrigeren Ueberfahrtspreis berechnen; auf die Hand bekömmt ihn kein Auswanderer.

Achter Abend.

ausgestelltes und von den Einwanderern selbst unterfertigtes Document aufweisen können, werden jener Vortheile theilhaft.

Nach den Regierungs- und Provinzkolonien kommen die Ansiedelungen, welche von Gesellschaften oder Privaten auf derselben Grundlage des freien, kleinen Grundbesitzes gegründet wurden.

Die meisten dieser Gesellschaften oder Privaten sind dabei zu Grunde gegangen, weil sie mit zu geringen Mitteln und unpraktisch begonnen haben; bei einigen hat sich die Regierung ins Mittel gelegt und die Kolonien auf Staatskosten übernommen, und die wenigen, die noch existiren, beziehen fast alle Unterstützungen seitens der Regierung.

Das will aber nicht heißen, daß es deßhalb gerade den Kolonisten auf jenen Kolonien schlecht ergehe; im Gegentheil kann man annehmen, daß es den Kolonisten auf allen diesen Privatkolonien viel besser geht, als den Gründern derselben.

Jede dieser Kolonien hat ihre eigene Methode bei dem Verkauf ihrer Ländereien: die einen verlangen sofortige Baarzahlung, andere Zahlung in verschiedenen Raten; hier haben sie diese, dort jene Verpflichtung zu übernehmen.

Ich will mich bemühen, das, was ich von diesen Privatkolonien weiß, zu erzählen. Zu meiner Zeit bestanden folgende Privatkolonien: In der Provinz Pará: Nossa Senhora do O, wohin aber nie Deutsche gekommen sind, noch kommen werden; in der Provinz Espirito Santo die Kolonie von Rio Novo, welche seitdem der Staat an sich gebracht hat; in Minas Geraës die Mucury-Kolonie und D. Pedro II., von denen die erstere von der Regierung angekauft wurde; in der Provinz Paraná Sta. Thereza und Superaguhy, das eingegangen ist; in Sta. Catharina die Kolonien Blumenau, Dona Francisca, Schütel, von denen die erste der Staat angekauft hat und die letzte ganz einging; endlich in Rio Grande do Sul die Kolonien D. Pedro II., Monte Bonito, Mundo Novo, Montravel, **Conventos**, Silva Mariante, Rincão-d'el-Rei, S. Lourenzo; davon sind Dom Pedro II. und Monte Bonito, wo zumeist Irländer angesiedelt waren, zu Grunde gegangen, und in Mundo Novo und Rincão-d'el-Rei ist alles Land verkauft.

Ich muß von Nossa Senhora do O schon darum absehen, weil diese Kolonie bis jetzt weder Deutsche noch Schweizer enthielt und weil sie in einer Gegend liegt, wo bei der Leichtigkeit, den Lebensunterhalt auf andere Art zu verdienen, die Feldarbeit, mithin eine Ackerbau-Kolonie noch durch eine lange Reihe von Jahren, bis zum Anwachs einer unendlich zahlreicheren Bevölkerung, nicht zur Geltung und zum Gedeihen kommen kann, wie dieß alle anderen Kolonisationsversuche in Pará und Alta Amazonas beweisen.

Die nächste Privat-Kolonie, welcher wir dann begegnen, ist die von Dom Pedro II. in der Provinz Minas Geraës. Diese wurde 1858 von der Gesellschaft gegründet, die den Bau der großartigen Kunststraße von Petropolis nach Barbacena unternommen hat. Die Anlage geschah, um Straßenarbeiter und später Straßenwärter zu gewinnen; man beschränkte sich indeß bald darauf, den Einwanderern, worunter viele Tiroler, in der Nähe von Juiz-de-Fora Land zu verkaufen und sie als Ackerbauer zu besiedeln. Wie man hört, soll es ihnen dort gut gehen, und ich habe 1861 von einem Besuche des Kaisers bei ihnen gehört, bei dem die schon naturalisirten Kolonisten eine Compagnie Nationalgarde aufbrachten, in welcher die Tiroler in ihrer heimischen Schützentracht gar schmuck und stolz einherzogen. Leider ist es mir nicht bekannt, ob der Herr M. P. Lages, der Gründer dieser Kolonie und Director der erwähnten Gesellschaft, noch Einwanderer aufnimmt und unter welchen Bedingungen dieß geschieht.

Die Kolonie Sta. Thereza in der Provinz Paraná kann ich leider auch nicht meinen Landsleuten empfehlen. Sie hat wohl fruchtbare Ländereien, aber sie taugt mehr zu einer Militär- und Missions-Kolonie, um die nahen Indianerstämme zu bekehren oder abzuwehren, als zu einer ackerbauenden Ansiedelung. Dazu ist sie zu tief im Innern gelegen, wohin nur sehr schlechte Wege führen, hat keinen Markt, wo sie ihre Ernten verkaufen kann und gewährt

Achter Abend.

dem Einwanderer bei der Hinreise keine Unterstützung; auch habe ich nie erfahren können, welche Begünstigungen dort dem Ansiedler bewilligt werden. Endlich besteht sie meist aus Franzosen und Halbindianern, und eignet sich schon darum wenig für die Deutschen.

In der Provinz Sta. Catharina findet wir heutzutage nur eine einzige Privatkolonie, D. Francisca. Diese Kolonie hat eigenthümliche Schicksale gehabt, sie aber Gottlob überwunden und steht jetzt im Begriffe, sich eines vollkommenen Gedeihens zu erfreuen.

Anfangs hatte man die Kolonie in einen sumpfigen Winkel hineingelegt und, statt mit Bauern und Handwerkern, mit Herren und Damen besiedelt; dadurch, daß sie von einem französischen Prinzen im Vereine mit Hamburger Kaufherren begründet wurde, kamen Leute aus aller Herren Länder dahin, Norweger, Franzosen, Schweizer, Deutsche, und die Kolonie verlor ihren deutschen Charakter. Seit nun aber die französische Direction fort ist, seit die Mehrzahl der Herren und Damen sich davongemacht und die Zurückbleibenden fest mit angegriffen haben, seit man die Kolonie weiter ins Innere eröffnete und dabei auf immer besseres, gesundes Land stieß, seitdem hat sich dort Alles wunderbar gebessert und die Verhältnisse Dona Francisca's können gute genannt werden.

Die Gesellschaft gewährt jedem Ansiedler, wenn ich nicht irre, freien Transport von S. Francisco bis auf die Kolonie für sich, seine Familie und Bagage und so lange Unterkunft in den Aufnahmegebäuden, bis das von demselben zu kaufende Land durch Aufbau einer Hütte in thatsächlichen Besitz genommen wird. Damals kostete der Morgen Land 2 Thlr. = 3 Fl. 26 Xr. und mehr, im Innern aber schon bis zu 3 Thlr. = 5 Fl. 2 Xr.; schon gelichtete Ländereien 6—8 Thlr. = 11—14 Fl. rhn.; Stadtland und solches Privatland zwischen schon bebauten Landstrecken kamen noch höher und wurde fast überall Baarzahlung verlangt. Das war ein wenig theuer und die Vortheile, welche die Kolonie mit ihren guten Wegen und sonstigen lobenswerthen Einrichtungen dem Kolonisten bot, wogen den Preis nicht auf. Ich glaube daher, annehmen zu dürfen, daß die Gesellschaft seither ihre Preise herabgesetzt hat oder doch wenigstens die Ländereien zu billigen Bedingungen auf Credit verkauft.

Von den Privatkolonien in der Provinz Rio Grande do Sul sind zuvörderst die beiden Privatkolonien am Taquary, Conventos und Estrella (Silva Mariante), zu erwähnen. Leider sind die Begünstigungen, welche sie dem Ansiedler gewähren, mir unbekannt. Dann kommt die Kolonie der Gesellschaft Montravel, Silveiro und Comp., Maria Einsiedeln, Sta. Maria da Soledade. So viel ich weiß, sind dem Ansiedler dort folgende Bedingungen gestellt:

1) Werden ihnen Landstücke im Umfange von 100,000 □=Klaftern zu dem Preise von 500 $ rs. = 420 Thlr. oder 720 Fl. rhn. verkauft, was ich theuer finde, da die Regierung das gleiche, meist sogar besser gelegene Land um 200 $ wohlfeiler gibt. Der Verkauf geschieht auf fünfjährigen Credit in Raten nach Belieben des Kolonisten; auch werden Feldfrüchte als Zahlung angenommen. Gegen Baargeld kostet ein solches Landloos nur 400 $ rs.

2) Die Gesellschaft sorgt für Aufnahmehäuser, wo die Ansiedler wohnen können, bis sie sich auf ihrem eigenen Lande niederzulassen vermögen.

3) Sie errichtet Magazine und Kaufläden, wo der Ansiedler seine Bedürfnisse möglichst billig beziehen kann.

4) Der Ansiedler verpflichtet sich, 12 Tage im Jahre sammt Familie an den Straßen= und sonstigen öffentlichen Arbeiten zu helfen.

5) Die Gesellschaft reservirt für sich die nutzbaren Gefälle.

Die Kolonie St. Laurenz (S. Lourenço) endlich ward von einem Rheinländer, Hrn. Rheingantz, gegründet, der die Ländereien an die Ansiedler in der von diesen gewünschten Ausdehnung verkauft und zwar den Morgen, zu 500 □=Klaftern gerechnet, je nach Umständen um einen, zwei oder mehr preußische Thaler auf Credit oder gegen Baarzahlung. Auf Credit gibt er das Land auf höchstens 5 Jahre. An Familien, welche ihre Ueberfahrt nicht ganz bezahlen

Achter Abend.

können, gibt er Reisevorschüsse; von Rio Grande aus wird der Einwanderer schnell und kostenfrei auf die Kolonie befördert; endlich liefert der Unternehmer dem Einwanderer bis zur Ernte Lebensmittel zum Kostenpreise, nöthigenfalls auch auf Credit.

Es gibt endlich noch eine Art Kolonien, welche Militärkolonien heißen, weil sie aus verheiratheten entlassenen Soldaten unter militärischer Direction, und zwar an solchen vorgeschobenen Punkten gebildet werden, wo sie die wilden Indianerstämme im Zaume zu halten vermögen. Ich spreche hier nur davon, um Alles zu erwähnen; denn in eine solche Kolonie könnte kein Einwanderer gehen.

Nachdem ich Euch also die Bedingungen, wie die Begünstigungen aufgezählt habe, die einem Einwanderer in Brasilien, sowohl auf Halbpacht-, als auf Regierungs-, Provinz- und Privat-Kolonien geboten werden, bleibt mir noch übrig anzuführen, daß es überhaupt gar nicht nothwendig ist, auf irgend eine dieser Kolonien zu gehen. Sie sind alle, mehr oder minder, nur gebildet worden, um dem Einwanderer die Reise und die Ansiedelung zu erleichtern, weil man voraussetzt, daß wohlhabende Leute jetzt noch nicht, oder wenigstens nur in sehr geringer Zahl nach Brasilien auswandern. Die Kolonien bieten dem Einwanderer auch sonst noch manchen Vortheil: er lebt da mit Landsleuten zusammen, deren Sprache er spricht und deren Sitten er begreift und dergleichen mehr.

Dagegen ist es für den wohlhabenden, unternehmenden Einwanderer, der auf eigenen Füßen zu stehen gewohnt ist, sicher vortheilhafter, sich außerhalb einer Kolonie anzukaufen. Er bekommt da leichter Arbeiter, kauft Land und Vieh wohlfeiler, hat keinen Concurrenten am Markte, hat alle Arbeiten des Urbarmachens und der Anzucht von Obstbäumen, der Baulichkeiten nicht zu verrichten, kann mit verständiger Hand dort nachhelfen, wo es an etwas fehlt, kurz, ich bin der Meinung, ein solcher Einwanderer wird sein Geld schneller und besser rentiren sehen, als einer auf der besten Kolonie.

Aber freilich, ein tüchtiger, kluger, selbstständiger Mann muß es sein, der sich vor dem Ankaufe scharf im Lande umschaut,

Sprache und Leute kennen zu lernen sucht 2c. Leider sind solche Männer unter den Einwanderern noch seltener, als die wohlhabenden; wo sollten unsere Bauern in Deutschland Selbstständigkeit und Scharfblick herbekommen, da man sie fortwährend aufs Maul klopft, wenn sie sich herausnehmen wollen, es aufzumachen! —

Ich kehre nun wieder zu meinen Erlebnissen zurück.

Der Dampfer der sogenannten linha intermediaria, Verbindungslinie, war ein alter, kaum seetüchtiger Kasten. Zum Glück schlich er nur so an der Küste hin, von einem Hafen zum andern, und wir konnten alle Augenblicke landen, wenn es uns schlecht gegangen wäre. Das Wetter aber war prachtvoll und die See ganz ruhig, und so konnten wir in aller Gemüthsruhe die Schönheit der Küste bewundern. Dießmal hungerten wir nicht mehr, und waren wir auch der freien Passage wegen auf den Deckplätzen geblieben, so hatten wir doch Geld genug, um uns diese Plätze mit Allem, was die Küche bieten konnte, angenehmer zu machen. Und wir sparten auch nicht, ja ich muß zu meiner Schande gestehen, daß das gute englische Bier, dem ich lebhaft zusprach, mir seit fünf Jahren den ersten Haarbeutel zuzog, zum großen Ergötzen der Cameraden und zu noch größerem Aerger meines Weibes.

Auf unserer Fahrt nach dem Süden berührten wir Paranaguá als ersten Hafen. Das ist nun der Haupthafen der Provinz Paraná und eine ganz nette kleine Stadt, tief drinnen in einer Bai, sicher vor allen Stürmen und selbst sehr großen Seeschiffen zugänglich. Auf einer der Inseln am Eingange hatte der frühere Schweizer-Consul eine Kolonie angelegt, Superaguhy, die, wahrscheinlich aus Mangel an Geldmitteln, nicht recht vom Fleck kommen wollte und endlich ganz einging. Doch konnte ich in Paranaguá nichts Näheres darüber erfahren.

Die Provinz Paraná steigt gleich vom Meeresufer steil in die Höhe und zwar so bedeutend, daß sie die kälteste Provinz Brasiliens ist. Dann zeigen sich oben große Flächen, auf denen ausgedehnte Weiden mit riesigen Waldungen von Brasilsichten abwechseln. Mitten

Achter Abend.

darin liegt die Hauptstadt Curitiba. Diese hochgelegene Ebene, wo es im Winter, wie bei Euch hier, schneit und friert und der Schnee oft wochenlang liegen bleibt, eignet sich in künftigen Zeiten so recht für deutsche Einwanderer. Es wachsen dort freilich weder der Kaffee noch das Zuckerrohr, aber dafür köstliche Trauben, prachtvoller Weizen und was sonst in Italien und Spanien Gutes und Schönes gedeiht. Die vielen Weiden eignen sich zu großartiger Viehzucht, und ich glaube nicht, daß 20 Jahre vorüber gehen werden, ohne daß sich dorthin vorzugsweise die Einwanderung wenden wird.

Ihr fragt mich verwundert, warum denn das nicht schon jetzt geschehen sei? Als ich vor fünf Jahren in Paranaguá war, zeigte man mir von Weitem die hohen und steilen Gebirge und dann die Züge elender, abgematteter, die Spuren einer äußerst anstrengenden Reise an sich tragender Maulesel, welche die Producte des Hochlandes nach dem Hafen brachten. Darin liegt die Antwort auf Eure Frage: Mangel an einer Straße ist der Grund der Nichtbesiedelung dieser Gegend. Sind die Wege in Brasilien überall schon schauerlich schlecht, so war die Straße nach dem Hochlande von Curitiba das Entsetzlichste, was man sich denken kann. Auf so schlechten Wegen riskirt der Maulthiertreiber seine Thiere, und dazu ist die Last, die er ihnen auflegen kann, so unbedeutend, daß der Preis des Transportes dem der Waare manchmal gleichkommt.

Dieses Uebel dauerte bis jetzt. Seit mehreren Jahren aber haben die Reichs- und die Provinzregierung große Anstrengungen gemacht, um alle Vorkehrungen zu treffen, damit eine Einwanderung möglich werde. Es werden Wege von Blumenau und Dona Francisca nach Curitiba zu führen gesucht und ebenso von Curitiba nach Paranaguá. Diese Wege sollen doch wenigstens gute Saumwege für Maulthierzüge und den Viehtrieb werden.

Aber außerdem wird von Curitiba nach Antonina, dem innersten Hafen der Bai von Paranaguá, eine wahre Kunststraße gebaut, die für Wagenverkehr bestimmt ist.

Um einen solchen hervorzurufen, zu erhalten und zu beleben, hat die Regierung an einer Stelle, Assumguy, ein großes Stück Land vermessen lassen und darauf eine Kolonie angelegt, welche zum größten Theile von deutschen Ansiedlern bewohnt ist. Es ist aber dort noch Platz für wenigstens zehnmal so viel Leute und, sobald die Straße fertig sein wird, bleibt kein Zweifel, daß die Einwanderung rasch zunehmen wird.

Auch die Wege von Blumenau und Dona Francisca aufwärts sollen links und rechts Kolonien bekommen, was schon in Dona Francisca theilweise zur Ausführung gekommen ist. Von der Vortrefflichkeit des Hochlandes, campos acima da serra, ist wol der beste Beweis der, daß Alles in D. Francisca danach strebt, in der neuen Linie Land zu erhalten, und daß Alle, welche wegen der damaligen schlechten Verhältnisse in der Kolonie von dort wegliefen oder wegzogen, auf dem Hochlande sich niedergelassen haben und sich dort sehr wohl befinden.

Als ich in Paranaguá war, wußte man noch nichts von Assumguy, und die große Fahrstraße nach Antonina war nur noch ein bloßes Project. Damals existirte bloß die Kolonie Sta. Thereza, der Kaiserin zu Ehren so genannt, deren ich bereits Erwähnung gethan habe. Früher jedoch war in ihrer Nähe eine deutsche Kolonie am Rio Negro bestanden, die als Kolonie wol zu Grunde gegangen ist, deren Kolonisten aber alle in der Nähe wohlhabende Viehzüchter und Ackerbauer geworden sind.

So geht es überhaupt oft in Brasilien. Eine Kolonie geht zu Grunde, d. h. der Unternehmer oder die Gesellschaft macht sehr schlechte Geschäfte damit, das Geld geht ihnen aus und sie lassen dann die Geschichte fallen und überlassen die Kolonisten sich selbst, ihrem eignen Fleiße und ihrer eignen Rührigkeit. Und siehe da, die verlassenen Kolonisten stehen bald als wohlhabende, angesehene Leute da, während die Gründer und Unternehmer verschollen und vergessen sind.

Achter Abend.

Die Provinz-Regierung von Paraná thut alles Mögliche, um die Einwanderung zu begünstigen: sie bewilligt den Einwanderern reichliche Unterstützungen, Erleichterungen beim Transporte, und es ist gar nicht zu zweifeln, daß es ihren erleuchteten Bemühungen gelingen wird, in wenigen Jahren, sobald die Straßen gebaut und der Verkehr sicher und wohlfeil geworden, also der Verkauf der Ernte gesichert ist, ihr Ziel zu erreichen.

Es ist das um so gewisser, weil man auf dem Hochlande prächtigen Weizen baut, der dem ungarischen gleich ist und dabei sehr reiche Ernten gibt. Wenn Ihr bedenkt, daß ganz Brasilien sein Weizenmehl in Nordamerika und Triest einkaufen muß, weil es selbst keinen Weizen baut, so werdet Ihr begreifen, daß der Bauer, welcher Weizen in Brasilien selbst erzeugt, daraus großen Vortheil ziehen muß, weil er die großen Transportkosten daran profitirt. Ist erst eine Anzahl Ansiedler da, denen die Straßen erlauben, Weizen zu ziehen und zu verführen, so wird es auch an den nöthigen Mühlen nicht fehlen.

Dasselbe ist hinsichtlich des Weines der Fall, der da in den edelsten Sorten gezogen werden und Brasilien einen großen Theil seines Bedarfs liefern kann, den es jetzt mit großen Kosten aus Frankreich, Portugal und Spanien bezieht. Das ist der rechte Boden für unsere Landsleute vom Rhein, vom Main, von der Mosel und vom Neckar, und ich hoffe es noch zu erleben, daß eine Flasche Curitiba-Wein, von Deutschen gezogen, dem Portwein und dem Bordeaux nichts nachgeben wird. —

Neunter Abend.

Ankunft in S. Francisco. — Aufenthalt daselbst. — Georg fährt nach Dona Francisca. — Die Stadt Joinville. — Georg gefällt es dort ganz gut. — Vorzüge und Mängel der Kolonie. — Rückfahrt. — Es wird ihm von Blumenau erzählt. — Wie bringt man eine Kolonie dahin, von ihren Producten verkaufen zu können? — Andere Kolonien am Itajahy. — Das Zuckerrohr, seine Cultur und Verarbeitung. — Desterro und die Provinz Sta. Catharina. — Die alten und neuen Kolonien. — Allgemeine Bemerkungen. — In Sicht der Barre von Rio-Grande.

———

Von Paranaguá fuhren wir Abends aus und lagen am Morgen schon vor der Stadt S. Francisco am gleichnamigen Flusse, der übrigens so wenig ein Fluß ist, als die Bai von Rio de Janeiro, sondern ein breiter, schöner Meeresarm, der die Insel, auf welcher die Stadt liegt, vom Festlande trennt. Die Stadt sieht recht freundlich aus und gefiel uns sehr.

Wir hörten, daß an der Maschine des Dampfers etwas gebrochen sei und daß wir wahrscheinlich einige Tage hier bleiben müßten. Obgleich uns nun der Aufenthalt lästig war, mußten wir uns doch fügen und ich fuhr bald am Vormittage mit meiner ganzen Familie ans Land, da wir gehört hatten, daß in der Stadt viele deutsche Landsleute, unter andern auch deutsche Wirthshäuser seien. Einer von den Bootsleuten, welche uns ans Land ruderten, führte uns zu Hrn. Ulrich, der in der Rua da Praia eine Gastwirthschaft hielt. Dort brachte ich mich nun unter und war bald daheim; es kamen auch viele Deutsche, die gehört hatten, daß Landsleute, noch dazu aus den Parcerie-Kolonien gekommen seien, und die wollten nun alle hören, wie es uns dort ergangen sei. Sie konnten sich nicht genug wundern, daß es uns so wohl ergangen sei; denn man hatte auch ihnen eine Menge Lügen erzählt. Sie selbst waren alle nach der Kolonie D. Francisca gekommen, waren aber nach einiger Zeit in die Stadt gezogen und meist Handwerker, an denen in der Kolonie Ueberfluß, in der Stadt aber Mangel war.

Natürlich fragte ich sie, wie es dort zugehe und wie sich die Kolonie mache; da aber hörte ich die verschiedensten Urtheile, aus denen ich nicht klug zu werden vermochte. Darum, wenn man etwas wissen will, wende man sich an einen erfahrenen, ernsthaften Mann; von dem hört man vielleicht auch nicht die reine Wahrheit, aber doch eher, als wenn man das Geschrei von zwanzig und dreißig verschiedener Gesellen zurecht legen soll. Da sagte Hr. Ulrich endlich: „Landsmann! Wollet Ihr wissen, wie es auf der Kolonie aussieht, so fahret hin; es ist guter Wind, in einer Stunde setzt die Flut ein, da könnt Ihr in 3—4 Stunden oben sein; morgen mit dem Frühesten seid Ihr wieder hier."

„Ja, wenn das Dampfboot nicht wäre; und woher denn gleich eine Fahrgelegenheit? dann kostet es auch Geld."

„Wegen des Dampfboots könnt Ihr ruhig sein; ich habe den Capitän sagen gehört, daß er froh sein will, wenn er in 3 Tagen fortkommt. Könnt aber vorher nochmals anfragen. Fahrgelegenheit ist die schönste, Christiansen ist mit seinem jungen Weibe hier gewesen und fährt mit der Flut nach Hause; herunter kommen alle Tage Boote, da wird Euch eins schon mitnehmen; und was die Kosten betrifft, so nimmt Christiansen gewiß nichts von Euch."

„Ja", fügte rasch Frau Ulrich hinzu, „und Euer Weib und Eure Rangen laßt nur mir da, wir wollen schon für sie sorgen."

Ich ließ mich überreden, und nachdem ich zur Vorsicht erst noch an Bord des Dampfers gefahren war, um mich bei dem Capitän von dessen mehrtägigem Verweilen zu überzeugen, fuhr ich denn glücklich mit dem Holsteiner Kolonisten bei gutem Segelwinde und steigender Flut der Kolonie zu. Ich hatte bis dahin nur Halbpacht-Kolonien gesehen, und da ich jetzt beabsichtigte, mich in einer ganz freien Ansiedelung niederzulassen, so interessirte es mich sehr, die erste Kolonie solcher Art kennen zu lernen.

Wir fuhren zunächst bei schönen Inseln vorüber, wo sonst gewöhnlich die Auswandererschiffe ankern; dann ging es durch eine schmälere Einfahrt in einen Landsee, von wo aus wir schließlich in den Caxoeira-Fluß einliefen, der sehr klein und sehr gewunden ist. Endlich, nach vierstündiger Fahrt, an der Mündung des Bucarein vorüber, gelangten wir nach der Stadt Joinville.

Ein hübscher Weg führte in den Ort, der freilich nicht viel Stadtähnliches hat; aber wer, wie wir, schon brasilianische Städte des Innern gesehen, erwartet nicht mehr von dem Titel. Mein Reisegefährte führte mich in ein ganz gutes Wirthshaus, dessen Herr früher Lehrer im Preußischen gewesen war. Es mochte ungefähr drei Uhr Nachmittags sein; wollte ich von der Kolonie noch etwas sehen, so durfte ich nicht im Wirthshause bleiben, sondern mußte hinaus, um mich scharf umzuschauen. Führer fand ich genug, und als ich dann um 7 Uhr Abends wieder in das Gasthaus trat, hatte ich genug von der Kolonie gesehen und gehört.

Man muß da wohl unterscheiden zwischen den älteren und neueren Theilen. Die älteren haben schlechteren Boden und dazu die Kolonisten zu wenig Land; es ist gar mancher darunter, der nicht mehr als 20 Morgen und oft noch weniger besitzt. Je weiter nach Westen und Norden, desto besser das Land und auch verhältnißmäßig desto größer die einzelnen Loose. Daher mag es auch kommen, daß in den alten Theilen, wozu die Stadt Joinville gehört, so viele Handwerker, besonders Tischler, und Kaufleute vorkommen, während in den neueren Theilen mehr Ackerbau sichtbar wird.

Was ich besonders an D. Francisca rühmen muß, sind die Wege. So fuhr ich auf der Nordstraße bis nach dem fast zwei Legoas entfernten Annaburg auf einem vierräderigen Wagen, wie in Deutschland, und zwar zum ersten Male, seit ich in Brasilien war. Zwischen Joinville und Annaburg ist Alles Kolonieland, ja dieses reicht wol noch zwei Legoas nördlicher. Auch herrschte überall eine gewisse Sauberkeit, und in Joinville selbst gab es gar geputzte Herren und Damen, die wol nicht recht dahin passen.

Die Kolonie scheint recht gut zu gedeihen, besonders dort hinten; aber sie fing damals erst an sich von verschiedenen Uebeln zu erholen, worunter die Vielregiererei, noch dazu von Hamburg aus, das größte war. Auch waren eine Menge Leute dort, die zu keiner Kolonie gehören, und eine Menge Ansprüche wurden gestellt, die für einen solchen Ort nicht paßten.

Zufrieden waren fast alle Ackerbauer, unzufrieden viele der zahlreichen Handwerker, deren für eine solche Kolonie zu viele da waren. Die Ackerbauer litten freilich unter einem schwer zu beseitigenden Uebel, dem Mangel an Hausvieh, zu dessen Ernährung zu wenig Weiden vorhanden waren und dessen Herbeischaffung vom Hochgebirge großen Schwierigkeiten unterlag. Doch theilt Dona Francisca dieses Schicksal mit allen jungen Kolonien der Provinz.

Alles, was die Kolonie an Lebensmitteln erzeugte, ward auch auf derselben verzehrt, ja sie mußte noch viel von Außen her einführen. Nicht, daß sie gar so wenig erzeugte; aber es sind da viele wohlhabende Leute, welche mehr gebrauchen als Andere, und viele Handwerker, welche mehr im Handwerk als im Felde arbeiten, also wenig erzeugen und doch viel brauchen. Für die Landwirthe ist das aber ganz gut, denn sie können so für ihre Ernte hohe Preise erzielen. Schulen und Kirchen sind da für Katholiken und Evangelische und beide sind stark besucht. Leider fehlt es, wie überall, wo mehrere Glaubensbekenntnisse vertreten sind, nicht an Reibereien, an denen glücklicher Weise die Bevölkerung wenig Theil nimmt.

Die Kolonie wird noch immer erweitert, und nicht blos auf dem Eigenthume der Hamburger Gesellschaft, sondern auch auf Regierungsland, wo auch der Boden viel wohlfeiler ist, als ihn die Gesellschaft bei ihren großen Ausgaben zu geben vermag. Wird einmal die Straße übers Gebirge fertig (und das soll schon 1864 der Fall sein), so sind die Ländereien längs derselben den Kolonisten bestens zu empfehlen. Bis dahin ist Joinville ein bedeutender Ort und wird den natürlichen Markt für die Producte der Landwirthschaft bilden.

Im Ganzen genommen ist D. Francisca dem Einwanderer zu empfehlen, besonders dem aus besseren Classen. Der Einwanderer findet dort Alles, was er braucht, zu kaufen; er hat Schule und Kirche, hat Aerzte und Apotheke und alle nöthigen Handwerke, gute Wege, gute Wirthshäuser, Bier, Wein und Branntwein, auch Musik; er kann seine Ernten gut verkaufen, der Boden im Innern ist sehr gut und ergiebig, er findet Mühlen und sonstige Maschinen aller Art.

Und doch zog es mich nicht an, weil es einfach meinem Sinne nicht behagte, so dicht auf einander zu wohnen. Es war mir dort zu zahm, ich sehnte mich, so recht aus dem Walde mich heraus zu arbeiten, und meinem nächsten Nachbar nicht in die Fenster schauen zu müssen. Freilich, ich war jung und kräftig und kannte das Land und hatte eine gute Lehrzeit durchgemacht, um mich jetzt recht nach voller Unabhängigkeit zu sehnen. In D. Francisca kam mir Alles zu europäisch vor, was dem neuen Einwanderer allerdings wünschenswerth ist.

Meine neuen Freunde bewirtheten mich am Abende, und nächsten Morgens gegen Ende der Flut ging ich mit dem gewöhnlichen Botenboote den Caxoeira wieder hinunter und kam nach einer Fahrt von fast 6 Stunden wieder in S. Francisco an.

Dort hörte ich denn viel über die Kolonie erzählen, Lächerliches und Böses, womit ich nicht übereinstimmen kann; denn das Lächerliche wie das Böse haftet nur an Personen, während ich dem Lande und der Kolonie nur Gutes nachsagen kann. Die wenigen Fehler, welche ich vorher rügte, lassen sich noch verbessern, und es ist jedenfalls gar kein Zweifel, daß D. Francisca ein sehr wichtiger Punkt zu werden im Begriffe ist und bedeutende Fortschritte macht.

Die Gesellschaft aber wird wol ihr Geld dabei verloren haben; das schadet auch nichts: es ist Lehrgeld, und die Actionäre können

Neunter Abend.

das Verlorene reichlich hereinbringen, wenn sie es das nächste Mal vernünftiger anfangen.

Im Ulrich'schen Hause sprach man mir eifrig zu, doch ja die Kolonie Blumenau nicht zu versäumen. Alles war des Lobes voll über den Gründer derselben, den Dr. Blumenau, der all sein Geld hineingesteckt habe, der wie der ärmste der Kolonisten lebe und in der Güte seines Herzens von seinen säumigen Schuldnern gemißbraucht werde, da er nicht im Stande sei, hart gegen selbe zu verfahren.

So sei auch er eigentlich ein ruinirter Mann; aber seine Kolonisten kämen ganz gut vorwärts. Freilich habe er, ein Privatmann mit einem Vermögen von kaum 20,000 Thlr., seinen Kolonisten nicht das zu bieten vermocht, was eine Gesellschaft reicher Kaufleute und ein Prinz den Ansiedlern von D. Francisca bot; aber durch umsichtige Wahl des Niederlassungsortes habe er ihnen einen großen Vorzug vor Jenen verschafft.

Und wäre es ihm geglückt, so wohlhabende Leute auf seine Kolonie zu bekommen, hätten ihm solche Capitalien zu Gebote gestanden, so würde dieselbe unstreitig viel weiter gekommen sein als irgend eine andere Ansiedelung. Denn keine ist von der Natur so begünstigt, als Blumenau; keine hat so durchgängig fettes Land und keine hat einen so prächtigen Fluß vor der Thür, der mit Seeschiffen bis hinauf zur Kolonie befahren werden und auf dem der Ansiedler alle seine Erzeugnisse verfrachten kann.

Eben darum aber, weil weniger wohlhabende Leute und weniger Handwerker da wohnen, weil Jeder sich rüstig an die Arbeit in Feld und Wald macht, nach dem Beispiele des Directors mäßig, ja mehr noch als mäßig lebt, kann auch die Kolonie, obgleich sie kaum viel älter als D. Francisca ist, bereits viel von ihren Erzeugnissen verkaufen.

Möge man den Dr. Blumenau zehnmal als einen unpraktischen Menschen oder doch als Pechvogel verschreien — und nach dem, was ich von ihm gehört, ist wirklich etwas daran —: er hat nicht allein

den Platz zu seiner Kolonie gut gewählt, er hat auch noch ein
anderes Verdienst, und das ist, seine Kolonisten auf die beste Cultur
verwiesen und sie angeleitet zu haben, nur wenigen Pflanzen ihre
ungetheilte Aufmerksamkeit zuzuwenden. Die Ansiedler in Blumenau
bauen fast durchgängig Zuckerrohr und bereiten Zucker, Branntwein
und Syrup, die sie, nebst etwas Tabak, ausführen. Von Mais,
Kartoffeln, Mandioc ɛc. bauen sie nur so viel, als sie fürs Haus
brauchen, und führen nur etwaige Ueberschüsse aus.

Daher kommt es, daß auch die Kaufleute der Provinz bald
aufmerksam wurden und daß sie, wenn sie Zucker oder Branntwein
brauchen, sich ihren Bedarf in Blumenau bestellen. Je größer die
Nachfrage, das leuchtet Euch gewiß ein, desto lohnender wird die
Arbeit, und wer erst nur 1 bis 2 Morgen Zuckerrohr baute, wird
demnächst 5 oder 6 anlegen. In D. Francisca kommen die Kolo=
nisten zu keiner rechten Production, weil sie statt Feldbau Garten=
wirthschaft treiben: da ein paar Erbsen, dort einige Kaffeebäumchen,
hier eine Handvoll Zuckerrohr; hier Bataten, dort Kartoffeln, hier
Salat, dort Mendubi, kurz von Allem etwas und im Großen nichts.

Blumenau liegt nur 3 oder 4 Tagereisen zu Pferde von Dona
Francisca am großen Itajahy=Flusse, und zwar von der Mündung
desselben ungefähr eine Tagereise entfernt. Damals, 1857, war sie
noch Eigenthum des Dr. Blumenau, der eigene Bedingungen gestellt
hatte; jetzt hat sie ihm die Regierung abgekauft und gewährt dieselben
Begünstigungen wie auf allen ihren Kolonien; den Dr. Blumenau
hat sie aber zur Belohnung für seine Verdienste zum Director er=
nannt, wofür ihr die ganze Kolonie sehr dankbar ist.

Auch von dieser Kolonie ist ein Weg nach dem Hochlande von
Curitiba beabsichtigt und theilweise bereits in Angriff genommen.
Indeß ist für neue Ansiedler noch genug Land in dem vorderen
Flußthale vorhanden.

Am obern Itajahy, vielleicht 10—12 Meilen von Blumenau
landeinwärts, liegt zum Schutze gegen die Wilden eine Militärnieder=
lassung, Sta. Theresa genannt. In Blumenau selber befindet sich

Neunter Abend.

ein Commando Soldaten, welche zur Vorsorge gegen die Wilden dort liegen, aber bis jetzt seit so vielen Jahren noch nichts zu thun bekamen.

Die ganze Kolonie ist protestantisch und norddeutsch; sie hat auch ihren Prediger, den die Regierung bezahlt, und ihren Schullehrer, sowie Kirche und Schule. Desto schlechter steht es um Weg und Steg. Das Hauptverkehrsmittel ist der Fluß, den man freilich stets benutzen kann; aber der fette Boden des ganzen Thales, die geringe Zahl von Bauhandwerkern setzen der Anlage guter Straßen und Brücken eigenthümliche Hindernisse entgegen, von der Erhaltung derselben gar nicht zu reden.

Dessenungeachtet kann ich nach dem, was ich damals von den Landsleuten am Wirthshaustische in S. Francisco gehört und was mir seitdem Viele bestätigt haben, diese Kolonie Euch allen bestens empfehlen. Es ist so recht die Kolonie für kleine Leute, die auf wenig mehr als ihr Paar Arme angewiesen sind. Dabei geht Dr. Blumenau, der recht zahlreiche Erfahrungen gemacht, jedem Ansiedler mit Rath und That als wahrer Freund und Leiter an die Hand.

An der Mündung des Itajahy liegen aber noch zwei ehemalige Kolonien, deren eine von Belgiern, die andere von Deutschen bewohnt ist, die, schon an die zwanzig Jahre und darüber dorten ansässig, den Ansiedlern in Blumenau als ermuthigendes Beispiel dienen, zu welchem Wohlstande es ein armer, aber arbeitslustiger Mann in Brasilien bringen kann.

In den großen Itajahy ergießt sich der kleine, der von Süden kommt. Auch an seinen Ufern haben sich viele Deutsche, meist auf Sägemühlen, niedergelassen. Es sind aber schon hier im Lande Geborene, also deutsche Brasilianer; weiter oben liegt eine neue Kolonie Brusque, die erst 1859 gegründet wurde.

Die Hauptcultur im ganzen Itajahy=Thale ist das Zuckerrohr. Obgleich ich das erst später so kennen lernte, will ich Euch doch schon jetzt davon erzählen, weil ja der Eine oder der Andere an den Itajahy wandern könnte.

Das Zuckerrohr ist eine sehr schöne Pflanze, von der man übrigens **zwei** Hauptgattungen hat; die eine heißt das Rohr von Cayenne, Canna de Cayenne, die andere das einheimische Rohr, canna da terra.

Das Cayennerohr wird in gutem, frischen Boden oft an 20 Fuß hoch und armdick, während die canna da terra selten höher als fünf Fuß, manchmal, in kälteren Gegenden besonders, auch nur 3 und 4 Fuß hoch wird.

Am Itajahy pflanzt man fast nur Cayennerohr, das auf derselben Fläche **Land um** so viel mehr Ertrag liefert als es größer ist; auf dem Bilde hier könnt Ihr solches Rohr im reifen Zustande sehen, wie es eben abgehauen wird.

Das einheimische Rohr pflanzt man gern in Gegenden, wo **schon Reife und** leichte Fröste vorkommen; denn es ist nicht so sehr empfindlich, wie das Cayennerohr, das gar keine Kälte vertragen kann, während man selbst aus der erfrornen canna da terra, wenn auch keinen Zucker gewinnen, so doch Branntwein brennen kann.

Auch hinsichtlich der Reifezeit unterscheiden sich die beiden Gattungen von einander: das Cayennerohr braucht 14, auch 18 Monate zur vollen Reife, während das einheimische schon nach 12, auch nach 11 Monaten geerntet werden kann.

Am besten wird das Zuckerrohr im frischgebrannten Waldboden gepflanzt, wo es vorzüglich gedeiht und, so lange es klein und schwach ist, **an dem** herumliegenden Holze eine Stütze gegen heftige Winde findet.

Am Itajahy pflanzen die Ansiedler meist gleich nach geschehenem Brande, nämlich **im** Januar oder Februar; erfahrene Zuckerpflanzer aber versichern, daß das Rohr viel kräftiger, saftiger und zuckerhaltiger wird, wenn man mit dem Anbaue bis zum Juli oder August wartet.

Das Pflanzen geschieht mittelst Ableger, das heißt, das dünne Ende des Zuckerrohrs, das ohnehin nicht ausgepreßt, also auch zur **Zucker= oder Branntweinbereitung** nicht verwendet werden kann,

Pflanzen Brasiliens.

Das Zuckerrohr.

Neunter Abend.

wird in noch grünem Zustande abgehauen und in Stücke mit je drei Augen zerschnitten, die in ein vom Unkraute gut gereinigtes Land in flache Grübchen auf drei und vier Fuß Entfernung schräg gelegt und mit Erde leicht bedeckt werden, so daß ein Auge hervorsieht. In 8, längstens 14 Tagen wird dieses Auge treiben. Sind die Pflanzen aufgegangen, so stecke man zwischen ihnen Bohnen oder Kartoffeln oder Mendubi, deren Reinigung gleichzeitig auch das Zuckerfeld reinigt und deren Erträgniß die Kosten des Anbaues wie der Reinigung deckt. Doch muß man ja nicht Welschkorn, Mais, dazwischen bauen, weil dieß dem Rohre zu viel Zuckerstoff entzieht.

Bei dem Häufeln der Kartoffeln und Erdnuß thut man wohl, auch das junge Rohr zu häufeln; sind jene erst einmal reif, so ist das Rohr bald so üppig, daß man nicht leicht mehr durchdringt und kein Unkraut aufkömmt. Im neunten oder zehnten Monat tritt das Rohr in Blüte; die Reife erkennt man daran, daß die Ringe des Rohrs und die Blätter gelb werden und abfallen. Dann ist es Zeit, zum Schnitt zu schreiten; doch erleidet der Zuckergehalt des Rohrs in den nächsten drei Monaten nur geringe Veränderungen, so daß die Ernte und Verarbeitung desselben sich auf diese Zeit vertheilen lassen.

Das Rohr wird mittelst des Fuchses oder des Fakons nahe am Boden abgehauen, gleich von den Blättern, welche als Dünger dienen, befreit und dann mittelst Wagen oder auf Mauleseln in die Quetschmühle gebracht. Man darf keinen Tag mehr Rohr schneiden, als sich am selben Tage verarbeiten läßt; denn es würde schnell gähren und verderben.

Das Zuckerrohr wächst aus der Wurzel wieder nach und gibt in gutem Boden und bei vernünftiger Behandlung 5—12, auch 20 Ernten. Dazu ist es aber unumgänglich nothwendig, daß man das ausgepreßte Rohr wieder auf das Feld bringt und dort in die Erde gräbt, oder wenn man es, wie das oft geschieht, an das Vieh verfüttert — Kühe fressen es ungemein gern — den Koth dieses Viehes als Dünger der Rohrfelder verwendet. Die abgestreiften

Blätter gräbt man mit ein. Geschieht diese Düngung gewissenhaft und reichlich, so ist kein Zweifel, daß das Feld wieder dankbar sein wird. Nimmt das Rohr aber an Erträgniß so ab, daß dessen Verarbeitung wenig lohnt, so muß man die Stöcke ausroden, was eine sehr mühselige Arbeit ist, und das brasilische Gras, die sogenannte Gramma, darauf bauen, mit einem Worte eine Weide anlegen.

Das Zuckerrohrfeld muß man gut einzäunen, weil das Rohr von allen Hausthieren begierig gefressen wird.

Bei der jetzigen unvollständigen Behandlung und den unvollkommenen Maschinen ergibt am Itajahy ein Morgen Land ungefähr 2700 Pfund Zucker und 60 Mediden Branntwein oder einen Ertrag von ungefähr 180 $ reis = 275 Fl. rheinl. Doch kann dieses Einkommen leicht durch bessere Pressen, Sied= und Brennapparate auf das Doppelte und noch höher gebracht werden.

Das Zuckerrohr wird gewöhnlich so ausgepreßt, daß es zwischen aufrecht stehende hölzerne Walzen, die, von Ochsen bewegt, sich gegen einander drehen, gesteckt wird. Das Bild hier zeigt Euch eine solche Quetschmühle, wobei übrigens der Zeichner den zweiten Ochsen vergessen und die Art des Anspannens nicht recht begriffen hat; indeß werdet Ihr daraus doch leicht erkennen, wie das Pressen geschieht. Dieß ist aber schon eine verbesserte Mühle; die gewöhnlichen sind viel plumper und ungeschickter eingerichtet; indeß besser sind sie doch als keine und es kann nicht gleich Jeder eiserne Walzen, von Dampf getrieben, aufstellen, obgleich das freilich schönere und bessere Arbeit gäbe. Es bleibt bei diesen Mühlen oft die Hälfte, meist ein Drittel des Saftes im Rohre.

Es ist gut, wenn die Quetschmühle hoch liegt, so daß der Saft gleich von der Presse in die Siedpfanne geleitet werden kann. Kann dieses aber nicht sein (und das ist am ganzen Itajahy der Fall), nun so muß man eben den vollen Kübel in die Sudküche tragen, was freilich viel Zeit= und Kraftverlust mit sich führt.

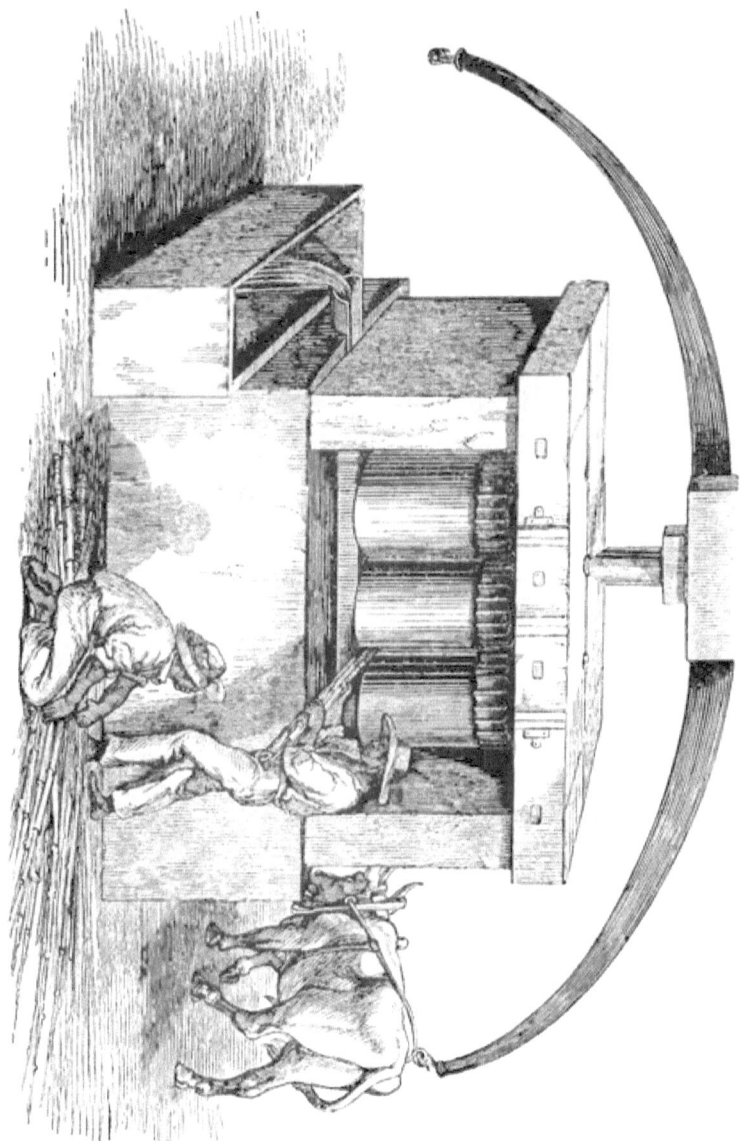

Zuckermühle.

Neunter Abend.

Die Siedpfanne ist ein kupferner Kessel mit flachem Boden und weit genug; die Ansiedler in Blumenau benutzen oft dazu ihre aus der Heimat mitgebrachten Waschkessel, und diese genügen auch. Doch darf der Boden, wie gesagt, nur äußerst wenig gewölbt sein. Ist die Pfanne halbvoll, so zündet man unter ihr das Feuer an. Dann füllt man sie nach und nach zu zwei Drittel und läßt sie lange fortkochen, gibt dann etwas Pottasche oder in lauem Wasser gelöschten Kalk hinein und rührt die Masse um, die man dann noch so lange kochen läßt, bis sie dick und breiartig wird. Die dicke Haut nimmt man mit einem Schaumlöffel ab und legt sie bei Seite. Ist der Zucker ausgekühlt, so füllt man ihn in Gefäße, die unten durchlöchert sind und läßt ihn darin trocknen. Der ablaufende Syrup wird mit dem Schaume zum Branntwein benutzt.

Doch gibt es auch eine künstlichere Art der Zubereitung; die überlasse man jedoch Leuten, welche mehr Kenntnisse haben und ihr Geld an eine Zuckersiederei wenden wollen.

Zuckerrohr bauen lohnt überhaupt nur dort, wo Quetschmühlen und Brennereien sind, obgleich die Besitzer derselben meist die Hälfte des Ertrags als Lohn für die Verarbeitung des Rohrs verlangen.

Der Branntwein, der aus dem Syrup und anderen Abfällen gemacht wird, heißt Cachaça und wird im ganzen Lande, besonders von den Negern und leider auch den Deutschen, stark getrunken. Er ist sehr fuselhaltig.

Der Rum oder, wie er in Brasilien heißt, aguardente da canna, wird gewonnen, wenn der frisch gepreßte Saft in Gährung gebracht und gebrannt wird. Er ist, wie der Cachaça, farblos gleich dem Wasser und wird erst durch das Alter dunkelfarbig.

Der so gekochte Zucker ist natürlich nicht den Zuckerhüten in Deutschland ähnlich, sondern besteht, wenn er getrocknet ist, aus größeren und kleineren Brocken, wovon der bessere weiß, der schlechtere braun ist.

Die Arbeit in der Quetschmühle ist sehr gefährlich und es kann nicht genug Vorsicht dabei empfohlen werden, wenn man das Rohr zwischen die Walzen steckt. Ihr möget das daraus entnehmen, daß man immer ein scharfes Beil bei den Quetschmühlen liegen hat, um durch einen Axthieb, der die in die Walzen gerathene Hand vom Körper trennt, wenigstens zu verhüten, daß der ganze Mensch hineingezogen und zermalmt werde.

Wer nach Brasilien auszuwandern gedenkt und in der Nähe seiner Heimat eine Rübenzuckerfabrik weiß, sollte sich einen Besuch dort nicht verdrießen lassen. Er kann dort manches lernen, was ihm dann hier viel nützen würde; denn im Grunde ist das Verfahren dort und hier ganz dasselbe, nur daß der Saft dort von den Rüben und hier vom Rohre gewonnen wird.

Ich kehre nun wieder zu meiner Reise zurück. Nachdem der Dampfer nothdürftig reparirt war, fuhren wir in 8 Stunden nach Desterro, der Hauptstadt der Provinz Sta. Catharina, zu der aber schon S. Francisco, D. Francisca und Blumenau gehören.

Diese Stadt heißt wol Desterro, aber es nennt sie Niemand so, sondern die ganze Welt nennt sie eben sowohl Sta. Catharina, wie die Insel, auf der sie liegt. Ein schmaler Meeresarm scheidet sie von dem Festlande der Provinz und bildet einen vortrefflichen Hafen, der eine der schönsten, lieblichsten Gegenden der Welt ist. Die Insel und die Stadt sind wegen der Lieblichkeit der Landschaft und wegen der Milde und Zuträglichkeit ihres Klima berühmt, so daß die kranken Reichen in Brasilien und noch weiter her nach Sta. Catharina gehen, um dort zu genesen, gerade so wie die reichen Engländer, Russen, Deutschen 2c. zu diesem Zwecke nach Italien, Madeira und Egypten gehen.

Die Provinz Sta. Catharina aber ist ein sehr gebirgiges, sehr fruchtbares und sehr gesundes Land und deßhalb, wie wegen der großen Leichtigkeit, womit auf der nahen See die Producte verschifft werden können, zur Einwanderung ungemein zu empfehlen, wie denn auch

Neunter Abend.

in dieser Provinz, obwohl sie die kleinste von ganz Brasilien ist, verhältnißmäßig die meisten Kolonien bestehen.

Gleich gegenüber von Desterro, nur wenige Stunden von der Stadt entfernt, liegt die alte ehemalige deutsche Kolonie São Pedro de Alcantara, heute ein brasilianischer Bezirk. Es wohnen da lauter wohlhabende Leute, die ohne einen Heller Geld, nur mit gesunden Fäusten ins Land gekommen waren, und wie stehen sie heute da!

Dann ist da Vargem Grande, der gesündeste Platz; denn seitdem die Kolonie besteht, seit 1834, ist noch Niemand dort gestorben.*)

Dann Sta. Isabel, gegründet 1847 mit Einwanderern, die ein herzloser Speculant einfach nach Rio gebracht und dort ans Land gesetzt hatte, ohne irgend welche Geldmittel, ohne Obdach, ohne alle Hülfe, und die deßhalb in den Straßen von Rio als Bilder der Verzweiflung und des Jammers herumirrten. Die Regierung erbarmte sich ihrer und ließ sie nach Sta. Isabel transportiren, wies ihnen Land an und gab ihnen Lebensmittel. Nach acht Jahren (ich spreche von meinem damaligen Aufenthalte in Sta. Catharina) waren die Leute schon wohlhabend zu nennen und ich lernte in Sta. Catharina einen von ihnen kennen, einen gewissen Seitz, der hatte einen schönen Hof, einige dreißig Maulesel, eine einträgliche Venda und gewiß auch baar Geld.

Als ich in diesem Jahre, 1862, wieder durch Sta. Catharina kam, hörte ich, daß die Regierung dort abermals Ansiedler aufnehme und sie mit einer neuen Kolonie, weiter nach dem Innern zu, nach der Kaiserin Theresopolis geheißen, in Verbindung bringen wolle.

Beide Kolonien gedeihen gut; es sind ja Regierungs-Kolonien. Trotzdem sollen sie anfangs viel gelitten haben, weil die meisten neuen Kolonisten Fabrikarbeiter aus den Eisen- und Stahlgewerken von Solingen waren, die die Feldarbeit gar nicht, den Branntwein und den Ungehorsam aber desto besser kannten..

---

*) Erst 1858 traten Sterbefälle ein.

Die Ländereien am Rio Cedro in Theresopolis sind ganz vorzüglich und der jetzige Director der Kolonie, ein tüchtiger Ingenieur-Officier, Hr. Todeschini, hat fahrbare Straßen angelegt, die der Kolonie bei ihrer kräftigen Entwickelung von größtem Nutzen sein werden.

In Desterro begegnet man überall Deutschen. Man redete mir von allen Seiten zu, hier zu bleiben. Ich hatte aber einmal den Plan festgestellt, nach Sta. Cruz zu gehen und wollte nun nicht abweichen von meinem Vorsatze, obgleich ich recht wohl einsah, daß die Provinz Sta. Catharina dem Einwanderer besonders günstig sei.

Auch in Sta. Catharina, auf der Insel wenigstens, wird ziemlich viel Kaffee gebaut, der sehr gut sein soll.

Es sind in der Provinz auch warme Bäder, Schwefelquellen, obwohl freilich noch aller Luxus der europäischen Bäder fehlt; aber desto wohlfeiler ist ihre Benutzung für die Aermeren.

In der Provinz sind noch viele Flußthäler, welche sich ganz besonders zu Niederlassungen eignen; so das Thal des Itapecu, das des Tejuccas, das des Tubarão, wovon das letztere noch den Vortheil hat, daß es an sehr reiche Steinkohlenlager stößt und von der künftig jedenfalls zu bauenden Eisenbahn von Sta. Catharina nach Porto Alegre, der Hauptstadt der Provinz Rio Grande do Sul, durchschnitten werden muß.

Gold findet man dort freilich wenig, Diamanten gar keine, aber einen reicheren Boden für den Ackerbau findet man nirgends.

Leider hielt sich das Dampfschiff nur die Nacht über in Desterro auf, so daß ich also die Kolonie nicht selbst besuchen konnte. Es waren aber genug von den dortigen Ansiedlern auf Besuch oder in Geschäften in der Stadt, aus deren Reden, Tracht und Zehrung ich leicht ermessen konnte, in wie weit sie der Wahrheit treu blieben. Später habe ich auch wirklich von andern Personen Alles das bestätigen gehört, was mir in Desterro darüber erzählt worden war.

Am frühen Morgen des andern Tages ging der Dampfer wieder in See und am zweiten Nachmittage sahen wir die Barre von Rio Grande vor uns.

Zehnter Abend.

Der Sand von Rio Grande. — Die Deutschen in den südlichen Städten. — Porto Alegre. — Fahrt nach S. Leopoldo. — Industrie und Handel daselbst. — Landpreise und Culturgattungen. — Nutzen S. Leopoldo's für die Provinz. — Landwirthschaftliche Fortschritte. — Reise nach Rio Pardo. — Der Jacuhy, der Cahy und der Taquary. — Director Buff. — Eine Karrete auf dem Wege nach Sta. Cruz. — Die Campos. — Thierreichthum. — Rincão d'el Rei und S. Nicoláo. — Der Farinal. — Die Pikade D. Josefa. — Sta. Theresa. — Aufnahmehäuser. — Lichtung und Hausbau. Palmitten. — Uricannadach und Schindeln. — Eigensinn und gute Vorsätze.

Wer direct von Europa nach Rio Grande kömmt, der wird von Brasilien häßliche Vorstellungen bekommen; denn schon vor der Einfahrt dehnt sich eine große Sandbank, von deren Gefährlichkeit die zahlreichen Trümmer hier gestrandeter Schiffe Zeugniß geben; und hat er die Sandbank glücklich passirt und läuft endlich in der schmalen Einfahrt ein, die der Rio Grande heißt, so reibt er sich die Augen vergebens, um die vielgepriesenen Schönheiten Brasiliens zu entdecken. Links und rechts sieht er nichts als flache Ufer, die meilenweit der Flugsand deckt, aus dem der alte und neue Leuchtthurm der Barre wie warnende Finger emporragen. Hie und da einzelne Häuser mit verlorenem Grün inmitten einer trostlosen Sandwüste, endlich das Städtchen S. José do Norte, halb im Flugsande vergraben, manche Häuser bis ans Dach davon verweht, und ihm gegenüber die Stadt Rio Grande do Sul ebenfalls mitten im Sande. Aber inmitten dieser sandigen Fläche ist viel reges Leben. In den beiden Häfen liegen zahlreiche Schiffe, und wenn diese auch wegen der seichten und gefährlichen Einfahrt nur klein sein können, so ersetzen sie den Mangel der Größe reichlich durch ihre Anzahl. Dampfer kommen und gehen, die Lagôa dos Patos, den S. Gonçalo und den Rio Grande hinauf und hinunter, und in den sandigen Straßen Rio Grande's reiht sich ein Kaufladen an den andern, wie sich am Hafen Löschende und Ladende drängen.

Unser Dampfer war zu groß, um nach Rio Grande hinüber zu kommen; wir mußten deßhalb in S. Jozé ausbarkiren und mittelst Booten nach Rio Grande fahren, wo man uns in ein ziemlich gut eingerichtetes Haus brachte, in dem für unsere Unterkunft und Nahrung gesorgt war. Am andern Morgen sollten wir mit dem Kriegsdampfer „D. Amelia" nach Porto Alegre, der Hauptstadt der Provinz, weiter gebracht werden.

In allen Städten des Südens ist es auffallend, wie vielen Deutschen man begegnet, und zwar je südlicher man kömmt, desto mehr Deutsche trifft man. In Santos waren es wenige, in San Francisco fanden wir schon mehr, in Sta. Catharina stieg ihre Zahl wieder und hier in Rio Grande abermals. Es sind auch sehr viele deutsche Kaufleute hier, unter denen sich Bertram und Claussen mit Kolonisirung von Conventos (Ihr erinnert Euch dessen vom achten Abend her), sowie mit Einfuhr von Kolonisten überhaupt beschäftigten; auch Hr. Rheingantz, der Besitzer der Kolonie St. Lorenz, war früher hier als Kaufmann etablirt.

Von Rio Grande bis Porto Alegre und drüber hinaus dehnt sich ein großer See, an 40 Meilen lang, genannt die Lagôa dos Patos, der Entensee. In den ersten 30 Meilen der Fahrt sieht man auch hier nichts als flache Ufer, hie und da einen Leuchtthurm und westlich das ferne Gebirge, die Serra dos Tapes. Aber im letzten Viertel der Fahrt thürmen sich Hügel auf, die den See beengen, und wenn man aus ihnen heraustritt und der See sich wieder erweitert, sieht man Porto Alegre auf einer Anhöhe höchst malerisch daliegen, schöne Inseln mitten im See, im Hintergrunde hohe Gebirge, von denen drei Ströme dem See zueilen.

Bei der Landung sieht man gleich, daß man sich in einer bedeutenderen und immer noch rasch zunehmenden Stadt befindet;

überall Neubauten, hübsche Häuser mit oft zwei Stockwerken, ziemlich gutes Pflaster und reinlich gehaltene Straßen. War mir aber schon in den anderen südlichen Städten die große Zahl Deutscher aufgefallen, so schien mir Porto Alegre vollends eine deutsche Stadt zu sein. Jeder Kaufladen, jede Handwerkerloja schien nur von Deutschen besetzt zu sein; jedes Gasthaus, jede Venda trug deutsche Namen und das blonde Haar schien wirklich das vorherrschende. Sklaven sah ich auffallend wenig; die Brasilianer aber halten sich meist zu Hause und überlassen die Straßen den Deutschen. Wir quartierten uns bei einem Deutschen ein und hatten den langentbehrten Genuß frischen Roggenbrots mit eben so frischer, ungesalzener Butter; auch hier gebrautes Bier bekamen wir zu trinken und von Deutschen gezogenen Wein versprach man uns zukommen zu lassen.

Fast drei Viertel der Deutschen von Porto Alegre stammen aus der alten Kolonie S. Leopoldo, welche ungefähr 5 bis 6 Legoas nördlich davon liegt. Sie ist schon seit lange ein brasilianischer Bezirk, wo keine Ländereien mehr vergeben werden. Wer sich dort ansiedeln will, muß eben von den dort Ansässigen Grund und Boden kaufen, und das ist ziemlich kostspielig, wie Ihr gleich sehen werdet.

Ich hatte schon so viel von S. Leopoldo gehört, daß ich mich bald entschloß, die Tage unseres Aufenthalts in Porto Alegre zu benutzen, um einen Abstecher dorthin zu machen. Damals fuhr jeden zweiten Tag ein Dampfer hinauf nach der Stadt S. Leopoldo, und ich benutzte einen solchen, um mit einem dortigen Ansiedler hinauf zu machen.

Nachdem wir durch das Nordende des Sees gefahren waren, liefen wir in den Rio dos Sinos, den Glockenfluß, ein, an welchem S. Leopoldo liegt und nach 6stündiger Fahrt kamen wir am Paß von S. Leopoldo glücklich an. So heißt nämlich die Stelle im Flusse; wo eine Furth, eine Ueberfuhr ꝛc. besteht, wo man also den Fluß passiren kann. Hier ist der Fluß breit und meist sehr seicht, so daß man hindurch zu reiten vermag; für Fußgänger und Wagen, so wie für Reiter, die sich nicht unnöthig naß machen wollen, besteht dort eine Fähre.

Hart am Flußufer liegt nun die Villa, d. h. der Flecken S. Leopoldo, ein durchaus deutscher Ort, wenn auch ganz nach brasilianischer Art gebaut. Nur am Südende wohnen einige brasilianische Familien. Im ganzen Orte hört man nur die rheinische Mundart mit portugiesischen Worten wunderlich gemischt, obgleich es im Orte selbst nur Wenige geben wird, die nicht der portugiesischen Sprache vollkommen mächtig sind. Wir stiegen bei Koch, in einem recht sauberen Wirthshause, ab, wo wir uns recht behaglich befanden, und begannen dann den Ort zu mustern. Er besteht aus vielleicht 200 Häusern; in jedem Hause wird entweder ein Ausschank, ein Kramladen oder ein Handwerk betrieben. Das meist verbreitete ist das der Rothgerber, da hier sehr viel Sattelzeug für ganz Südbrasilien und die argentinischen Republiken gemacht wird. Dann kommen die Sattelarbeiter, die Lavrirer, d. h. solche, welche die Lederdecken der Lombilhos mit Arabesken verzieren oder vielmehr dieselben vermittelst Matrizen und Hammer hinein lavriren, d. h. einprägen. Es gibt auch solche Pressen, vermittelst deren dieses im Großen geschieht.

Dann sind hier Zuckerpressen, Brennereien, Hutfabriken, Bierbrauereien, Leimsiedereien, kurz Industrie aller Art, und zwar nicht im kleinsten Maßstabe, zu finden, so daß ein preußischer Gesandter, der S. Leopoldo besuchte, erstaunt ausrief: „Ich glaubte in ein Dorf und zu Bauern zu kommen, aber ich finde eine Stadt und Fabrikanten!"

S. Leopoldo ist auch ein wichtiger Handelsplatz. Hierhin transportirt der Ansiedler seine Producte, welche dann von hier zu Wasser weiter gehen; hier macht er seine meisten Einkäufe und das fällt ins Gewicht, wenn man bedenkt, daß die Ansiedler an 12,000 Seelen zählen, die meist nördlich und nordwestlich von der Stadt S. Leopoldo auf einer Strecke von ungefähr 26 Quadratmeilen, also auf einer Fläche, sechsmal so groß als das Fürstenthum Lichtenstein,

Zehnter Abend.

sich niedergelassen haben, und daß diese Fläche ihr Eigenthum ist.

Die meisten Ansiedelungen liegen jenseits des Flusses und dehnen sich bis über den Rio Cadêa im Norden und über den Rio Cahy im Nordwesten aus.

Der Werth des bebauten Landes in der Kolonie ist schon ungemein hoch. Während man in den noch nicht kolonisirten Theilen der Provinz noch in der Nähe von Flüssen große Besitzungen von mehreren Tausend Morgen mit Wohnhaus, Garten und einiger landwirthschaftlichen Einrichtung sammt großem und kleinem Vieh recht gut um 4 bis 5000 Fl. rheinl. zu kaufen bekommt, während solche Grundstücke im Westen gegen die Missionen zu und in Sta. Catharina, wie in Paranaguá oft kaum 1—2000 Fl. rheinl. kosten, wird in S. Leopoldo selten ein einzelnes in gutem Betriebe stehendes Landloos von kaum 300 Morgen zu haben sein, und dann zu Preisen, die von 5—10,000 Fl. und höher schwanken.

Und das ist in einem Lande, wo man noch Regierungsländereien genug wohlfeil kaufen kann, ein zu hoher Preis, so daß keinem Ansiedler zu rathen ist, sich auf der ehemaligen Kolonie S. Leopoldo anzukaufen.

Die Ansiedler daselbst sind durchaus wohlhabend und haben sich von den Leiden und Drangsalen eines neunjährigen Bürgerkrieges schnell erholt; was aber das Merkwürdige dabei ist, sie verdanken ihren Wohlstand nicht dem Anbau von Zucker und Kaffee (denn für beide ist es hier durchschnittlich zu kalt), sondern dem Welschkorn und den schwarzen Bohnen, der Mandioca und dem Tabak. Mit Welschkorn und schwarzen Bohnen handeln sie, oder richtiger, diese Producte werden bei ihnen abgeholt bis hinauf nach Bahia und Pernambuco und hinunter bis Montevideo und Buenos Ayres. Denn die Zucker- und Kaffeepflanzer des Nordens, wie die Viehzüchter des Südens bauen davon nur das Nothdürftigste für ihren Hausbedarf, während die Städtebewohner ihren Bedarf von weither holen müssen.

Zehnter Abend.

In S. Leopoldo habe ich etwas gefunden, was uns in Santo Jeronymo sowohl als in Sta. Catharina abging, freie offene Flächen, Campos genannt, und auf diesen natürlichen Weiden zahlreiches und schönes Vieh. In dieser Kolonie wurden die ersten Ansiedler jenseits des Flusses auf Campland untergebracht, und sie glaubten auch anfangs das bessere Loos gezogen zu haben. Die folgenden wurden ins Waldgebirge gebracht, und siehe da, bald begannen die Bewohner der Ebene die Waldinsassen zu beneiden, und sie hatten alle Ursache dazu, besonders als der Bürgerkrieg sie ihres Hauptwohlstandes, des Viehes, beraubte und sie so zwang, auf ihrem viel schlechteren Boden Ackerbau zu treiben, der im fetten Waldlande weit besser gedieh.

Die Kolonie war für die Provinz, wie für die Hauptstadt insbesondere von außerordentlichem Nutzen.

Wo in der Provinz, die so groß ist, wie das ganze Königreich Preußen, ein Ort ist, findet Ihr Deutsche und zwar Deutsche aus S. Leopoldo; an 19,000 ihrer Söhne hat diese Kolonie entsendet theils als Kaufleute, theils als Wirthe, theils als Landbauer oder Viehzüchter; keine Kolonie der Provinz ward gegründet, ohne daß S. Leopoldo dazu die ersten Elemente gegeben hätte.

Im Jahre 1857 kosteten in S. Leopoldo 300 Morgen rohes Waldland 800 $rs. = 1142 Fl. rhn. Das war gar manchem Vater, der seinen jüngeren Söhnen einen eigenen Besitz zu kaufen gedachte, zu viel; er gab ihnen daher eine Summe und sie zogen hinaus, um Dieß und Jenes zu treiben, wofür es in S. Leopoldo für sie schon zu enge war. Und die Familien wachsen da wunderbar: acht und mehr Kinder sind die Regel und diese Vollzähligkeit der Familien gibt so recht klar Zeugniß für die Güte des Himmelsstriches.

Und was Porto Alegre angeht, so war es in den vierziger Jahren noch ein elendes Nest, wie so viele brasilische Landstädte, und würde es geblieben sein, wenn nicht der durch die Ansiedler so riesig gehobene Verkehr in Einfuhr und Ausfuhr den Wohlstand

Zehnter Abend.

der Stadt so befördert und ihr Fleiß nicht Markt und Haus der Städter versorgt hätte.

Ich ritt in einigen Schneizen (so nennt man hier nämlich die langen Wegelinien, längs deren die einzelnen Landloose liegen) herum und sah mit Vergnügen und wahrem Herzenstroste diesen wimmelnden Wohlstand und den Segen des Himmels.

Mit wahrer Freude bemerkte ich, daß hie und da Stallfütterung für Kühe, ordentliche Schweineställe, Heumachen, ordentliche deutsche Leiterwagen mit guten Pferdegespannen in deutschen Geschirren eingeführt waren, daß überhaupt deutscher Anbau mit Dünger und Fruchtwechsel den brasilianischen Schlendrian zu verdrängen begonnen hatte.

Es ist gar kein Zweifel und ich habe mich davon später überzeugt, in Rio Grande, besonders aber in S. Leopoldo ist man in vernünftigem Ackerbau weiter fortgeschritten als in den alten Kolonien von Sta. Catharina.

Wollte ich Euch Alles, was ich in S. Leopoldo gesehen, erzählen, ich würde in einem Monate nicht fertig, und es hätte doch eigentlich keinen rechten Zweck; denn, wie gesagt, es werden dort keine Landloose mehr vergeben und S. Leopoldo hat bereits in allen seinen Theilen aufgehört Kolonie zu sein.

Von all dem Gesehenen erfüllt, kehrte ich mit dem festen Vorsatze nach Porto Alegre zurück, in der Nähe von S. Leopoldo mich anzukaufen, sobald meine Mittel es erlaubten. —

Einige Tage später wurden wir auf einem Flußdampfer, wo wir volle Verpflegung genossen, nach Rio Pardo geschafft. Diese dreißig Meilen stromaufwärts zu fahren, war sehr interessant; der Rio Jacuhy ist ein prachtvoller Strom, viel mächtiger als der Rhein bei Mainz, mit wunderschönen Ufern, die auch nicht so unbewohnt sind, wie die jener Flüsse, die ich bis jetzt gesehen. Nur da, wo die Ufer flach sind, verschwinden die Wohnungen, weil der Jacuhy (sprich: Scha=ku=i), wie alle brasilianischen Flüsse, sehr zu Ueberschwemmungen neigt, die oft eine unerhörte Höhe erreichen.

An ihm liegen mehrere Orte und Städte, leider alle mehr oder minder im Verfall und ein Beweis dafür, daß die Provinz eigentlich verarmt ist und früher bessere Tage gesehen hat.

Noch bevor man in den Jacuhy einläuft, passirt man die Mündung des Cahy, eines schönen, klaren und schiffbaren Stromes, an dessen Ufern ein Theil der Kolonien S. Leopoldo's (die Pikade Feliz), dann viele Privatniederlassungen von Deutschen, so das Rosenthal, die Winterschneiz, ferner die Kolonie Maria Einsiedeln (Nossa Senhora da Soledade) liegen und einst noch mehrere liegen werden.

Auf dem halben Wege den Jacuhy hinauf, bei der Stadt Triumfo, mündet, von Norden kommend, der Taquary, ein ebenso großer Fluß als der Jacuhy, der gleichfalls höchst fruchtbare und zur Kolonisation besonders geeignete Ländereien durchströmt und an dessen Ufern die Privatkolonien Conventos, Estrella und Silva Mariante liegen.

Endlich am zweiten Tage legte der Dampfer an einer hohen Uferwand bei, an deren Fuß sich eine Fähre über den Jacuhy befindet. Man steigt die steile Anhöhe hinan und befindet sich dem Städtchen Rio Pardo gegenüber, wo uns Hr. Buff, der Director der Kolonie, schon empfing und in seiner trockenen und schweigsamen Manier uns in das zu unserer Unterkunft bestimmte Haus führte.

Des andern Morgens wurden unsere Sachen auf eine Karrete geladen, welche auch mein Weib und alle Kinder aufnahm; ich selbst bestieg einen am Vorabende gekauften Maulesel, und so zogen wir unserer neuen Heimat entgegen.

Eine Karrete (es thut mir sehr leid, Euch nicht das Bild einer solchen zeigen zu können) ist eine Art Arche Noah auf Rädern. Denkt Euch eine große plumpe Truhe, die oben statt eines Deckels eine Art Zeltdach hat, wie unsere schweren Lastwagen zu der Zeit, wo man noch achtspännige Frachtwagen sah.

Diese riesige Truhe, in der Betten aufgestellt und noch Waaren untergebracht werden können und die ganzen Familien zum Aufent=

Zehnter Abend.

halte dient, ruht auf einem schweren Balken, an dessen Enden zwei Holzscheiben feststecken, welche die Räder vorstellen. Sie sind keineswegs ganz rund und das Holz hat oft eine Dicke von 5—6 Zoll. Die Achse dreht sich mit den Rädern und wird nie geschmiert, so daß die Reibung ein unerträgliches Gekreisch erzeugt, das man auf große Wegstrecken hört und erkennt.

Die Räder sind oft sechs Fuß und darüber hoch, damit man mit der Karrete die kleineren Gewässer trocken durchfahren kann. Als Deichsel dient ein starker Balken von 6—8 Zoll Durchmesser; Das Gespann sind Ochsen, die oft zu 10 und mehr Jochen vorgehängt werden. Die Treiber reiten nebenher, so wie die Männer der fahrenden Familie, und stacheln die Gespanne mit Lanzen aus Bambusrohr, die an der Spitze einen starken, eisernen Nagel tragen. Die Brasilianer behaupten ganz ernsthaft, die Ochsen würden alsobald zu ziehen aufhören, wenn man das Gekreische dieses Fuhrwerks dämpfen wollte, indem man die Achse mit Fett schmierte.

Das Fuhrwerk ist indeß nicht so unpraktisch, als es aussieht; denn seine Höhe, Schwere und Größe eignen es zum „Schiff der Campos". Da führt keine Straße über die ausgedehnten Graswellen, da führt keine Brücke über den Bach und den kleinen Fluß; kein Wirthshaus liegt am Wege, das dem müden Wanderer gastliche Unterkunft für die Nacht böte.

Die Karrete wird, ihres Gewichts halber, selbst in sehr gewagten Situationen noch nicht umschlagen und faßt ansehnliche Vorräthe, dient des Nachts zum Zelte und macht sich äußerst nützlich.

So durchzogen wir die Campos. Was ist denn aber ein Camp? werdet Ihr fragen. Nichts als wilde Wiesen, die sich meilenweit in sanften Wellenhügeln hindehnen. Kein Baum, kein Strauch, nur das einheimische, grobe Gras wächst auf ihnen. Dort aber, wo die Wellen Einschnitte bilden, in denen Wasserrinnen sich befinden, wachsen Gebüsche und Wäldchen, welche man Capões (Ca=pons) nennt. Die Campos von Rio Grande bilden das Flachland der Provinz, die Gebirge der Provinz sind reiches Waldland.

Zehnter Abend.

Auf den Campos kann man so recht deutlich die unendliche Menge Thiere bewundern, welche Brasilien enthält. Im Walde hat man keinen Ueberblick, auch hat das Gehör enge Grenzen, und die Thiere können leicht den Menschen fliehen.

Wo nur eine Lache Wasser war, flogen und saßen Hunderte von Flamingos, Reihern, Wildenten, Strandläufern und andern Wasservögeln herum. Die weiten Wiesen waren von Tausenden von Pferden und Rindern belebt, denn Rio Grande ist wegen seiner Viehzucht bekannt; große Geier saßen auf der Erde, ja selbst auf den wiederkäuenden Kühen und lasen ihnen die Holzböcke und Maden ab; ganze Züge von staarenähnlichen Vögeln trieben sich um sie herum, und die widerlich schreienden Kibitze erhoben sich in großen Ketten. Alle Augenblicke huschte ein Reb= oder Feldhuhn neben uns empor, oder wir sahen einen Lagarte oder ein Gürtelthier (tatú), einmal auch eine große Schlange.

Unser Weg führte uns über den Rincão d'el Rei, wo ebenfalls S. Leopoldenser Land gekauft und sich darauf niedergelassen hatten und nun mit Pflügen ihrer eigenen Erfindung den Camp zu bearbeiten versuchten, obgleich die Viehzucht ihr Hauptaugenmerk blieb. Sie schienen sich gut zu stehen, obgleich erst wenige Jahre vergangen waren, seitdem sie hieher zogen.

Auch kamen wir durch das Dorf S. Nicoláo, wo man wilde Indianer angesiedelt hatte, die sich nun durch kleine Pflanzungen kümmerlich fortbrachten.

Auch an einigen Estancias (Viehhöfen) kamen wir vorüber und hielten endlich Mittagsruhe bei dem Hause der D. Carlotta, das aber jetzt leer und verlassen stand.

Nachmittags brachen wir wieder auf und bald begannen wir in das Bereich des Gebirges zu kommen, das sich selbst seinen Fuß mit Wald umsäumt. Das Nachtlager hielten wir auf dem Farinal (Faschinal), einem ziemlich großen, freien, ebenen Platze, der wegen seiner bequemen Lage am Ausgange der Pikaden und wegen der

Zehnter Abend.

localen Begünstigung zweier Bäche und reichlichen Holzes auch recht geeignet erscheint, als Stadtplatz zu dienen.

Der darauf projectirte, heute schon ziemlich bebaute Ort heißt St. Johann (S. João), wird aber im Munde der Kolonisten noch lange der Faschinal heißen, wenn auch gar kein Dickicht (das mag wol faxinal auf portugiesisch bedeuten) mehr dort zu sehen sein wird.

Am Faschinal erwartete uns der mittlerweile vorauf gerittene Director Herr Buff, ein ältlicher Mann, der früher unter den deutschen Truppen, welche 1834 nach Brasilien kamen, als Officier gedient hatte.

Er machte auch hier nicht viel Worte mit uns, sondern ließ uns unsere Sachen auf Maulesel verladen und nach der Pikade der D. Josefa abmarschiren.

Eine Pikade ist nichts Anderes, als ein in den Wald gehauener Durchschlag, ein Waldweg überhaupt. Die Landloose werden dabei so ausgetheilt, daß jedes an diesen Weg oder diese Pikade stößt. Auf Sta. Cruz (Heiligenkreuz) haben die Landloose 100,000 Quadratklafter oder ungefähr 200 Morgen preußisch. Diese Eintheilung läßt sich leicht vermessen; denn man braucht nur die Pikade schnurgerade zu hauen und dann alle 100 Klafter ein Grenzzeichen links und rechts zu stecken, so hat man die Front der Loose und ihre Tiefe beträgt dann 1000 Klafter, auf welche Entfernung dann wieder kleine Pikaden geschlagen werden können.

Die Pikade der D. Josefa ist so breit geschlagen, daß mit der Zeit eine Fahrstraße angelegt werden kann, was das nicht zu hügelige Terrain dort recht gut erlaubt.

Sie beginnt auf dem rechten Ufer des Rio Pardinho, und nach ungefähr einer Stunde gelangt man an den Ort, wo später ein Städtchen zu stehen kommen soll, das den Namen Sta. Theresa führt.

Dort waren einige etwas armselige Hütten zu unserer Aufnahme aufgeschlagen, wo wir wohnen sollten, bis wir die Unterkunft auf unserem eigenen Lande eingerichtet hätten.

Solche Aufnahmehäuser hat nun jede Kolonie. Und das ist eine sehr wohlthätige Maßregel, weil gar oft bei Ankunft der Kolonisten das Land, welches sie bekommen sollen, nicht einmal vermessen, geschweige die vorgeschriebenen Vorbereitungen getroffen sind.

Da mußten denn ehedem die Kolonisten im Walde bivouaquiren, oft Monate lang, was auf ihre von der Seereise und den Akklimatisationsbeschwerden vielfach angegriffenen Körper häufig sehr nachtheilige Einflüsse übte und Krankheiten zum Ausbruche brachte, deren Ursache man fälschlich dem Klima zuschrieb.

In dem Bilde hier seht Ihr die erste Unterkunft im Urwalde der Kolonisten von damals, einen mühsam von der Pflanzenfülle befreiten Raum und auf demselben ein Zelt aus Stangen und Laubzweigen, um nothdürftig gegen Thau und Regen zu schützen.

Die Aufnahmehütten auf Sta. Cruz waren aber viel schlechter als anderswo und bestanden einfach aus Palmittenwänden mit darüber gebundenen Laubbündeln, ohne Thüren und Fenster, während auf anderen Kolonien die Aufnahmehäuser wol auch nach Landessitte höchst einfach gebaut sind, aber doch sorgfältiger construirt werden.

Indessen hatten die Hütten in Sta. Cruz doch wieder den Vortheil, daß sie die frischen Ankömmlinge nicht in ein Haus zusammenpferchten, was oft den Ausbruch mitgebrachter Uebel, z. B. des Typhus, beschleunigt. Die landesübliche Einrichtung, die Scheidewände der einzelnen Zimmer nur bis zu einer gewissen Höhe zu führen und den Zimmern keine Decke zu geben, führt nicht nur den Uebelstand mit sich, daß jedes Wort, das man in der einen Stube spricht, im ganzen Hause gehört wird, sondern vermittelt außer allen üblen Gerüchen 2c. auch noch die Ansteckung.

Das Alles ist bei den Hütten in Sta. Cruz vermieden oder doch vermindert.

Dessenungeachtet sehnten wir uns, die wir auf S. Jeronymo uns eine ganz traute Heimat gezimmert hatten, aus dem Aufnahme=

Erste Unterkunft im Urwalde.

Zehnter Abend.

haus fortzukommen. Sobald ich also mein Land angewiesen erhalten hatte, ging ich mit einem älteren Kolonisten, der mir gegen Bezahlung seine Dienste anbot, rasch daran, ungefähr einen Morgen Land zu lichten und zum Aufbau meines Hauses zu schreiten.

Freilich soll dieß eigentlich der Director besorgen; aber es tritt oft der Fall ein, daß er nicht genug Arbeiter bekommt oder daß ziemlich viel Kolonisten auf einmal kommen, so daß diese Arbeit ganze Monate in Anspruch nehmen würde. Denn das Ausroden, Hausbauen und die Aussaat oder Anpflanzung können nicht eher gemacht werden, als bis man von der bevorstehenden Ankunft neuer Kolonisten gewisse Kenntniß hat, weil sonst in wenigen Monaten der aufgehauene Wald wieder verwachsen, die Pflanzung von Unkraut überwuchert und das unbewohnte Häuschen verfallen würde.

Andererseits stellt der Director das Haus oft an einem Platze und in einer Weise her, wie es dem Ansiedler nicht behagt.

Da hilft man sich denn mit dem Auskunftsmittel, daß die Ansiedler diese Arbeiten selbst unternehmen und dafür vom Director die Summe erhalten, die zur Herstellung dieser Arbeit ausgeworfen ist.

Und so machte ich es denn auch, und zwar um so leichter, als ich, der bereits fünf Jahre im Lande war, mich der Vorsicht, die in Betreff der Akklimatisations-Beschwerden sonst zu beobachten ist, entschlagen durfte.

Obgleich nun zwar (denn wir befanden uns im October) schon die Fällzeit für den Wald gekommen war, so beschränkten wir uns vorläufig darauf, nur einen Morgen Landes zu fällen und den Platz ganz zu räumen, wo ich mein Haus aufstellen wollte. Ich suchte mir dazu eine Stelle im Walde aus, wo eine ganz sanfte Erhöhung lag, an deren Fuße, vielleicht fünfzig Schritte von dem höchsten Punkte, ein klares Bächlein dahinfloß.

Die Bäume fällten wir so, daß sie thalabwärts fielen, und das Buschwerk räumten wir dann ganz hinaus; die Palmen, Palmitten, schleppten wir heraus, so wie andere junge schlanke Bäume und begannen nun ein Haus herzustellen, wie dieses Bild Euch in dem „Gerippe eines Kolonistenhauses", zeigt.

Wir ebneten den Platz, und nachdem wir soviel Raum ausgemessen, um zwei Zimmer zu haben, an die dann nebenbei die Küche anstoßen sollte, gruben wir auf jeder kurzen Seite drei Löcher auf ungefähr acht Fuß Entfernung von einander und setzten in den 4 Ecken gleich hohe Stämmchen, die eine Gabel bildeten, wovon die Aeste weggesägt waren. In die Mittellöcher setzten wir ebenfalls derlei Stämme, die aber sechs Fuß länger waren. In die Gabeln legten wir Palmittenstämme und banden sie mit Schlingpflanzen fest, die wir genug an den Bäumen des Waldes fanden, wie Ihr an dem oberen Theile desselben Bildes sehen könnt. Diese Schlingpflanzen heißen Sipó (Cipó) und es gibt deren mehrere Arten, von welchen ich Euch später bei Gelegenheit der Holzarten erzählen will.

Den oberen Palmittenstamm verbanden wir dann mit dem unteren durch Palmittenlatten, welche ebenfalls wieder durch solche in Gestalt der Dachlatten überbunden wurden.

Die Palmittenbäume haben nämlich die Eigenschaft, daß sie außen hart wie Eisen und auch schwer durchzusägen sind; dagegen lassen sie sich in Latten von beliebiger Stärke ungemein leicht reißen, die denn auch zu allem Möglichen verwendet werden.

Thür- und Fensterstöcke wurden auf die im Bilde angedeutete Art eingefügt, die Zwischenräume mit dünnen Palmittenlatten gegittert und dann mit etwas durchgeknetetem Lehm verstrichen.

Noch blieb die Deckung des Daches auszuführen übrig. Dazu nimmt man in Sta. Catharina und S. Paulo, auch hie und da in Rio Grande, gern die Rohrart Uricanna, die sehr breite und dichte Blätter hat, die man in Bündel formt und mit der glatten Seite nach abwärts auf die Dachsparren bindet. Natürlich beginnt man die Deckung von unten nach oben. Sind die Bündel dicht, so bieten sie genügenden Schutz gegen jedes Unwetter, und kann man die oberste Lage noch etwas mit Theer bestreichen, so widerstehen

A. Uricanna.
B. Gerippe eines Colonistenhauses.

Fertiges Colonistenhaus.

Zehnter Abend.

sie den Regengüssen, Stürmen und Insekten oft zehn und mehr Jahre. Ein solches Haus sieht fertig dann so aus, wie das Bild hier zeigt und bedarf zu seiner Herstellung nicht eines einzigen Nagels.

Im Walde von Sta. Cruz aber findet man wenig Uricanna; auch ist ein solches Dach dort nicht im Gebrauche. Mein Gefährte lernte mich darum Schindeln machen.

Man nimmt dazu einen Cabriuba-Baum, schneidet ihn in Stücke von einem Fuß Länge, die man aufrichtet und mit Leichtigkeit mittelst Keil und Beil in flache Bretchen von 1—2 Zoll Dicke spaltet, die 1 Fuß lang und ungefähr eben so breit sind. In die Mitte des einen Endes bohrt man dann ein Loch, schlägt einen Zapfen durch und hängt die nun fertige Schindel auf die Dachlatten, die dann freilich etwas stärker sein müssen, um das Gewicht der Schindeln zu tragen. Sind die Schindeln am untern Ende etwas schmäler zugehauen und aneinandergepaßt, so bilden sie ein ganz gutes, dauerhaftes Dach.

Den noch übrigen Lehm verwendeten wir, um einen Fußboden herzustellen, und Thüren und Fensterladen (denn von Glasfenstern konnte keine Rede sein) wurden aus einigen Bretern zusammengezimmert, die mir mein hilfreicher Gefährte abließ. Statt Haspen und Angeln dienten Stücke einer Kuhhaut.

Um das Haus hatten wir einen freien Raum von ungefähr fünfzig Schritt ringsum, der eben genügte, um bei dem Brande, den ich einige Wochen später in das abgeräumte Holz warf, das Häuschen selbst vor dem Verbrennen zu schützen.

Ich sah später ein, wie gut es gewesen wäre, den Waldbrand abzuwarten und dann erst meine Hütte zu bauen, wie es mir alle Leute gerathen hatten. So hatte ich nur meiner Ungeduld Gehör gegeben und mußte dafür Lehrgeld zahlen, indem die Arbeit viel schwieriger, langsamer und theurer wurde; ja ich durfte Gott danken, daß das so mühsam Hergestellte nicht ein Raub des unvermeidlichen Brandes wurde.

Dieß sah ich denn nun ein und nahm mir fest vor, in Dingen, welche ich erst zu lernen hatte, künftighin dem Rathe erfahrener Leute und nicht mehr meinem Kopfe allein zu folgen — ein Entschluß, den ich Jedem meiner auswandernden Landsleute wärmstens empfehle, weil er ihnen viel Mühe, Zeit, Geld und Enttäuschungen ersparen wird!

Eilfter Abend.

Georg und Liese halten Umschau in der Kolonie. — Innere Hauseinrichtung. — Welschkornbrod. — Der brasilianische Wald. — Palmen. — Nadelholz. — Laubholz. — Das Unterholz. — Die Cipós. — Wann ist die beste Zeit zum Holzfällen? — Das Rossen. — Die Verwendung des Holzes. — Nachlässigkeit der Ansiedler. — Freie Jagd und Fischerei. — Hoch- und Niederwild. — Federwild. — Fische. — Zäune; Corral; Potreiro. —

Kaum waren wir ein wenig in unserem neuen Häuschen eingerichtet, so sahen wir uns nach unsern Nachbarn und in der Kolonie um. Denn obgleich meine Liese im Aufnahmehause bereits manche Bekanntschaft angeknüpft hatte, so gab es doch eine Menge Dinge, die eben meist den Mann angehen und bei denen er auch dabei sein muß. Hatte nun mein Weib bereits in Erfahrung gebracht, wo die nächste und wohlfeilste Venda (Kramladen) und wo Schuster und Schneider zu finden und im Nothfall eine Nähmamsell aufzutreiben wäre, wo die Kirche läge und wie der Hr. Pastor hieße und dgl. mehr, so mußte ich erfahren, welche Producte ich am besten ziehen könne, welche Pflanzzeit einzuhalten sei, wie die Frucht- und Viehpreise wären, und das erforschte ich denn auch redlich.

Die Einrichtung unserer Hütten war bald geschehen: ein Paar hölzerne Böcke mit Bretern darüber, auf welche die mit Maisstroh gefüllten Bettsäcke kamen, unsere Kisten als Schränke, ein rohgezimmerter Tisch und ein Paar Bänke machten unsere ganze Zimmereinrichtung aus. An den Wänden hing ein kleiner Spiegel als einziger Zierrath; und das war gut, denn in dem Lehmanwurfe haftete ja kein Nagel.

Die Kücheneinrichtung war noch einfacher: ein großer eiserner und ein etwas kleinerer Kessel zum Kochen der Speisen (im Nothfalle thut's auch einer allein) und dann ein kleiner Kaffeekessel, ebenfalls von Eisen; ferner eine kleine amerikanische Kaffeemühle, die an einem der Pfosten der Küche festgeschraubt wurde.

Als Schüsseln und zu Gefäßen aller Art dienten Gamellen (gamellas), Mulden, aus ganzen Stücken Holz geschnitzt, in verschiedenen Größen.

Da ich auf meinem Landstücke einen kleinen Steinbruch auffand, der hinlänglich breite und flache Steine lieferte, so hatte ich daraus einen Herd gebaut, während sonst der Feuerplatz in einer Vertiefung besteht. Ebenso dienten mir die Steine, einen Backofen zu bauen, das heißt von Steinen die Unterlage herzustellen und die Decke und Wölbung aus Lehm zu machen.

Ihr werdet fragen, wozu ich einen Backofen baute, da man ja doch in Brasilien im Allgemeinen kein Brod, sondern statt dessen das Mandiokmehl ißt? Freilich auf den Halbscheidkolonien und auch auf den meisten andern Kolonien in Sta. Catharina ißt man viel oder auch nur Mandiokmehl; aber in S. Leopoldo und in mit S. Leopoldern gegründeten anderen Kolonien in Rio Grande kennt man dasselbe fast gar nicht, sondern bäckt Brod und zwar in S. Leopoldo viel Roggenbrod, sonst aber Brod von Welschkorn. Hie und da mischt man das Welschkornmehl mit Roggen oder Weizen oder auch mit Mandiok; aber meist ißt man nur Welschkornbrod, das ganz gut schmeckt, besonders frisch gebacken oder wenn das Mehl fein gemahlen ist. Mir ist es lieber, als Weizenbrod, das viel zu theuer kommt, und frisch gebacken kann ja alle Tage oder jeden zweiten Tag immer werden. Das Brod wird am besten, wenn man Mehl von **weißem** Welschkorn nimmt, erst nur die Hälfte desselben mit heißem Wasser anrührt und nachdem dieser Teig gut durchgeknetet worden, den Sauerteig dazu gibt und dann rasten läßt. Man macht die andere Hälfte mit **kaltem** Wasser an und mischt

Eilfter Abend.

hierauf beide Theile zusammen, formt die Brodlaibe und bäckt sie in einem ziemlich heißen Ofen.

Die Erkundigungen, welche ich einzog, betrafen auch die Kenntniß der Waldbäume hiesiger Gegend, und da kann ich Euch sagen, daß im südlichen Brasilien zwar fast überall dieselben Bäume wachsen, häufig aber an den verschiedenen Orten andere Namen haben.

Die brasilischen Waldbäume lassen sich einfach in Palmen, Laubholz und Nadelholz eintheilen. Von Palmen sind einige Arten vorhanden; die häufigste ist die Kohlpalme (palmitto Içara), von deren Brauchbarkeit und Verwendung ich Euch schon so manches gesagt habe.

Das Nadelholz ist durch eine einzige Gattung vertreten, durch die Brasilfichte, pinheiro. Dieser wunderschöne Baum kommt vereinzelt nur in den kälteren Gegenden Rio-Grande's, Sta. Catharina's und Paraná's vor, in ganzen Wäldern aber nur auf dem Gebirge. In Sta. Cruz ist er häufig zu finden, und er zeigt überall guten Boden an. Ich habe solche Pinheiros gesehen, welche von vier Männern mühsam umklaftert werden konnten und 120 Fuß und darüber Höhe hatten. Aeste setzt der Baum erst auf 40 Fuß und darüber an. Er eignet sich vorzüglich zum Bretersägen, da er in noch weit höherem Maße als Eure Tanne gerade gewachsen ist und nur sehr allmälig an Umfang abnimmt. Sein Holz ist sehr leicht zu verarbeiten und sehr schön.

Das Laubholz dagegen ist in unzähligen Arten vertreten und zeichnet sich durch seine Schönheit, Güte und meist auch durch große Härte aus. Die vorzüglichsten Bäume sind folgende:

Die Ceder, cedro. Gewiß habt Ihr schon Cigarrenkistchen gesehen; diese sind meist alle aus dem Cederholze gemacht, das sich sehr leicht spalten läßt. Es ist von blaßvioletter Farbe, hat einen eigenen Geruch, läßt sich gut verarbeiten und nimmt die Politur leicht an; es wäre auch zu Fournieren vortrefflich. Es wird von den Tischlern sehr gesucht.

Der Angica. Dieses Holz ist sehr hart und hat eine fast dunkelrothe Farbe; es wird sehr als Bauholz gesucht, weil es sehr schwer fault und eignet sich auch sehr zu Canôas.

Der Canela. Davon kenne ich die weiße und die schwarze Art, canela branca e preta. Er liefert ein sehr gutes Bauholz, ist aber zum Brennen fast untauglich, da z. B. die schwarze Art einen unerträglichen Gestank verbreitet.

Grapiapunha. Ein sehr festes, dauerhaftes Bauholz von gelber Farbe.

Cajueira, von uns Schwarzherz genannt. Dieser Baum wird selten in großen Stämmen gefunden. Seinen deutschen Namen hat er von der schwärzlichen Färbung des Herzens; sonst ist seine Farbe grau. Er ist sehr beliebt bei Tischlern und Schäftemachern; die Deutschen und Eingebornen machen gern Ladestöcke aus ihm, weil dieß Holz sich bis in die dünnsten Streifen spalten läßt.

Cabriuba ist ein außerordentlich hartes und dauerhaftes Holz, welches lange Zeit zum Trocknen braucht und besonders zu Schiffs=masten und Bauholz gesucht wird. Aus diesem Holze riß ich meine Schindeln, deren ich gestern erwähnte. Das Holz ist so rein und gut, daß, wenn einmal ein solcher Stamm im Brande ist, er auf ein Klümpchen Asche zusammenbrennt; darum liefert er auch gute Pottasche. Die Rinde gibt einen guten Gerbestoff.

Carvalho. Davon gibt es zwei Arten, die weiße und die gelbe. Der Baum gibt gutes Brenn= und Bauholz.

Louro. Ein sehr schönes, bräunliches Holz, das besonders zu Tischlerarbeiten, zu Bretern und Bauholz verwendet, sowie seiner Zähigkeit wegen zu Mastbäumen außerordentlich gesucht wird. Die Ruder von Louroholz werden allen andern vorgezogen. Wo viele Lourobäume stehen, da ist vorzüglicher Boden.

Araçá ist ein Baum, dessen Stamm gleich Eurer Platane sich schon von Weitem durch seine gelbe Farbe bemerkbar macht; er liefert gutes Bau= und noch besseres Drechslerholz, seine Rinde gute Farbe. Kocht man das Holz einige Stunden in scharfer Lauge und setzt es

eine Zeitlang dem Rauche aus, so eignet es sich vorzüglich zu Wagen=
achsen und zu Kammrädern bei Mühlen; ebenso Pinho und Hipé.

Patinga ist ein sehr schlanker, langsam wachsender Baum;
er hat eine Rinde, die an Eure Fichten erinnert. Das Holz ist
ungemein hart; man benutzt es am liebsten zu Dachrippen.

Peroba, ausgezeichnetes Schiffsbauholz, das sich die Regierung
für die Kriegsmarine vorbehält.

Hipé. Dieß ist das härteste und schwerste Holz in Brasilien,
das deßhalb auch ausschließlich zum Baue der Räder der Karreten,
wie zu Walzen in den Zuckermühlen genommen wird. Es ist schon
ziemlich selten geworden und deshalb sehr theuer.

Timbauba. Dieser Baum wächst sehr schnell und erreicht
einen bedeutenden Umfang; sein Holz ist fest, dauerhaft und dabei
doch leicht, weßhalb man es mit Vorliebe zu Canôas nimmt.

Gamelleira. Aus seinem Holze verfertigt man die von mir
vorhin erwähnten Gamellas; solche von $1\frac{1}{2} - 2$ Fuß Durchmesser
kommen auf 4 — 6 Patacas zu stehen.

Der Gogonha. Er ist eigentlich der interessanteste Baum
Südbrasiliens. Er kömmt in großen Wäldern vor und liefert in
seinem Laube den beliebten Paraguaythee, Maté. Das Pflücken
und Dörren dieser Blätter und der Handel mit denselben beschäftigt
und nährt eine große Anzahl der einheimischen Bevölkerung, so wie
viele einheimische und ausländische Kaufleute, da der Maté in Tau=
senden von Centnern außer Landes verkauft wird. Hauptsächlich
wird er in der Provinz Paraná erzeugt und der Hafen von Para=
naguá ist besonders wegen der Ausfuhr von Maté wichtig.

Weiter nördlich, ja schon im Küstenlande von St. Catharina,
gedeihen viele feine Hölzer für Kunsttischler, als das Rosenholz,
Jacarandá und auch Bäume mit medizinischer Wirkung, als der
Copahibabaum, dessen Harz den berühmten Balsam liefert.

Die Rinde des Santa Rita, des Araçá capororoca, des Tim=
bauba sowie die Blätter und dünnen Zweige des Manguebaumes
geben sehr gute Gerberlohe.

Ein brasilianischer Wald sieht eigenthümlich aus; selten wird man sehr dichten Baumwuchs finden. Zumeist bilden Schlingpflanzen, Dorngestrüpp, bambusartiges Rohr (taquara) mit Stachelpalmen, wilden Ananas 2c. vermischt, den Wald, aus dem nur in Zwischenräumen junges Holz und alte Bäume empor ragen, die häufig bis in ihre Gipfel von Schmarotzerpflanzen verdeckt sind. Ein Spaziergang im Walde gehört zur Unmöglichkeit, wenn man nicht jeden Schritt mit dem Fakon oder dem Fuchs in der Hand erkämpfen will. Dieser üppige Unterwuchs ist Schuld an der verhältnißmäßig geringen Anzahl großer Bäume, da die vielen Schlingpflanzen die jungen Stämme durch Saftentziehung tödten, so daß nur besonders tüchtige Exemplare zur vollkommenen Ausbildung gelangen können.

Die hauptsächlichsten Schlingpflanzen sind die Cipós; die bekanntesten darunter der Cipó matador, der oft zu riesigen Exemplaren anwächst, der Cipó d'Imbé, welcher am häufigsten anstatt Taue, Stricke 2c. verwendet wird; der Cipó liasso, der die Schnüre für den Hausbau liefert; dann der Cipó canirana und der Cipó milhomo, die man als wirksames Mittel gegen Schlangen- und Spinnenbisse, in Stücke zerschnitten, mit Branntwein ansetzt, von dem man dem Gebissenen wiederholt etwas zu trinken gibt, während man zugleich die Wunde damit wäscht.

Ferner gehört hierher die Vanille, welche in St. Catharina oft wild wächst und weiter im Norden sehr häufig getroffen wird, so z. B. bei der Kolonie Rio Novo, Sta. Isabel 2c.

Noch sind die großen Cactus zu erwähnen, die aber mehr auf den Campos vorkommen und zu unglaublicher Stärke und Höhe heranwachsen, so daß man sie zu Zäunen verwendet.

Will man nun den Wald so schlagen, daß die gefällten Bäume gutes Nutz- und Bauholz geben, daher gegen Wurmfraß und Wespennester geschützt sind, so muß das so eingerichtet werden, daß das Fällen während der Mond im letzten Viertel steht vorgenommen wird, worauf ich Euch nicht genug aufmerksam machen kann.

Bevor man nun wirklich an's Fällen geht, sucht man aus dem dazu bestimmten Theile des Waldes Alles heraus, was man nicht verbrennen will; so sammelt man Uricanna, die verschiedenen Cipós ꝛc. Alsdann schlägt man mit dem Fuchs und dem Fakon alles Unterholz nieder, wozu sich besonders der Fuchs sehr eignet, da man damit selbst armdicke junge Bäume mit einem Streiche zu fällen vermag. Dann verfahre man besonders sorgfältig mit dem Durch=hauen aller an den Bäumen hinaufrankenden Schlingpflanzen, die oft mehrere Bäume mit einander verbinden. Diese Arbeit, welche man Buschen nennt, ist sehr nothwendig, weil eine einzige nicht durchgehauene Schlingpflanze dem fallenden Baume eine ganz andere Richtung gibt, was schon häufig genug den Tod des Holzfällers verursachte.

Sind dann endlich die Bäume gefällt und hat man Platz und Zeit dazu, so versäume man nicht, die Zweige der gestürzten Bäume abzuhauen.

Das bleibt dann alles der Sommersonne zum Austrocknen überlassen, was bei günstigem Wetter in 4—5 Wochen geschehen sein kann. Hierauf steckt man den Haufen an der Windseite an und läßt ihn verbrennen. Die Blätter, das Gestrüpp, die abge=hauenen Zweige, das junge Holz brennen dann lichterloh, während die größeren Stämme, wegen ihrer großen inneren Feuchtigkeit, nur eben etwas versengt werden. Brennt die Rossa gut, so bleibt von dem Genannten nichts als oft fußhohe Asche zurück. Brennt sie schlecht, so muß nachgeholfen werden, indem man bei dem soge=nannten Räumen die unverbrannt gebliebenen Reste auf Haufen zusammenträgt und diese abermals anzündet. Dann breitet man die Aschenlage, diesen so vortrefflichen Dünger gleichmäßig aus und beginnt die Pflanzung, die um so eher gedeiht, als der mächtige Brand die Wurzeln alles Unkrautes, vielen im Boden gelegenen Samen und die Larven schädlicher Insekten vertilgt hat.

Zu frischem Urwaldboden taugt am besten Zuckerrohr, Welsch=korn und Bohnen; Kartoffeln und Mandioca am wenigsten.

Das Rossen (Niederschlagen und Brennen) des Waldes ist die härteste und schwerste Arbeit des Ansiedlers; aber sie wird ihm bald die liebste, da er einsieht, wie gut Alles im frischen Waldboden gedeiht. So richtet er sich denn oft nur allzugern nach der brasilianischen Sitte, welche, statt ein Stück urbar gemachtes Feld in gutem Zustande zu erhalten, lieber ein neues Stück Wald niederschlägt, sobald die letzte Roßa anfängt weniger reichlich zu tragen.

Das Holz des gefällten Waldes wird verschieden verwendet; die meisten Ansiedler lassen es liegen, bis sie ein Stück davon zu Schindeln, zum Hausbau oder zum Bretersägen brauchen. Da in Brasilien und selbst auf den Kolonien Sägemühlen selten sind, wohin sonst die Ansiedler gern ihr besseres Holz schleppen und die Breter mit dem Sägemüller theilen, so werden die meisten Breter von den Kolonisten selbst mittelst der Spaltsägen geschnitten. Die Leute arbeiten im Akkord, und zwar erhalten sie per Fuß der Länge 40—50 auch mehr Reis = $3^1/_2$—4 Kr. rh. und mehr. Leute, welche damit umzugehen verstehen, suchen Timbauba- und Angica-Stämme heraus und verarbeiten diese mittelst Axt und Stemmeisen zu Canoas; Andere suchen die Gamelleira, um Gamellen zu machen. Doch beschäftigen sich selten die Deutschen hiermit und überlassen diese Arbeit lieber den hierin sehr erfahrenen und geschickten Brasilianern indianischer Abkunft.

Andere suchen Pottasche zu brennen für den Hausbedarf; denn an den Handel denken sie nicht.

Im Westen von Rio Grande (so habe ich gehört) brennen die Leute einfach eine Brasilfichte, in deren Asche man ganze Klumpen reinster Pottasche findet, die zur Bereitung der Hausseife für ein ganzes Jahr ausreicht.

Auch mit Kohlenbrennen könnte sich Einer oder der Andere Geld verdienen, der nahe genug am Wasser und bei einer Stadt wohnt, so daß die Transportkosten nicht zu hoch kommen. Denn Kohlen verkaufen sich in allen brasilianischen Städten gut.

Der Kolonist thut aber gewöhnlich von dem allen nichts und ist nur bedacht, die im Felde herumliegenden Klötze nach und nach

Colonisten-Wohnungen auf Dona Francisca.

da, wo sie liegen, zu verbrennen, und freut sich jedesmal kindisch, wenn solche Stämme schön auflodern.

Ich aber, liebe Landsleute, rathe Euch, seid nicht zu verschwenderisch mit Eurem schönen Holze; schneidet die langen Stämme kürzer und handlicher und schafft sie nach und nach in die Nähe Eures Hauses, wo Ihr sie an einem trockenen Platze für die Zukunft aufstapeln mögt. Das gute Holz dauert dort Jahrzehnte aus, und es wird plötzlich einmal der Tag kommen, wo Ihr es so gut zu verwerthen im Stande seid, daß die geringe Mühe des Absägens und Herausschaffens reichlich belohnt wird.

Und käme dieser Tag nicht, so kommt doch gewiß der, an dem Euch die bescheidene Hütte nicht mehr genügt und Ihr gern Geld und Mühe verwendet, um diese Hütte in ein Haus zu verwandeln. Dann werden Euch diese aufgestapelten, ausgetrockneten Hölzer prächtige Dienste leisten, um Euch ein Häuschen herzustellen, wie ich solche bei den älteren Ansiedlern in D. Francisca schon häufig getroffen habe und wie sie Euch das Bild hier zeigt. Und damals, als diese Häuser gebaut wurden, waren die ältesten Kolonisten noch nicht einmal volle 7 Jahre dort.

Kehren wir aber zu unserm lieben Walde zurück. Ich kann davon nicht scheiden, ohne auch von dem Wilde zu sprechen, das indeß nicht den Wald allein, sondern auch den Camp und die Niederungen nicht bloß Rio Grande's, sondern auch Sta. Catharina's 2c. belebt. Ich führe dieß um so breiter aus, als in Brasilien Jagd und Fischerei vollkommen frei sind, also Jeder, selbst der Geringste, jagen und fischen kann, wie ihm beliebt. Da gibt es keine Förster und Jäger, also auch keine Wilddiebe.

Von Insekten, Schlangen und Tigern habe ich schon früher gesprochen, wie von anderem Raubwild.

An Hochwild enthält der brasilianische Wald den Tapir oder die Anta, wie ihn die Brasilianer nennen. Er ist wie ein Esel anzuschauen, nur hat er eine Schnauze, die einem Schweinerüssel ähnlich ist; er ist so groß wie eine kleine Kuh, sehr scheu und furchtsam, kommt daher selten zum Schusse, sondern wird meist in Gruben gefangen, die man am besten an den Trinkplätzen der Thiere gräbt. Das Fleisch schmeckt wie Rindfleisch.

Dann ist da eine Hirschart, kleiner als unsere Rehe, und eine Rehgattung von der Größe unserer Ziegen.

Endlich zwei Arten Wildschweine, wovon die einen, die sogenannten cattetes, auf dem Rücken eine Drüse haben, die gleich nach ihrem Tode herausgeschnitten werden muß, wenn das Fleisch genießbar bleiben soll.

Die zweite Gattung, tatés, sind bedeutend kleiner, als die deutschen Wildschweine und leben in Herden von oft mehreren Hundert Stück beisammen, die häufig den unvorsichtigen Jäger, der auf ein Stück geschossen hat, angreifen.

Eine weitere Wildgattung sind die zwei Affenarten: macacos, welche graubraun, und bugius, welche dunkelroth aussehen und den Wald mit ihrem Gebrülle füllen; sie werden häufig gegessen.

Dann sind die Apaca ein vortrefflicher Braten; Ihr könnt sie hier auf dem Bilde sehen. Ferner findet sich das Tatú oder Armadill, welches ebenfalls sehr gut schmecken soll, der Waschbär oder das Coaty.

Endlich nenne ich von den Amphibien die große eßbare Eidechse, Lagarte (Ihr findet sie ebenfalls hier auf dem Bilde) und das Capivary oder Wasserschwein dessen thraniges Fleisch nur in gebeiztem Zustande eßbar wird, dessen gegerbtes Fell aber die für eine Satteldecke unschätzbare Eigenschaft hat, daß sie den Schweiß durchläßt.

Auf dem Bilde hier seht Ihr zwischen Lagarte und Apaca noch den Ameisenbären, Tamanduá, der eigentlich nur für Fallenstellerjagd taugt und nur für europäische Menagerien gefangen wird.

Bietet der brasilianische Wald verhältnißmäßig wenig vierfüßiges Wild, so enthält sowohl der Wald als auch der Camp um so zahlreicheres Vogelwildpret. Der Camp hat zwei Gattungen Rebhühner, wovon die größeren Pernizes, die kleineren Codornizes heißen. Dann der König des Federwilds, der Jacutinga, von der

Thiere Brasiliens.

a) Der Leguan (lagarte).
b) Der Ameisenbär (tamanduá).
c) Die Paca.

Eilfter Abend.

Größe eines Puters und mit dem Geschmacke des Fasans; der Jacu, ein Wasserhuhn; die wilde Ente, Mareca, die Wildgans, Marecão; der wilde Puter, Suriema; die brasilianische Nachtigall, der Sabiá in zwei Arten, die beide gleich gut zu essen sind; Schnepfen, Regenvögel, drei Gattungen Wildtauben, Tukans, Reiher, Störche und Strauße (Emas); endlich ein Heer von Papageien, vom kleinsten Peroquito angefangen, dem Caturraz, dem Maitaca bis zum großen Arará hinauf.

Die Jagd im brasilianischen Walde ist aber sehr mühsam und trügerisch. Für's Erste ist es schon eine unendliche Arbeit, sich im Walde zu bewegen; dann verursacht jede Bewegung so viel Geräusch, daß das Wild frühzeitig gewarnt wird und entflieht. Kommt man aber doch zum Schusse und trifft sein Ziel, so ist zehn gegen eins zu wetten, daß es in ein solches Dickicht fällt, dessen Durchstöberung oft geradezu unmöglich ist.

Dazu kommt der Mangel an dressirten Hunden. Man zieht deshalb vor, des Morgens und Abends das Wild bei seiner Tränke zu belauern oder, noch besser, den Wald an seinen Tränkplätzen zu verhauen und nur einige Wechsel offen zu halten, wo mit leichter Mühe Fallen aufgerichtet werden können, wie denn die Deutschen in Brasilien auch wirklich ihre meisten Wildbraten mittelst der Fallen erwischen.

Das Ema oder der Strauß lebt auf dem Camp allein und wird zu Pferde gejagt und mittelst des Laço und der Bolas gefangen.

So reich Camp und Wald an Wild, ebenso reich sind Flüsse, Seen und Meer an Fischen, und zwar an sehr schmackhaften und großen. Die Ansiedler fangen selten mit dem Netze, noch seltener mit der Stechgabel, auch nicht mit der gewöhnlichen Angel, sondern am liebsten mit der Grundangel. Das ist eine starke Schnur, die mit Steinen belastet, quer durch das Wasser gezogen wird und an der sich von Strecke zu Strecke starke, mit Köder bespickte Angeln befinden. Die Ausbeute übertrifft oft alle Erwartung.

Zu meiner Niederlassung zurückkehrend, verfolge ich den weiteren Verlauf meiner Einrichtung. Wie ich schon gesagt habe, fehlte wenig, daß bei dem Brande der von mir gehauenen Roſſa nicht auch mein neues Häuschen und damit alle meine Habseligkeiten mit verbrannt wären. Ich hatte so gar keinen Begriff von der ungeheuren Macht eines solchen Feuers, das große Trümmer brennenden Holzes weit umher schleudert; nur der Umstand, daß der Wind vom Hauſe abſtand, rettete es.

Nachdem der Brand und das Abräumen vorüber und eine Portion Welſchkorn und schwarze Bohnen nebst etwas Kartoffel in der Weise angebaut waren, wie ich später erwähnen werde, ging ich unverzüglich ans Einzäunen meines Hauſes und Grundſtückes.

Ich trennte nämlich das Haus vom Grundſtücke durch einen 4 Fuß hohen Zaun aus Pfoſten, welche ich alle 5 bis 6 Schritte einrammte und zwischen welche ich Stangen einfügte, die das Durchſchlüpfen des größeren Viehes unmöglich machten. An der Stelle, wo ich die Thür wünſchte, lehnte ich die Stangen nur hinein und konnte so durch ihr Wegziehen den Zaun nach Belieben öffnen und schließen.

Die ganze Länge des Zaunes entlang pflanzte ich Marikádornen, espinha maricá, die sehr schnell wachsen und in jedem Jahre ein oder zweimal gestutzt und zurückgebogen werden müssen, damit sie recht dicht werden. Nach einigen Jahren kann der Holzzaun verfaulen; die Dornen, welche ein sehr schönes Anſehn haben, reichen allein hin, jedes Vieh vom Einbruche abzuhalten.

Am Austritte aus dieser Umzäunung hatte ich an dieselbe einen ganz ähnlichen Holzzaun um einen kleinen Platz geführt, der bis zum Waſſer reichte, wo ich mein Vieh die Nacht über einſchloß und wohin ich die Pferde und Esel bei Tage trieb, wenn ich eines oder das andere benützen wollte, um es dort leichter einzufangen.

Diese Umzäunung nennt man Corral. Gewöhnlich hat man bei Hause noch einen kleineren ſolchen Platz, den Kälbercorral, wo man die Kälber während des Tages zurückhält, damit sie den wei-

Eilfter Abend.

denden Kühen nicht die Milch wegtrinken. Ich aber besaß anfangs nur eine Kuh, und deren Kalb konnte leicht innerhalb der Hausumzäunung gehalten werden.

Hat man Campland oder ist in der Urbarmachung des Waldes schon weit vorgeschritten, so bestimmt man einen Theil zum Weideland, den man dann entweder mit Cactus oder Maricá oder einem todten Zaun oder endlich mit Gräben umgibt, und der Potreiro heißt; natürlich genügt das nur für weniges Vieh. Wer viel Vieh hält, kann es nicht im Walde erhalten, sondern muß es auf dem Camp im Freien weiden lassen.

Die Herstellung dieser Zäune fordert viel Zeit und Mühe, ebenso ihre Erhaltung. Wer es aber nicht liebt, sein Haus mit Schweinen, Kühen und Pferden zu theilen oder gar seine Pflanzungen ihren Gelüsten preiszugeben, muß sich sogar dann, wenn er selbst auch gar kein Vieh hält, dazu entschließen, schon um das Vieh der Nachbarn abzuhalten.

Ich habe noch zu erwähnen, daß es aus eben demselben Grunde gut und sehr empfehlenswerth ist, auch im Walde die Grenze wenigstens durch Verhaue zu bezeichnen und gegen das Eindringen fremden Viehes zu schützen, sowie das Verlaufen des eigenen zu hindern. Nur muß man dabei genau im Klaren über seine Grenzen sein und thut am besten, diese Arbeit nur im Einverständnisse mit seinen beiderseitigen Nachbarn vorzunehmen.

Morgen will ich Euch denn von unserm Ackerbau erzählen.

Zwölfter Abend.

Die Hauptfeldfrüchte. — Getreide. — Das Welschkorn und seine Cultur. — Der Weizen. — Der Roggen, die Gerste und der Hafer. — Der Reis. — Wurzel- und Knollengewächse. — Die Mandioca und ihre Bereitung. — Die Kartoffeln und Bataten. — Die Caiás. — Der Yams und der Ingwer. — Die Zwiebel. — Rüben und Kohlrabi. — Hülsenfrüchte. — Die schwarzen Bohnen, Linsen und Erbsen. — Gemüse. — Anleitung zum Verpacken des Samens. — Kürbisse, Melonen und Gurken — Das Capim und die Gramma. — Klee und Heu. — Oelfrüchte und Färbepflanzen.

Wenn ich Euch heute vom Ackerbau und den Bodenfrüchten erzähle, so will ich dabei nicht bloß diejenigen erwähnen, die auf Sta. Cruz gepflegt werden, sondern Alles, was sich auf den mir bekannten deutschen Kolonien ziehen läßt und auch gewöhnlich gezogen wird.

Die Bodenfrüchte theilen sich in verschiedene Classen ein, als: Körnerfrüchte oder Getreidearten, Hülsenfrüchte und Gemüse, Rankengewächse, Knollen und Wurzeln, Futterkräuter und Handelspflanzen.

Ferner gehören Wein und Obst dazu.

Die Hauptnahrungsmittelfrüchte für ganz Brasilien bestehen aus der Mandiokwurzel, aus den schwarzen Bohnen und dem Welschkorn oder Mais, die ich jedes an seinem rechten Platze besprechen werde, deren ich aber schon jetzt gebührende Erwähnung thue, weil alles Andere sich nach den Preisen dieser drei Gegenstände richtet.

Von Halmgewächsen, Körnerfrüchten oder Getreide wird am meisten das Welschkorn gezogen.

Zwölfter Abend.

Das Welschkorn, Milho, ist für den Ansiedler insbesondere eine überaus wichtige Pflanze, ohne die eine Ansiedelung im Urwalde fast unmöglich wäre; es gibt ihm Grün- und Körnerfutter für jegliches Hausthier, speist den Menschen, lockert den Boden und liefert endlich selbst im verdorrten Stengel noch guten Dünger für das Feld.

Der Milho hat viele Abarten; die zwei wichtigsten sind der gelbe oder rothe und der weiße Mais. Der gelbe Mais eignet sich vorzüglich zu Viehfutter, indeß der weiße zur Mehlerzeugung und zum Brodbacken besser paßt. Auch der gelbe Mais liefert vorzügliches Mehl, das aber seiner großen Süßigkeit wegen sich besser zu Backwerk und Kuchen eignet. Andererseits nimmt man im Sommer lieber weißen Mais zum Pferde- und Geflügelfutter, weil dieser weniger hitzt.

Gebaut wird vorzugsweise die gelbe Art.

Der Milho hat das Gute, daß er zu seinem Gedeihen keinen besondern Boden verlangt; er gibt auf dem kümmerlichsten Boden unter allen Pflanzen noch den reichlichsten Ertrag, und nur im Sumpfe gedeiht er nicht. Seine Anpflanzung ist höchst einfach. Ich spreche natürlich von einer ersten Anpflanzung.

Ist also die gebrannte Rossa geräumt, so macht man mit einem Stocke oder einer Gartenhaue ein flaches Grübchen, in welches eine zweite Person, Kind oder Weib, 3 oder 4 Milhokörner legt, mit dem Fuße zuscharrt und etwas festtritt. Solche Löcher macht man in der Entfernung von ungefähr 4 Schuh von einander; in beiläufig 10 Tagen werden die Pflanzen sichtbar, und 14 Tage nachher wird da, wo es nothwendig ist, das Feld gejätet und die jungen Maispflanzen gehäufelt. Dann legt man in den Zwischenräumen Melonen-, Kürbis- oder Gurkenkerne oder steckt schwarze Bohnen oder zieht Kohl und sonstiges Gemüse.

Die Pflanzen wachsen üppig auf und erreichen oft eine Höhe von 9 bis 10 Fuß und darüber. Jede Pflanze hat 3 bis 4 Kolben; man thut jedoch wohl, diese bis auf zwei auszubrechen.

Haben die Kolben abgeblüht, so kann man dem Welschkorn die Wipfel nehmen und solche zum Viehfutter verwenden. Zeigt sich in dieser Zeit abermals viel Unkraut, so muß man wieder jäten und höchst vorsichtig behäufeln; dann aber läßt man dasselbe gern wachsen, weil es sehr guten Grün- oder Aschendünger gibt. Werden die Kolben gelb, so müssen sie mit der Spitze nach unten eingeknickt werden, in welcher Lage man sie nachreifen läßt. Dieß geschieht, damit das Wasser besser ablaufe und sich nicht in den nun geöffneten Aehrenspitzen und in den Löchern ansammle, welche die Papageien so vielfach in die Aehren hacken. Solchergestalt können sie beliebig lange am Stocke hangen, ohne zu verderben, so daß man die Ernte je nach Muße und Bedarf vornehmen kann.

Zur Ernte ist Jedem zu empfehlen, sich in den Besitz einer Schiebtruhe oder eines Handkarrens zu setzen, den jeder Zimmermann oder Holzarbeiter machen kann, wenn man nur vorsichtig genug ist, die Räder dazu mitzubringen.

Ist der Mais und die Zwischenpflanzung, Kürbisse, Bohnen ꝛc., eingeheimst, so buscht man die Stengel und das Unkraut nieder, sammelt sie auf Haufen und verbrennt sie, wobei man die Asche sorgfältig verstreut; freilich wäre es noch besser, all diese Dinge einzuackern.

Wenn der Boden in späteren Jahren durch die oftmalige Bearbeitung mittelst der Haue und noch besser mittelst des Pfluges von den kleinen Wurzeln, welche ihn wie ein Geflecht nach allen Richtungen durchziehen, und durch Fäulniß, Ameisen und Brand von den großen Stöcken befreit ist, wird es sich lohnen, den Mais mittelst des sogenannten Cornplanters zu säen und mittelst des Cultivators zu jäten und zu häufeln. Bis dahin hat es aber in den neuen Kolonien noch Zeit.

Sind die Maiskolben nun endlich zu Hause, so ist es gut, sie zu sortiren. Die kleinen, unansehnlichen bleiben in ihrer Hülse, um dem Rindviehe verfüttert zu werden, welches den ganzen Kolben zu

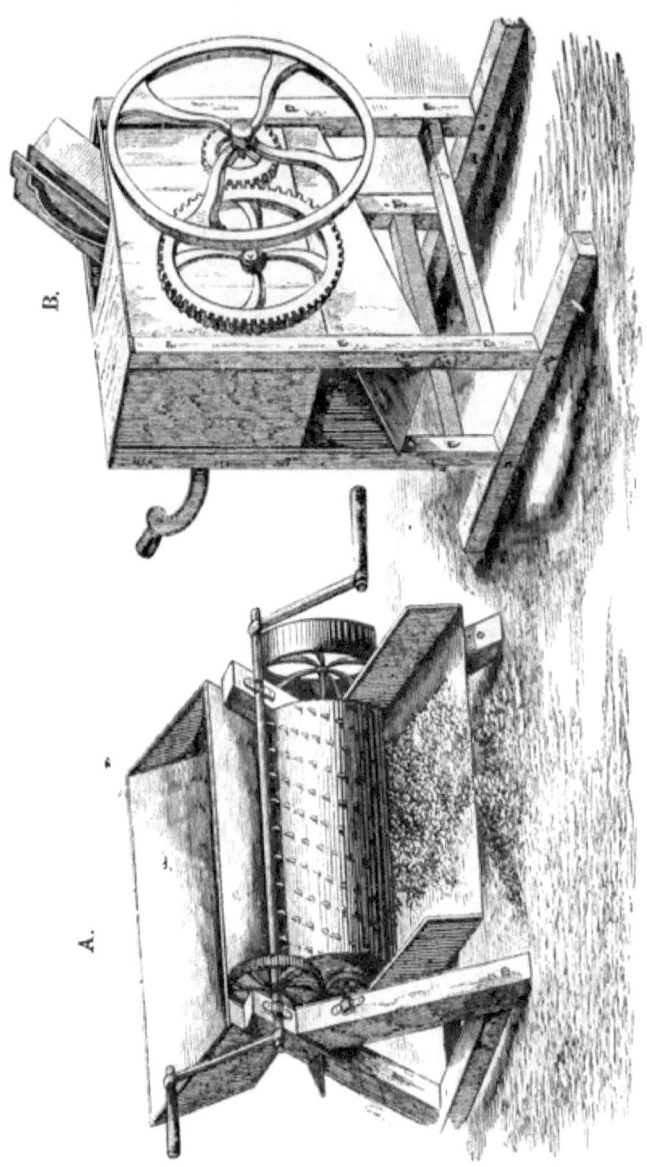

Zwölfter Abend.

zermalmen vermag und bei dem so die ganze Summe der Nahrungstheile verwerthet wird.

Auch die übrigen Kolben entblättert man gewöhnlich nur insoweit, als die Blätter feucht oder sonst verdorben sind; dann schichtet man sie zum Trocknen auf Breterunterlagen über einander. Ich bin jedoch der Meinung, daß sie weit schneller trocknen würden, wenn man dem in manchen europäischen Gegenden herrschenden Gebrauche folgte, indem man die Blätter ganz zurückstreift und je zwei Kolben zusammenknüpft auf Stangen hängt; freilich ist dieß eine Vermehrung der Arbeit.

Die Maisblätter werden gern vom Vieh gefressen und liefern sehr gutes Material zum Füllen der Bettsäcke. Ich ziehe einen Milhostrohsack einer Roßhaarmatratze vor, besonders wenn man sich die Mühe gibt, die Blätter durch eine Hechel vorerst in schmale Streifen zu reißen. Auch hat man neuerer Zeit eine Erfindung gemacht, aus Milho Papier zu bereiten, und wenn auch nicht zu erwarten steht, daß sich gar so bald derlei Fabriken in brasilianischen Kolonien erheben, so ist es doch gut, auch hiervon Notiz zu nehmen.

Das Aushülsen und Abkörnen des Milho ist eine sehr langwierige, zeitraubende Arbeit, die alle Kräfte der Familie durch viele Tage in Anspruch nimmt, wenn auch nur 30—40 Sack geerntet worden sind.

Man verrichtet diese Arbeit gewöhnlich an Regentagen, indem man an einem trockenen Platze oder auf einem großen Stück Zeug die Kolben zuerst aushülst, dann die Körner durch Klopfen auf einen harten Gegenstand etwas lockert und sie dann mit der Hand herabdreht. Es mögen indeß die Kolben noch so trocken sein, so erfordert das Entkörnen so vielen Welschkorns als genug ist, um zwei Säcke zu füllen, die angestrengte Arbeit einer Familie von vier arbeitsfähigen Köpfen während eines ganzen Tages; mithin 30 Sack die von 15 Tagen, welche bei einer anderen Arbeit besser verwendet werden könnten. Es wäre daher jedem etwas bemittelten Ansiedler zu rathen, den auf dem Bilde hier verzeichneten Kornschäler von

Clinton zu kaufen, den man in jeder größern Hafenstadt Brasiliens, besonders aber in Rio, um ungefähr 30 — 40 Milreis bekommen kann. Man ziehe aber die mit hölzernem Getriebe vor, weil jeder Zimmermann im Stande ist, sie zu repariren, während guß- oder schmiedeiserne schwer auszubessern und zu ersetzen sind.

Der Vortheil für den Kolonisten liegt nicht allein darin, daß ein solcher Kornschäler die 40 Sack in einem einzigen Tage mit Leichtigkeit herstellt, also der ganzen Familie 14 volle Arbeitstage erspart, sondern der Besitzer kann auch die Maschine, welche leicht zu transportiren ist, gegen Entschädigung an seine Nachbarn verleihen, was ihm bei einer einzigen Ernte die gehabte Auslage einbringt.

Wer ein speculativer Kopf ist, wird noch größeren Vortheil darin finden, den auf demselben Bilde befindlichen großen Maisentkörner mitzubringen, der anfänglich von zwei Arbeitern, später von Ochsen oder Mauleseln getrieben werden kann. Diese Maschine wird vielleicht 80—100 $ kosten, aber sie entkörnt auch bei Handarbeit an 130, bei Ochsenbetrieb aber an 400 Sack täglich.

Eine andere dem Ansiedler beim Milhobau sehr zu empfehlende Maschine ist der Kolbenzermalmer, englisch Cob-Crusher genannt, der ungefähr wie eine Kaffeemühle eingerichtet ist und dazu dient, den ganzen Kolben mit Blättern und Allem zu zerquetschen, so daß das Ganze einen dicken Brei ausmacht, der von den Pferden, den Schweinen und dem Rindvieh leicht und gern gefressen wird und unendlich viel Welschkorn spart.

Das Mahlen des Welschkorns zu Mehl geschieht entweder auf Handmühlen, die übrigens gewöhnlich so elend sind, daß sie mehrere Stunden Zeit brauchen, um den Bedarf für einen oder zwei Tage zu mahlen; oder auf kleinen Wassermühlen, die irgend ein früherer Müller herrichtet, so gut es eben geht; eine gut construirte Handmühle wäre sehr nützlich.

Man baut übrigens, besonders im Waldlande gern den Milho

Zwölfter Abend.

als Viehfutter, und zwar gegen den Winter; er wird dann breitwürfig gesäet.

Die Säezeit des Welschkorns in Rio Grande fällt in den September, wenn kein Frost mehr zu befürchten steht, den es gar nicht vertragen kann; die zweite Saat geschieht im Januar. In weiter nördlichen wärmeren Gegenden säet man ihn im August zum ersten, im Juni zum zweiten Male. Er gibt also in einem Jahre zwei Ernten, unter denen aber die erste immer die reichlichere ist. Er reift in ungefähr fünf Monaten.

Das Erträgniß ist je nach dem Boden sehr verschieden, durchschnittlich kann man das 120—150fache annehmen, obgleich ich schon einmal von einer Alqueire Aussaat 320 Alqueiren geerntet habe. Mit einem Sack Welschkorn kann man 5000 Quadratklafter = 9½ Morgen bepflanzen.

Auch die Preise sind sehr verschieden, je nach der Jahreszeit und den Transport-Hindernissen. In schlecht gelegenen Gegenden und gleich nach der Ernte kann man den Sack um 4—5 Patacas erhalten, während kurz vor der Ernte und bei geringer Zufuhr der Sack in den Städten oft 10—12 Milreis kostet.

Der Mais ist immer eine gute Waare; kann man einmal keinen hohen Preis erzielen, so thut man gut, Pferde, Kühe, Schweine, Geflügel damit zu mästen, die dann hohe Erträgnisse liefern.

So lange das Welschkorn noch grün ist, kann man die Aehren, in gesalzenem Wasser gekocht oder am Feuer geröstet, verspeisen.

Auch bereitet man aus den Körnern ein Nationalgericht, die Cangica; man kocht sie nämlich so lange, bis man die Haut abziehen kann und richtet sie dann mit Milch oder hie und da auch mit rothem Weine an.

Der Weizen, trigo, ist eine Frucht, die früher in Brasilien, besonders in Rio Grande, viel gebaut wurde. Man hat aber seine Cultur schon seit langer Zeit vernachlässigt, und jetzt wird es schwer sein, ihn zu ziehen, weil es keine Mühlen zu seiner ordentlichen Vermahlung gibt. Für den deutschen Ansiedler hat er gar keinen

Werth; denn für's Erste ist derselbe vom Hause aus wenig Weizenbrod gewohnt und andererseits ersetzt ihm das Welschkorn den Weizen vollkommen. In Sta. Cruz hat man auch damit Versuche gemacht, die sehr gut ausfielen; aber da die Nachfrage gering war, so ist es aus obigen Ursachen beim Versuche geblieben. Auch ist es dem brasilischen Weizenbauer nicht möglich, mit dem nordamerikanischen Mehlhändler zu concurriren, welche ein Faß Mehl von 6 Arroben = 192 braf. Pfund um 18—20 Milreis geben. Endlich kann man selbst mit Welschkorn mehr Einnahme erzielen als mit Weizen, **und ganz gewiß eine sicherere**, da bekanntlich der Weizen eine sehr vielen Zufällen unterworfene Pflanze ist.

In der Provinz Paraná besteht eine Prämie, ich glaube von 2:000 S für diejenigen Landbauer, welche mehr als 100 Alqueiren Weizen erzielen. Das Hochland der drei südlichen Provinzen wird bei ordentlich eingeführter Düngung einstmals vorzügliches Weizenland abgeben, da dort die Temperatur schon zu niedrig ist, **um besser rentirende Früchte zu erzielen**; aber bis dahin wird noch viel Wasser in den Rhein laufen, und darum enthalte ich mich, noch mehr davon zu erwähnen.

Der Roggen, centeio, wird meines Wissens nur in Sta. Leopoldo und St. Cruz gebaut, um den nach Roggenbrod lüsternen Deutschen Genüge zu thun.

Er gedeiht sehr gut, wenn man ihn im April anbaut; er gibt häufig 70—80 fache Frucht und lohnt auch durch hohe Preise; man zahlt nämlich gern für einen Sack Roggenmehl 8—10 Milreis.

Die Gerste, cevada, und der Hafer, avêa, werden in Rio Grande während des Winters gebaut und grün an Melkkühe und Lieblingspferde verfüttert, die in dieser Zeit nur höchst kümmerliche Weide finden. Der Hafer gibt nach dreimaligem Schnitte noch eine die Aussaat lohnende Körnerernte.

Viel häufiger wird besonders in Sta. Catharina, S. Paulo ꝛc. der Reis, und zwar meist der Bergreis, gebaut, während man ihn in Rio Grande dagegen fast gar nicht kennt.

Pflanzen Brasiliens.

Die Mandioca.

Zwölfter Abend.

Der Reis, arroz, gedeiht auf sandigen Anhöhen und wird in seichte Löcher gesteckt, die 1½ Fuß von einander entfernt sind. Seine Halme werden nur 6—8 Zoll hoch; seine Säezeit fällt in den September oder October und ergibt in D. Franzisca per Morgen ungefähr 13 Säcke. Die Aehren werden gedroschen und die Körner in einer Stampfe von ihrer Hülse befreit. Da nun aber derlei Stampfen noch seltener als Maismühlen zu finden sind, so ist auch der Anbau von Reis sehr unbedeutend.

Der Bergreis ist roth und reift nach vier Monaten; man reinigt dann das Land und kann von denselben Halmen eine zweite Ernte haben. Der Bergreis heißt arroz miudo; andere Arten müssen vor der Aussaat 15—16 Stunden eingeweicht und in einem Gefäße zum Keimen gebracht werden.

Aus dem Reis kann unter Zusatz von Zuckersyrup Arrak gebrannt werden. Unter allen Umständen bietet er ein gesundes und angenehmes Nahrungsmittel. Sein Preis betrug zuletzt per Alqueire ausgehülsten Reises 10—12 $rs., unausgehülst 4—5 $rs.

Von den Wurzel= und Knollengewächsen ist das vorzüglichste die **Mandiokwurzel**, mandioca.

Hier auf dem Bilde könnt Ihr sie betrachten; sie ist freilich etwas übertrieben gezeichnet, denn in Wirklichkeit erreicht die Pflanze selten mehr als 5—6 Fuß Höhe, hat rothe Stengel und gezackte Blätter und sieht dem jungen Baumwollenstrauch sehr ähnlich. Das Merkwürdigste ist, daß die Mandioca eine Giftpflanze ist. Sogar die Blätter schon sind genügend, um das Rindvieh, wenn es davon frißt, krank zu machen; die Wurzel wirkt tödtlich und ebenso der aus derselben gepreßte Saft. Und doch ist das aus derselben Wurzel gewonnene Mehl sehr gesund und wird von Menschen und Vieh gern genossen.

Die Mandioca wird aus Stecklingen oder aus Theilen des Wurzelstockes gezogen, welche auf einen Abstand von zwei bis drei Fuß in schräger Richtung in den Boden gesteckt werden. Nach einem, höchstens anderthalb Jahren wird der Strauch einige Zolle vom Boden abgeschnitten; nach ungefähr zwei Jahren, weiter im Norden nach 14—16 Monaten nimmt man die Wurzeln aus, deren jeder Strauch mehrere hat und die oft zwei Fuß Länge und 4 Zoll Durchmesser erreichen. Man nimmt jedoch immer nur so viel aus, als man zur Mehlbereitung auf einmal bedarf, da die nicht bald benutzten Wurzeln an der Luft rasch in Fäulniß übergehen.

Der beste Boden, in welchem Mandiok gezogen werden soll, ist der sandige; doch eignet sich fast jedes Erdreich dazu, mit Ausnahme eines besonders schweren Erdbodens oder feuchter Strecken, in welchem die Wurzel verfault.

Die Mandiokwurzel enthält sehr viel Blausäure, die ihr dadurch entzogen wird, daß man sie reibt und dann auspreßt.

Das Reiben geschieht auf verschiedene Weise, meistens aber mittelst eines gezahnten Rades, gegen welches die Wurzeln gehalten werden. Ich aber möchte Euch hiezu die auf diesem Bilde gezeichnete Mandiokreibe empfehlen, welche, von Menschen oder Pferden in Bewegung gesetzt, außerordentlich schnell und gleichmäßig arbeitet; sie dürfte vielleicht auf 70—80 Milreis zu stehen kommen und ist sehr einfach construirt, also dauerhaft.

Von der Reibe kommt die Mandioca in geflochtene, flache Körbe unter die hier ebenfalls dargestellte Schraubenpresse. Den ablaufenden Saft stellt man in größeren Gefäßen bei Seite, wo er sich dann klärt und einen mehligen Bodensatz bildet, von dem man den klaren Saft vorsichtig abgießt und den Rest durch ein reines, mit gesiebter Asche bestreutes Tuch seiht. Der Rückstand ist der im Handel so gesuchte Sago oder Tapioca, häufig auch unter dem Namen Arrow-Root bekannt.

Der Saft ist **absolut tödtlich** und muß daher mit größter Sorgfalt bewacht und beseitigt werden.

Ist die Mandioca nun gut ausgepreßt, so kommt sie in die Röste. Hierzu hat man wieder verschiedene Einrichtungen. Die gewöhnlichste besteht in flachen eisernen oder kupfernen Pfannen, wo sie so lange mit Holzstecken umgerührt wird, bis sie einen dem

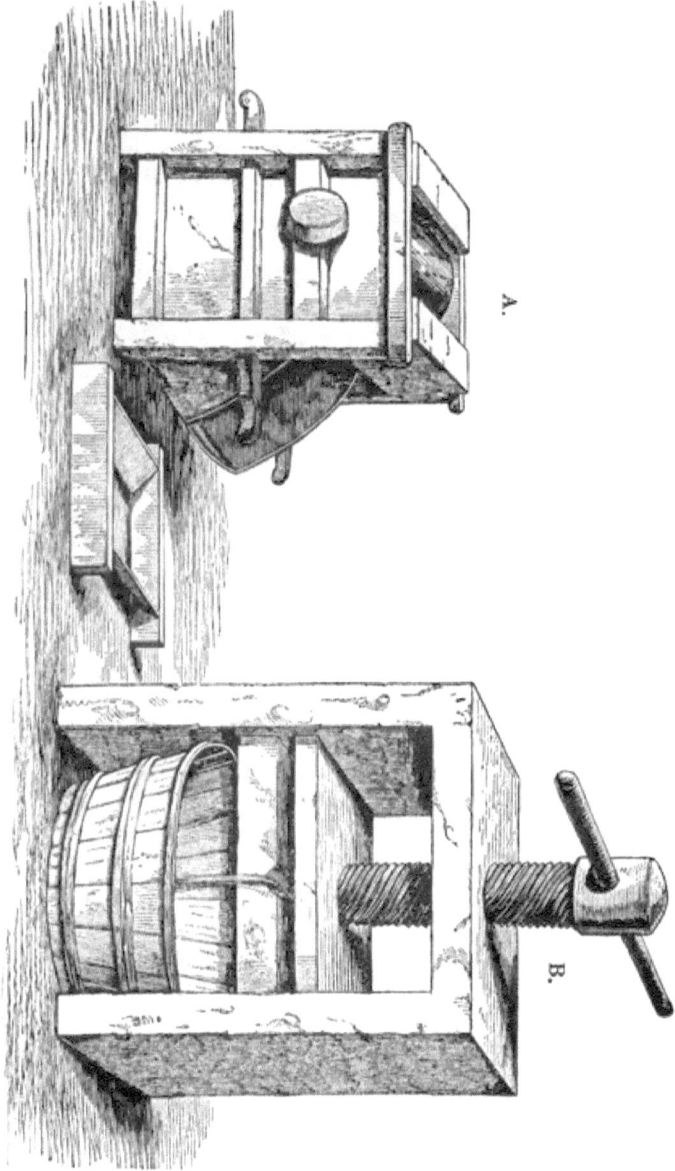

A. Mandioc-Reibe.

B. Mandioc-Presse.

Zwölfter Abend.

frischgebackenen Brode ähnlichen Geruch verbreitet. Dann ist sie zum Genusse fertig und kann in Säcken an einem besonders trocknen Orte jahrelang aufbewahrt werden. Jedoch schmeckt sie am besten, so lange sie frisch ist.

Die beste Pflanzzeit der Mandioca ist vom August bis zum December, und wo möglich bei Regenwetter. Die Mandioca widersteht der größten Dürre.

Das Mandiokmehl erfährt die verschiedenste Verwendung. Dem Brasilianer dient es statt des Brodes und er genießt es trocken zu jeder Speise, sogar zum Kaffee. Mit Suppe angebrüht, bildet es einen Brei, der Pirão heißt; mit Fett bäckt er es zu Pfannenkuchen; am liebsten mischt er es jeder Sauce oder Brühe bei, besonders aber den schwarzen Bohnen.

Es gibt noch andere Mandiokarten, die nicht giftig sind, die Mandioca branca, das Aipim und das Pão de Chile. Ich kenne nur das Aipim, das so stark wie eine große Petersilienwurzel wird und, mit Fett geschmort, besser als Kartoffeln schmeckt.

Von den Deutschen in Brasilien pflanzen den Mandiok nur die in den Kolonien Sta. Isabel, Sta. Leopoldina, Rio Novo, am Mucury, in S. Paulo und in D. Francisca, hie und da auch in Blumenau. In den alten und neuen Kolonien des südlicheren Theiles ziehen sie den Mais als Brodfrucht mit vollem Rechte vor: die Mandioca braucht ja da zwei Jahre zu ihrer Reife und nimmt auch nachher noch ein Jahr das Feld ein, bis sie ganz zu Mehl verarbeitet ist; sie ist dem Deutschen nicht so geläufig und bekannt, als das Welschkorn; sie verlangt viele Mühe und ziemlich viel Einrichtungen zur Mehlbereitung und bleibt für Kinder und das Hausvieh immer eine gefährliche Sache.

Auch schwankt sie ungemein im Preise — Alles Gründe genug für den deutschen Ansiedler, sich mit ihrer Cultur entweder gar nicht oder nur in Gegenden zu befassen, wo er inmitten von Brasilianern lebt und daher seine Waare guten Preis hält.

Die Kartoffeln, batatas inglezas, werden ganz wie bei uns gebaut. In manchen Gegenden, besonders im niedrigen, heißen Küstenlande schießen sie nur ins Kraut, wenn sie vom September bis zum März gepflanzt werden; in Rio Grande kann man sie das ganze Jahr über pflanzen, nur blühen sie im Sommer nicht.

Es ist beim Stecken der Kartoffeln wohl zu beobachten, daß man sie keimen lassen muß, bevor man sie steckt; sonst gedeihen sie schlecht.

Am klügsten ist es, den Kartoffeln kein eigenes Land anzuweisen, sondern sie als Zwischenfrucht des Welschkorns, des Zuckerrohrs ꝛc. zu bauen. Bei alledem glaube ich, daß die Kartoffeln nie so gut sind, als unsere deutschen. Sie reifen in längstens drei Monaten. Ihr Preis beträgt in S. Leopoldo und Sta. Cruz per Alqueire an 2 Srs.

Die süße Kartoffel oder Batate, batata doce, ist meist bläulich oder gelblich, von fad=süßlichem Geschmack. Am wohlschmeckendsten ist sie gebraten. Sie dienen am besten zur Viehmast. Der Deutsche baut sie nicht gern, weil sie ein schwer zu vertilgendes Unkraut ist, das sich am Boden fortrankt und aus jedem Blattwinkel wieder neue Wurzeln schlägt. Sie liebt sandigen Boden und gewährt einen fabelhaft reichlichen Ertrag, so daß man von 7—800 Sack per Morgen spricht.

Eine andere Kartoffelart sind die Carás. Die Cará mimosa hat Knollen in der Erde und an den Blattgelenken, die an Stecken oder Spalieren hinaufranken; sie wird wie die Kartoffel behandelt, nur schneidet man sie beim Stecken in Stücke, deren man drei in je ein Loch von 8 Zoll Breite legt. Sie gibt, mit Weizenmehl gemischt, gutes Brod.

Die Cará Mangarita hat zwei Arten, die blaublätterige und die weißblätterige; die blaublätterige trägt reichlicher, und sieht aus und schmeckt gekocht wie gelbe Rüben oder Möhren. Die weiße Mangarita hat Knollen, welche weiß sind und einen köstlichen, mandelartigen Geschmack haben. Gepflanzt wird sie im Monat September und reift in 6 Monaten. Die Behandlung ist wie bei der Kartoffel.

Zwölfter Abend.

Der **Yams**, Inhame, hat riesige Knollen von der Größe eines Mannskopfes. Man hat davon zweierlei Arten, den rothen und den weißen. Der rothe Inhame (sprich: In—ja—me) ist gröber und verlangt feuchteren Boden, am liebsten die überschwemmten Ufer von Gewässern. Eingewässert gibt er nach langem Kochen ein rübenähnliches Gemüse. Auch seine Blätter geben ein Art Spinat. Der weiße Yams ist feiner, gedeiht auch auf trocknerem Boden, gibt gutes Gemüse und wird von den Schweinen, für welche der Inhame, mit Salzwasser gekocht, zur Mast dient, dem rothen vorgezogen. Er wird im Juni bis zum September gepflanzt und braucht fast ein Jahr zur Reife. In Rio Grande zieht man ihn sehr selten.

Ich muß noch des **Ingwer**, gengibre, erwähnen, der wie der Meerrettig gepflanzt wird und unkrautartig wuchert. Er wird sehr gut bezahlt und gesucht, da man im Sommer, wenigstens in Rio Grande, viel Ingwerbier, gingibirra, trinkt.

* Endlich kommen die **Zwiebeln**, cebolas. Wenn sie im März grünen, schneide man sie mitten durch und lege das untere Ende in sehr flache Grübchen. Bis zum Juli haben sich die Zwiebeln getheilt: dann nehme man sie heraus und pflanze sie in sehr fettes, lockeres Land auf einen Fuß Entfernung. Im December welkt das Kraut und die Zwiebeln sind reif.

Rüben, **Kohlrabi** aller Art gedeihen, wenn sie sich derselben Pflege erfreuen, wie in Deutschland.

Unter den Hülsenfrüchten nimmt unbestritten den ersten Rang die **schwarze Bohne**, feijão preto, ein. Es ist dieß eine äußerst fruchtbare Zwergbohne, die Ende August oder Anfangs September in gut gereinigtes Land gesäet wird und Ende December oder im Januar reift. Man steckt immer vier Bohnen in ein Loch; die Löcher sind 6—8 Zoll von einander entfernt. Je feuchter die Witterung, desto besser für sie. Um ihnen etwas Schatten zu geben, pflanzt man etwas Mais zwischen sie; häufig aber zieht man sie unter Zuckerrohr und Welschkorn als Zwischenfrucht.

Man kann sie übrigens in wärmeren Gegenden in jedem Monate bei **abnehmendem Monde** stecken. Der Brasilianer baut sie zweimal an, das erste Mal zu der angegebenen Zeit und das zweite Mal im Januar oder Februar. Die geernteten Bohnen müssen alle zwei Monate gelüftet werden. Wie sie bereitet werden und daß sie das Lieblingsgericht nicht bloß der Brasilianer, sondern auch der Deutschen bilden, habe ich Euch bereits erzählt.

Die Bohnen werden ausgedroschen oder ausgetreten; sie geben sehr guten Ertrag, gewöhnlich 70—80 fach; doch weiß ich mich zu erinnern, daß sie 170 fach getragen.

Neben den **schwarzen** Bohnen gedeihen auch alle übrigen, die ganz besonders zur Schweinemast verwendet werden.

Linsen und **Erbsen** werden wenig gezogen, und besonders die ersteren schießen, wie überall, wo der Boden nur etwas fett ist, fast nur ins Kraut. Auch zieht man sie ungern, weil das Stöckchenmachen eine sehr zeitraubende Arbeit ist.

Was Gartengemüse betrifft, so läßt sich wenig mehr darüber sagen, als daß sie fast alle ganz gut gedeihen. Wie sollten sie auch nicht, da das milde Klima und der fette Boden jedes Mistbeet entbehrlich machen?

Ich will hier nur erwähnen, daß die Liebes= oder Paradies=äpfel, tomates, und der spanische Pfeffer, pimentão, sehr gesucht sind.

Wer in der Lage ist, guten Gemüsesamen aus Deutschland mitzunehmen, lasse ihn ja nicht zurück. Damit er aber keimfähig erhalten werde, lasse man ihn früher bei gelinder Wärme an der Luft trocknen; dann wickle man ihn in Papier und verpacke ihn in gut verlöthete Blechkistchen, in welche man ein Stück frischgebrannten Steinkalk legt, den man jederzeit bei jedem Seifensieder findet. Der Kalk darf ungefähr die Hälfte des Gewichts des verpackten Samens betragen.

Unter den Rankengewächsen sind die **Kürbisse**, aboboras, die wichtigsten. Es gibt deren eine Menge Gattungen, die außer dem, daß sie Nahrung für Menschen, Futter für Pferde, Rindvieh und Schweine geben, auch in ihren Schalen die meisten Gefäße für die Haushaltung liefern. Auch die Kürbisse pflanzt man nie allein, sondern als Zwischenfrucht; in schattigem, gutem Boden werden sie riesiggroß. Die jungen Schweine füttert man mit Kürbissen groß, die Kälber entwöhnt man mit kleingehackten Aboboras, die Kühe geben gute Milch darauf. Sie sind so saftig, daß man z. B. den damit gefütterten Schweinen kein Wasser zu reichen braucht. Ihre Schale liefert Flaschen, Pulverhörner, Schöpflöffel, Schalen 2c., und der kleine schwarze Kürbis die Cuya, aus der der Rio Grandenser seinen Maté schlürft.

Endlich liefern die Kürbißkerne gekocht ein ziemlich reines Oel, das zum Brennen verwendet wird.

Die Wassermelone, melancia, wird riesiggroß, ist ungemein beliebt und wird im Hochsommer ihres erfrischenden Saftes wegen in ungeheuren Mengen verzehrt. Sie und die Zuckermelonen, melões, werden, wie die Kürbisse, als Zwischenfrucht behandelt. Mir scheint aber, als ob man der letzteren, besonders in der Nähe größerer Städte, mehr Pflege zuwenden sollte.

Von den Gurken, pepinos, läßt sich nichts sagen.

Von Futterkräutern werden nur das Capim und die Gramma cultivirt.

Das Capim hat mehrere Arten, das Capim d'Angola, das Capim de Colonia und das Capim melado.

Das Capim d'Angola ist eine langhalmige Grasart, dem englischen Fioringrase ähnlich. Es erreicht oft die Höhe von 6 Fuß und liebt etwas feuchten Boden, wo man es oft viermal im Jahre schneiden kann. Es wird durch Stecklinge fortgepflanzt und dauert 3 bis 4 Jahre.

Das Capim de Colonia hat kurze, aber sehr dichte Halme, gedeiht am besten in feuchtem Boden, dauert 4 bis 5 Jahre und gibt drei Schnitte; es erzeugt viele und gute Milch. Man schneidet es, sobald es anderthalb Fuß lang ist; fortgepflanzt wird es durch Wurzelableger.

Das Capim melado wächst wild auf sandigem Boden, wird aber wegen seines üblen Geruchs vom Vieh nicht gern gefressen.

Capim zu pflanzen ist jedem Ansiedler zu rathen, der in der Nähe größerer Städte aus wenig Land viel Geld ziehen will. Kühe sowohl als Pferde und Maulesel erhalten kein Heu, sondern grünes Capim, das täglich frisch geschnitten zu Markte gebracht und sehr theuer bezahlt wird. Ich habe bei Rio gesehen, daß ein armer Portugiese auf ungefähr 1½ Morgen gepachteten Landes Capim pflanzte, das ihm täglich 3 bis 4 und mehr Milreis abwarf.

In den Kolonien pflanzt man wenig Capim, dagegen meistens Gramma, um Weideplätze zu erhalten. Hauptsächlich geschieht dieß nach Zuckerrohr.

Die Gramma ist eine dem deutschen Wegerich sehr ähnliche Pflanze, welche sich sehr schnell bestockt und kein Unkraut aufkommen läßt. Sie ist niedrig und breitblätterig und ihre Cultur wie die einer jeden andern Fruchtgattung. Man pflanzt sie auf einen Fuß Entfernung mittelst Ableger, oder man säet sie.

Andere Futterkräuter sind der grüne Mais, Hafer und Gerste; auf dem Camp das Campgras, welches, sobald es verdorrt, in Brand gesteckt wird und dann wieder neu ergrünt.

In S. Leopoldo habe ich, wie auch in Sta. Cruz, ausgedehnte Strecken des schönsten steyrischen Wiesenklees getroffen und gesehen, daß die St. Leopoldenser Heu für den Winter einheimsen, wenn sie auch noch keine eigentliche Stallwirthschaft treiben. Leider muß ich hinzufügen, daß hierin die Kolonisten in Sta. Catharina, Paraná, São Paulo und noch nördlicher weit hinter ihren Landsleuten in Rio Grande zurückgeblieben sind.

Die Heu=Bereitung und Fütterung ist sehr zu empfehlen. Wer nur 4 Stück Vieh bei Hause hat, für die er täglich das nöthige Grünfutter schneiden soll, der wird sehen, wie zeitraubend dieses Verfahren und wie viel einfacher das Heuen ist. Auch ist Heu bei nassem Wetter viel besser für das Vieh. Ueberdieß wächst gerade im Winter, wo doch das Vieh am meisten auf die Weide angewiesen

Zwölfter Abend.

ist, Capim und Gramma fast gar nicht; es genügen also diese beiden Gräser dem Bedürfnisse keineswegs.

In Brasilien gibt es sehr viele Oelfrüchte, die indeß noch wenig ausgebeutet werden; dagegen haben aber manche Oelfrüchte in Brasilien noch gar keinen Eingang gefunden. So der Olivenbaum, der in den steinigeren Gegenden sehr gut gedeiht, aber seiner langsamen Entwickelung wegen (er trägt erst nach 14 Jahren Früchte) nicht gezogen wird; Mandeln, Lein, Mohn, Sonnenblumen, Raps, Sesamkraut ꝛc.

Und gerade der Raps, welcher in D. Francisca an einer einzigen Staude über 18,000 Körner gebracht haben soll, und das Sesamkraut, gingili, das 40 Proc. Oel gibt, in 90 Tagen reift, und im September auf gedüngtes oder sehr fettes Land gesäet, reichlichen Ertrag und ein dem Olivenöl fast ganz gleiches Oel liefert, wären sehr anzurathende Culturen. Aber freilich Alles scheitert an dem Mangel an guten Oelmühlen, so daß selbst die bereits in Gebrauch genommenen Oelfrüchte nur höchst unvollkommen benutzt werden können.

Der Ricinusstrauch oder -Baum, Palma Christi oder Mamona genannt, liefert das bekannte, leichtabführende Ricinusöl. Es gibt zwei Gattungen Ricinus, die größere von eigentlicher medicinischer Wirkung, und die kleinere, welche so wenig abführt, daß deren Oel als Speiseöl benutzt wird. Der Ricinusbaum wächst häufig wild.

Die Sombra de touro ist ein Baum, der eine Nuß trägt, welche so ölig ist, daß man sie anzünden und brennen kann.

Die Erdnuß, amendoim, liefert ein vorzügliches Speiseöl in reichlichstem Maße; sie wird, wie die Bohnen, und zwar in lockerem, sandigem Boden, auf 6 bis 8 Zoll Entfernung in kleine Grübchen gesteckt und ein bis zweimal stark behäufelt. Dieses Behäufeln ist unentbehrlich, weil die Blüten sich in die Erde senken müssen, wenn die Pflanze Früchte bringen soll. Man pflanzt sie im Februar, gleich nach der Kartoffelernte.

Endlich siedet man, wie ich bereits früher gesagt habe, auch aus Kürbiskernen Oel.

Außer den Farbstoff liefernden Hölzern sind auch noch eine Anzahl Färbepflanzen im Lande.

Die Hauptpflanze dieser Art ist der Indigo; fast jedes brasilianische Haus baut anil, um ihn zur Färbung der selbsterzeugten Baumwollstoffe zu gebrauchen. Doch ist von einem Anbau im Großen, wie er früher stattfand, nicht die Rede.

Ebenso baut man etwas Krapp, ruiva, der gerade in Rio Grande sehr gut gedeihen und in zwei Jahren reifen würde, während er in Europa bekanntlich drei Jahre zur Reife bedarf. Er kommt in Rio Grande wildwachsend vor; seine Cultur würde der der Mandioca gleichen. Seine Verwerthung wäre um so leichter, als der Färbestoff leicht ausgezogen und als Garancin versendet werden kann, was dessen Werth erhöht und die Kosten vermindert.

Vom Anbau des Waid, Saffran und Saflor ist bis jetzt noch keine Spur.

Morgen etwas über die Handelspflanzen und über das Obst in Brasilien.

Dreizehnter Abend.

Georg erzählt von den Handelspflanzen und ihrer Cultur. — Kaffee und Zuckerrohr nochmals. — Baumwolle und Maschinen zu ihrer Entkörnung. — Tabak. — Thee. — Deutsche Obstsorten. — Orangen. — Citronen und Limas. — Beeren. — Der Maulbeerbaum und die Seidenzucht. — Die Ananas und anderes brasilisches Obst. — Die Banane. — Die Rebe und der Wein. — Georg ertheilt in Bezug auf die Landwirthschaft einige Rathschläge. — Rindvieh. — Pferde und Maulesel. — Schweine. — Ziegen und Schafe. — Geflügel. — Hunde und Katzen. — Bienen.

Unter Handelspflanzen versteht man solche Gewächse, die man nicht zum Haus- und Wirthschaftsgebrauche, sondern hauptsächlich zu dem Zwecke baut, mit ihnen Handel zu treiben.

Dazu rechnet man in Brasilien vorzugsweise den Kaffee, das Zuckerrohr, die Baumwolle, den Tabak, den Thee.

Ueber Kaffee und Zuckerrohr, ihren Anbau und ihre Behandlung habe ich Euch bereits früher erzählt; heute füge ich nur hinzu, daß in Rio Grande, also auch in Sta. Cruz, der Kaffeebaum nur in Gärten vorkommt, die eine sehr geschützte Lage haben; das Klima der Provinz, besonders der Frost und die heftigen Stürme, hindern sein Gedeihen.

Das Zuckerrohr gedeiht in manchen Gegenden Rio Grande's, besonders in dem nordöstlichen Winkel bei Torres, Tres Forquilhas, S. Antonio und bei S. Leopoldo auf der alten Feitoria noch recht gut; doch wird es sehr wenig zur Zuckerbereitung, meist zum Branntweinbrennen verwendet. In Santa Cruz und den hochliegenden Theilen von S. Leopoldo wird es auch noch hie und da gepflanzt, erfriert aber regelmäßig jeden Winter und kann nur zum Branntwein gebraucht werden.

In der ganzen Provinz wird nur canna da terra gebaut und diese nur auf freiliegenden Anhöhen, die weniger von Frösten leiden als die Flußthäler.

Die brasilianische **Baumwolle**, algodão, hat einen sehr guten Ruf wegen ihrer Güte, Länge und Feinheit. Die hauptsächlich zum Baumwollenbau geeigneten Gegenden sind die Nordprovinzen Maranham, Pernambuco, Ceará ꝛc. Auf den Kolonien in Espirito Santo und Minas Geraes müßten Baumwollenpflanzungen besonders lohnen.

Aber selbst in Rio Grande thut jeder Ansiedler gut, wenn er sich seine Baumwolle selbst zieht und von Frau und Kindern klopfen, spinnen und weben läßt.

Die Baumwolle, von welcher Euch dieß Bild die Blätter, Blüten, Samenkapsel, Flocke und Kerne zeigt, ist ein Strauch, der oft 8—10 Fuß hoch wird, mit jedem Lande vorlieb nimmt, keinerlei Pflege bedarf und viele Jahre hintereinander tragbar bleibt — lauter Eigenschaften, die der nordamerikanischen Baumwolle fremd sind. Der Strauch widersteht sogar ziemlich starken Frösten, wie ich mich selbst überzeugt habe.

Gesäet wird die Baumwolle in Reihen von 6 Fuß Abstand, indem man in flachen Grübchen mehrere Körner steckt. Sobald die Pflanzen groß genug sind, um sie vom Unkraute zu unterscheiden, werden sie gejätet und zwischen ihnen Hackfrüchte gepflanzt. Nach sechs Monaten treiben sie **schwefelgelbe**, geruchlose Blüten, die nach einem Monate Kapseln bilden. Sobald diese reif und schwarz geworden sind, springen sie auf und dann ist es Zeit, die Wolle zu ernten.

Das wiederholt sich alle 6—7 Monate, und erst nach 4 Jahren beginnt der Ertrag abzunehmen.

In den ersten **Jahren** kann man **per** Strauch $^1/_6$ **Pfund Baumwolle rechnen, also per Morgen 260 Pfund,** da auf einem solchen **ungefähr 1600 Sträuche Platz haben.**

Pflanzen Brasiliens.

Die Baumwolle.

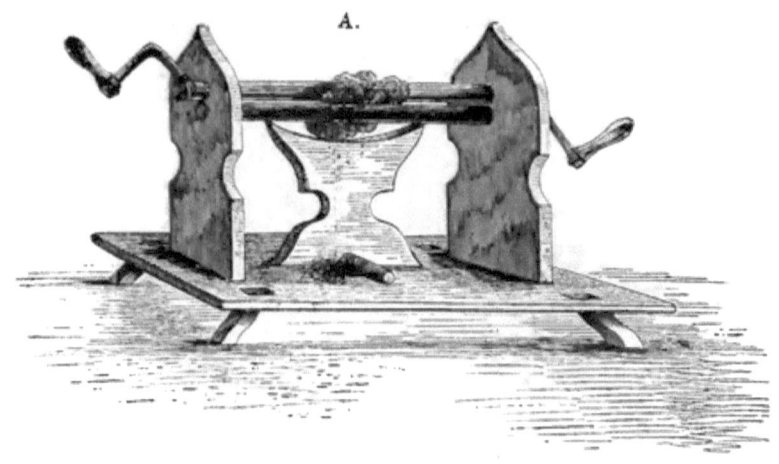

A. Brasilianische Baumwollentkörnungs-Maschine.
B. Cotton-Gin.

Dreizehnter Abend.

Nach acht Ernten sollte man die Pflanzung ausroden und eine neue aus dem Samen ziehen; denn dann ist der Ertrag zu unbedeutend.

So weit ist die Sache ganz einfach; aber die geerntete Baumwolle kann nicht gebraucht werden, solange sie nicht von den in ihr befindlichen Samenkörnern, deren zwei bis zehn in jeder Kapsel enthalten sind, gereinigt wird.

Zu diesem Zwecke hat man nun mehrere Maschinen erdacht, wovon ich Euch hier auf dem Bilde zwei vorführe.

Die obere ist die in Brasilien auf dem Lande allgemein übliche; natürlich ist sie sehr einfach, da jeder Landmann sie sich selbst macht, und arbeitet äußerst langsam. Andererseits aber liefert sie eine sehr schöne, langhaarige Baumwolle, da sie dieselbe nicht zerreißt. Sie ist auch dem deutschen Ansiedler für seinen Hausbedarf zu empfehlen, solange keine größere Entkörnungsmaschine in der Nachbarschaft aufgestellt ist.

Wer aber die Baumwolle in größerer Menge für den Verkauf anbaut, der muß die zweite Maschine, cotton-gin oder portugiesisch limpador de algodão, aufstellen. Sie besteht aus zwei Walzen; die eine davon hat lauter feine Cirkelsägen, die in die Einschnitte des Kastens eingreifen, in welchen die Baumwolle geschüttelt wird, und mit ihren Zähnen die Wolle erfassen und durch die Einschnitte ziehen, welche zu eng sind, um auch die Körner durchzulassen. Die untere Walze hat Bürsten und dreht sich in der entgegengesetzten Richtung, indem sie dadurch die an den Zähnen haftende Baumwolle abstreift. Der Samen fällt vorn an der schiefen Ebene heraus, während die Baumwolle rückwärts von den Bürsten ausgeworfen wird.

Wie alle landwirthschaftlichen Maschinen dieser Art würde sie in einer Kolonie, wo man eine größere Menge Baumwolle zieht (heutzutage ein einträgliches Geschäft), aufzustellen die Mühe lohnen.

Die Ernte muß bei trocknem Wetter vorgenommen und die Baumwolle nicht eher verarbeitet werden, als bis die Körner zwischen den Zähnen krachen.

Der Samen wird von Schafen und Eseln gern gefressen; auch liefert er gutes Brennöl.

Die Preise der Baumwolle sind natürlich in neuerer Zeit, des amerikanischen Krieges wegen, sehr gestiegen; leider kann ich Euch nicht sagen, wie hoch sie stehen. Zur Zeit meiner Abreise, 1861, betrug der Preis ungereinigter Baumwolle per Arrobe 2$500 bis 3$000.

Ueber den Tabak, tabaco oder fumo, kann ich Euch Rhein=ländern nichts sagen, was Ihr nicht ohnehin schon wüßtet. Doch wäre es immerhin möglich, daß ein oder der Andere von Euch die Cultur desselben nicht kennt. Denen nun zeige ich das Bild der Tabakpflanze, die in gutem, schwerem Boden, z. B. am Itajahy, oft 12 Fuß hoch wird und Blätter von 1½ bis 2½ Fuß Länge liefert.

Der Tabak wird bekanntlich aus dem Samen gezogen und erst die jungen Pflänzchen, wenn sie das fünfte Blatt getrieben haben, in freies Land auf je drei Fuß Entfernung versetzt.

Später behackt man den Tabak von Zeit zu Zeit und behäufelt ihn. Es ist gut, das Geflügel, besonders Truthühner, ins Tabaks=feld zu treiben, um die dem Tabak so schädlichen Insecten zu ver=tilgen. Sobald sich die Samenköpfe zeigen, schneidet man alle ab, bis auf die zur späteren Aussaat bestimmten. Der Sommergeiz muß häufig ausgebrochen werden und es ist auch anzurathen, der Staude nicht mehr als zehn Blätter zu lassen, wenn man besonders schönen Tabak erhalten will.

Der Tabak ist reif, sobald sich auf den Blättern ölige Flecken zeigen. Man bricht aber die Blätter nicht ab, sondern knickt sie bloß ein und läßt sie auf dem Stamme trocknen. Man kann sie dann entweder in Bündeln auffädeln und durch ein leichtes Schwitzen bräunen oder auf Stangen in Trockenschuppen hängen oder in Rauch=häuser bringen, wie es bei den Amerikanern geschieht.

Ueberhaupt scheint mir die amerikanische Art der Ernte im Großen zu empfehlen. Der Stengel wird der Länge nach fast ganz

Pflanzen Brasiliens.

Der Tabak.

Dreizehnter Abend.

gespalten und abgeschnitten; er bleibt den Tag über in der Sonne zum Trocknen und wird dann, auf Stäben hängend, ins Trocken=haus gebracht.

Der Tabak wird sehr gut bezahlt und die Cigarren noch besser, so daß es für einen auswandernden Familienvater räthlich wäre, seine Kinder im Cigarrendrehen unterrichten zu lassen.

Die Brasilianer bereiten Kautabak und in einigen Fabriken des Nordens auch Schnupftabak.

In S. Leopoldo sah ich das Pfund unsortirter Blätter mit 12 — 15 Kreuzer rh., und schönes sortirtes Blatt das Pfund mit 40 — 50 Kr. rh. verkaufen. Da nun ein Morgen Tabakslandes leicht an 30 Centner trägt, so ist der Tabaksbau sehr einträglich.

Hat man den Tabak durch das Abblatten geerntet, so kann man nach zwei Monaten aus den Nachtrieben noch eine Ernte erzielen; ja der abgeschnittene Tabak treibt häufig zum zweiten Male.

Auch der Tabak wird im September oder October gepflanzt und seine Reife tritt in ungefähr fünf Monaten ein.

Auch den chinesischen Thee, Chá da India, vermag man in Brasilien zu ziehen. Er wird durch Ableger ziemlich dicht ge=pflanzt, da man auf einen Morgen ungefähr 3000 Pflanzen rechnet. Er verlangt nur mittelmäßiges Land und gibt bald so viel Schatten, daß das Unkraut ihm nicht viel anhaben kann. Im dritten Jahre kann man anfangen, die Blätter zu pflücken. Nach acht bis zehn Jahren schneidet man die Sträucher ab, worauf sie neu treiben und einen noch reichlicheren Ertrag liefern.

Hundert Pflanzen liefern durchschnittlich 48 — 64 Pfund Thee, wovon die Hälfte erster Qualität ist. Die Arbeit des Pflückens kann von Frauen und Kindern besorgt werden, welche bis 15 Pfund täglich zu pflücken im Stande sind.

Die Blätter werden auf einem Röstapparat getrocknet, der auf ungefähr 1800 Gulden rh. zu stehen kommt. Fünf Pfund frische Blätter geben durchschnittlich 1 Pfund Thee, welches ungefähr zu 5 — 800 Reis verkauft wird.

Die Theecultur ist nur solchen Ansiedlern anzuempfehlen, welche ein Stück ausgesogenen, schon wurzelreinen Bodens und nebenbei eine große Zahl Kinder besitzen; dabei ist der günstige Umstand, daß die Theeernte in eine Zeit fällt, wo der Landmann die meiste Muße hat, und daß weder Sonnenschein noch Regen der Ernte Eintrag thun.

Neuen Ansiedlern auf frischem Boden rathe ich aber von der Theecultur um so mehr ab, als der Maté besonders im Süden den Thee bei den Brasilianern nicht aufkommen läßt, während die deutschen Kolonisten ihren vielgeliebten Kaffee jedem Thee aus China oder Paraguay vorziehen.

Von Obstsorten hat man in Brasilien eine große Menge, natürlich meist solche, die uns Deutschen völlig unbekannt sind. Doch lassen sich auch an vielen Orten unsere einheimischen Obstsorten ganz gut ziehen, besonders wenn man ihnen dort so viel Aufmerksamkeit schenken wollte, als hier. In dem Hochlande der Südprovinzen gedeihen Aepfel, Birnen, Aprikosen in reichlicher Fülle. Die einzige Schwierigkeit besteht darin, sich Obstbäume zu verschaffen, da Baumschulen, wenigstens von europäischen Sorten, nicht existiren und die edle Kunst des Obstveredelns mittelst Pfropfens und Oculirens unter den Kolonisten wenig bekannt ist.

Aber auch in andern Theilen Brasiliens könnte man, falls man eben wollte, recht gut Aepfel und Birnen ziehen, da die Quitten, marmeleiros, die hier wild wachsen, sich sehr gut zum Veredeln mittelst europäischer Edelreiser eignen.

Diese Quitten selbst liefern Früchte von der Größe eines Kindskopfes, aus welchen die brasilianischen Hausfrauen sowohl die Marmelade als den Quittenkäse bereiten.

Pflaumen, Kirschen und Aprikosen habe ich nun allerdings nirgends gesehen, wohl aber eine wilde Kirschenart, die sich gewiß mit europäischen Arten veredeln ließe. Ich bin leider kein Gärtner und habe daher in diesen Dingen nicht das richtige Verständniß; aber ich glaube, daß ein in diesem Fache tüchtiger Mann keinen großen Schwierigkeiten begegnen würde, wollte er die europäischen Obstsorten in Brasilien ziehen. Eine andere Frage aber ist die, ob sich dieß der Mühe lohnen würde, und das muß ich verneinen, weil in Brasilien genug anderes und auch besser mundendes Obst wächst, das zu wahrhaften Spottpreisen zu haben ist.

Von den europäischen Früchten gedeihen reichlich die Pfirsiche und die Wallnüsse. Der Pfirsichbaum wuchert insbesondere sehr stark, doch läßt die Qualität viel zu wünschen übrig, da es immer nur Wildlinge sind.

Ferner Feigen in allen Sorten, die vortrefflich gedeihen und besonders in getrocknetem Zustande gute Preise erzielen. Doch findet sich natürlich auf den deutschen Kolonien kaum hie und da ein Exemplar.

Die Hauptfrucht aber ist und bleibt die Orange oder Apfelsine, Laranja. Sie ist wahrhaft köstlich, der Baum und seine Belaubung sehr schön, dessen Wachsthum sehr schnell, die Fruchtbarkeit ungemein. Die deutschen Ansiedler haben überall bei ihren Häusern, gleich den Brasilianern, ihr Orangenwäldchen, laranjal, das Erwachsenen und Kindern gleich werth und angenehm ist. Die Orange reift vom Juli bis zum September, also zur Winterszeit. Es gibt sehr viele Arten, von denen die feinsten die Orange von Tanger, la tangerina, die Nabelorange, l. de embigo, die ohne Kerne, l. sem caroço, 2c. sind. Die einheimische Orange, l. da terra, ist gallenbitter und von großer medicinischer Wirkung.

Man zieht die Orangen aus dem Kerne; sie tragen schon häufig nach vier Jahren, manchmal auch früher.

Die Orangenblüten liefern vorzüglichen Parfum und, wie die Blätter, einen sehr wohlschmeckenden Thee, Schale und Saft sehr guten gewürzhaften Branntwein, letzterer auch guten Essig. Die Orangen sind oft so häufig, daß man die Schweine damit zu füttern gezwungen ist, trotzdem, daß die kleinen Papageien sich reichliche Nahrung aus den Laranjaes holen.

Sehr vernachlässigt ist in Brasilien die Citrone, citrão oder limão azedo; statt ihrer zieht man die Lima vor, welche die Farbe der Limonie und die Gestalt der Orange, aber einen süßlichen Geschmack hat. Man bereitet aus ihr eine vortreffliche, wie Honig schmeckende Marmelade. Es gibt mehrere Limagattungen, alle aber sind sehr schöne Bäume und liefern einen unglaublichen Ertrag.

Die europäischen **Beerenarten** werden ebenfalls nicht gepflegt. Die einzigen, welche man öfter findet, sind die Erdbeeren, morangos; weder Stachel-, noch Him- noch Johannisbeeren sind, mir wenigstens, zu Gesichte gekommen. Die Brombeeren fand ich im Walde von Sta. Cruz häufig wildwachsend.

Hier wird es auch gut sein, des **Maulbeerbaums** zu erwähnen, weniger seiner selbst als der davon abhängigen Seidenzucht wegen. Der Baum gedeiht sehr gut und schnell; zur Seidenzucht aber fehlen in Brasilien zur Stunde noch die zahlreichen Hände, über welche China, Italien und das südliche Frankreich zu gebieten haben. Die Würmer freilich kommen sehr gut fort, werden sehr groß und geben sehr schöne Cocons, ja, sie können zweimal im Jahre gezogen werden, vielleicht auch öfter; aber woher die vielen Hände nehmen, um sie zu füttern, oder gar um alle in einer Filanda (Anstalt zum Abspinnen der Cocons) nothwendigen Arbeiten zu verrichten?

Von einheimischem Obste finden wir die herrliche **Ananas**, die Königin der Früchte, in riesigen Exemplaren; den prächtigen **Abacata-Baum**, dessen Frucht, wie die Caju, einen sehr guten Wein liefert, die **Guyave**, wie die beiden früher genannten zur Bereitung von Marmeladen, doces, sehr geeignet. Dazu kommt der Mamão, eine Melone auf einem Baume, die weltberühmte Manga, die Brodfrucht, jaca, die Atta, die Grafenfrucht, fruta do Conde, die Maracujá, die Tamarinde, die Grunijama und andere mehr.

Vor Allen aber ragt die **Banane** hervor, diese herrliche Pflanze mit ihrer ausgezeichneten Frucht. Auf diesem Bilde seht Ihr eine Zwergbanane, welche höchstens 8—10 Fuß Höhe erreicht, während die größeren Sorten 15—20 Fuß hoch werden.

Die Banane ist ein ganz eigenthümliches Gewächs, das nur einen Fruchtstengel und an diesem eine Traube von gurkenähnlichen

Pflanzen Brasiliens.

Die Banane.

Früchten, wie die hier gezeichneten, bringt; eine solche Traube enthält oft Hunderte von Früchten und wird 30—40 Pfund schwer. Sobald man die Fruchttraube abnimmt, haut man den Stamm nieder und gibt ihn, der eigentlich nur aus Blattsubstanz besteht, sammt den Blättern dem Viehe zum Futter, das ihn leidenschaftlich gern frißt.

Die Banane treibt dann aus Wurzelschößlingen wieder empor. Da nun jeder Stamm mehrere Schößlinge treibt, so erhält man im Laufe weniger Jahre ein Bananenwäldchen, wenn man anfänglich auch nur einige Bananen gepflanzt hat.

In Rio Grande, wenigstens auf den Kolonien von S. Leopoldo und Sta. Cruz, kommt die Banane nur noch als Zierbaum fort, der keine Früchte trägt; aber in den übrigen Provinzen, mit Ausnahme des Hochlandes, ist sie in zahlreichen Spielarten verbreitet. Die Banane, deren einzelne Frucht Ihr auf dem Bilde seht, wächst in verschiedener Größe und Farbe, violett, roth, gelb mit schwarzen Punkten, schön hellgelb, grüngelb ꝛc. und von 3 Zoll bis zu 10 und 12 Zoll Länge.

Sie ist so gesund, daß man sie selbst Säuglingen gibt, und dabei äußerst nahrhaft; sie kann roh, gekocht, geschmort und gebacken verzehrt werden und bleibt in jeder Gestalt wohlschmeckend.

Die Fruchttraube nimmt man gewöhnlich ab, bevor die Früchte ganz reif sind, und läßt sie an einem schattigen, luftigen Orte nachreifen.

Der Weinstock gedeiht in Brasilien, wenn man vom ganzen Lande spricht, im Allgemeinen nicht. Die nördlicheren Provinzen sind zu warm und die Insekten stellen seinen Blättern, Blüten und Beeren zu sehr nach; er leidet außerordentlich vom Mehlthau und noch mehr an mangelnder Pflege, deren diese Pflanze, wenn sie dankbar sein soll, so sehr bedarf.

Im Süden jedoch, besonders aber auf dem so oft erwähnten Hochlande der drei Provinzen Paraná, Rio Grande und Sta. Catharina, gedeiht der Weinstock selbst bei geringer Pflege ganz außerordentlich), und Trauben von 2 — 3 Pfund, und selbst darüber, sollen dort keineswegs zu den Seltenheiten zählen.

Auch in S. Leopoldo haben unsere Moselschwaben angefangen Wein zu pflanzen und sogar zu keltern; ja im verflossenen Jahre 1861 haben sie schon an 40,000 Flaschen erzeugt. Ich bekenne indessen offen, daß mir der, welchen man mir vorsetzte, nicht sehr mundete, und viele Leute sind darin meiner Meinung, wenn gleich ein berühmter Reisender das Gegentheil behauptet.

Ich will damit nicht sagen, daß in S. Leopoldo kein guter Wein gezogen werden könne. Wenn man sich Reben von guten Sorten verschafft, ordentliche Keller gräbt und die Küferei richtig betreibt, so bin ich sogar überzeugt, daß man einen guten, trinkbaren Wein bekommen wird; aber aus der gewöhnlichen Landestraube wird man nie ein genießbares Getränk erzeugen.

Der Wein wird meistens gezogen, um Tafeltrauben zu erhalten.

Man zieht ihn größtentheils an Spalieren, widmet ihm aber sonst, wie gesagt, wenig Pflege. Auf die Auswahl der Sorten legt man ebenfalls wenig Gewicht, und so ist die überwiegende Mehrzahl der Trauben jene großbeerige, wässerige, blaßviolette Art, deren Beeren so ungleichartig reifen. Und doch habe ich hie und da Trauben gesehen, bei denen eine Beere wie die andere reifte, bei denen sie dicht gedrängt an einander saßen, vom schönsten Wachsgelb und aromatischer Süße — ein Beweis, wie viel von der Auswahl der Rebsorten abhängt.

Wer sich dem Weinbau widmen will, der wandere aber auf das Hochland von Curitiba; aber er bedenke sich früher zweimal, denn ich kann ihm zum Weinbau nicht rathen. Dazu gehört viel Geld; denn er findet keine Keller, er findet keinen Küfer. Die Reben und das ganze Werkzeug muß er sich selbst mitbringen. Hat nun Jemand so viel Geld, so thut er nicht klug, dieß auf Anlage eines Weinberges zu verwenden, von dem er nicht einmal weiß, wie das Resultat sein wird, ob er seinen Wein wird verkaufen können und wann er endlich eine Einnahme davon haben wird.

Dreizehnter Abend.

Es ist noch so viel Geld und so leicht und ohne Capital zu gewinnen, daß eben dieß der Hauptgrund ist, warum Niemand an die Weincultur denkt.

In S. Leopoldo ist es etwas Anderes; die alten Bauern haben ihr Schäfchen im Trocknen, für das Nützlichste ist gesorgt, nun kömmt das Steckenpferd an die Reihe. Sie begegnen dabei auch nicht so viel Schwierigkeiten, denn für's Erste legen sie keinen eigenen Weinberg an, sondern ziehen am Hause oder im Garten an Spalieren Weinreben, die sie jedes Jahr langsam vermehren. Sie haben im Orte mehrere geschickte Küfer, die ihnen die nöthigen Gebinde billig besorgen; und was das Wichtigste ist, die S. Leopoldenser trinken ihren eigenen Wein am Ende lieber als den vielfach gefälschten portugiesischen und Rhein= und Moselwein, mit welchem die gefälligen Kaufleute sie zu enormen Preisen versorgen. Und Durst haben die Deutschen in Brasilien so viel wie daheim; nur haben sie dort mehr Geld, so daß sie ihn im Weine statt im Kartoffelschnaps löschen können.

Aus dem, was ich Euch über die Feld= und Gartenfrüchte gesagt, könnt Ihr leicht abnehmen, was für Euch am einträglichsten ist. Der beste Maßstab dafür bleibt immer, sich im Anfange ganz nach der in der Gegend herrschenden Weise zu richten. Dadurch lernt man ihre Vortheile und auch ihre Nachtheile kennen, die denn ein kluger Mann nach und nach abstellen oder verbessern wird. Aber für den Anfang lasset alles Versuchen; den frischen Einwanderer plagt die Sucht, Alles auf die gewohnte deutsche oder schweizerische Weise einzurichten, und er verliert dadurch viel kostbare Zeit, Mühe und Geld. Glaubt mir, die allererste Regel ist, sich nach den ältern angesessenen Leuten zu richten; die wissen im Allgemeinen am besten, was gut und passend ist, und ihr Gedeihen beweist das.

Aber die zweite und eben so wichtige Regel ist, nicht im Schlendrian zu verharren, in welchen Fehler die meisten Ansiedler verfallen. Der denkende Landmann wird bald erkennen, daß selbst der beste Boden sich erschöpft, wenn er immer nur abgeerntet und niemals gedüngt wird; er wird begreifen, daß die Landessitte, immer wieder neuen Wald zu schlagen und die erschöpften Gründe ausruhen zu lassen, endlich schon den Sohn so weit zurückbringen muß, daß er gar keinen Wald und lauter erschöpftes Land besitzt, während bei vernünftiger Wirthschaft das Stück Kolonieland von 100 bis 160,000 ☐ Klaftern zur Ernährung von wenigstens 6 Familien hinreicht und dabei noch so viel Wald bleibt, um das nöthige Bau- und Brennholz zu liefern.

Dazu gehört vor Allem aber eine Reform in der Viehzucht, und ich bin wirklich erfreut, wiederholt sagen zu können, daß in S. Leopoldo sich da ein erfreulicher Geist zur Verbesserung der landwirthschaftlichen Zustände in höchst praktischer Weise gezeigt hat, von dem zu wünschen ist, daß die übrigen Kolonien ihn zum Muster nehmen möchten. Ganz besonders möchte ich den Directionen der Kolonien Sta. Catharina's rathen, aus allen Kräften darauf hinzuwirken, daß der Viehstand derselben gehoben werde. Sie haben zwar manchmal mit großen Schwierigkeiten zu kämpfen, das Vieh des Hochlandes dorthin zu bringen, aber kann dieß überhaupt geschehen, so ist nicht abzusehen, warum es nicht in größerem Maßstabe so geschieht, daß die Direction selbst den Käufer macht und den Kolonisten gegen Ratenzahlung die einzelnen Stücke abläßt. Die Anlage von Weiden ist in D. Francisca nicht schwieriger als in Sta. Cruz, und doch haben beide Kolonien, die von gleicher Lebensdauer und fast ganz gleicher Einwohnerzahl sind, einen ungeheuren Unterschied im Viehstande aufzuweisen, wie folgende Tabelle zeigt.

	D. Francisca.	1861	Sta. Cruz.
Einwohner	3050		3381.
Pferde	146		1040.
Rindvieh	532		1330.
Ziegen	46		26.
Schafe	—		300.
Schweine	2300		10,000
Geflügel	8500		30,000.

Dreizehnter Abend.

Dabei ist zu bemerken, daß nach D. Francisca viele Leute mit bedeutenden Capitalien wanderten, während nach Sta. Cruz, mit sehr geringer Ausnahme, nur das Capital gesunder Arme und thätiger Arbeitslust kam.

Ferner soll der Landmann bei seinem Anbaue im Auge haben, was ihm am meisten nützt. Ist er weit vom Markte und sind schlechte Verbindungen dorthin, so muß er solche Pflanzen bauen, die nach dem Gewichte bezahlt werden; z. B. Baumwolle, Tabak oder Mais zum Viehfutter; denn Ochsen, Kühe, Pferde, Schweine, Puter können leichter zu Markte gebracht werden, als so und so viel Säcke Milho. Hat er dagegen eine gute Wasserverbindung, so wird er auf Bohnen und Mais größeren Werth legen, weil er diese im großen Maßstabe bauen kann. Ist er im Stande, eine Zuckermühle und eine Brennblase aufzustellen, und gedeiht bei ihm das Zuckerrohr, so wird er dem Anbaue desselben seine besondere Aufmerksamkeit zuwenden müssen, kurz er wird sich so verhalten, wie ich es wiederholt angedeutet habe.

Den zweitwichtigsten Theil der Landwirthschaft bildet die Viehzucht, die ich vorhin nur im Vorübergehen berührte. Die in Brasilien vorherrschende Art ist die Rindviehzucht, wozu sich die großen Campos des Landes, deren es im Süden oder Westen so viele und ausgedehnte besitzt, ganz besonders eignen. Ihr nahe kommt die Pferdezucht, ja sie ist von ihr unzertrennlich; schon die unwegsamen Gegenden fordern da gebieterisch zu derselben auf, wo kein Wagen durchzudringen vermag.

Den drittwichtigsten Theil bildet die Zucht der Schweine, die bei dem Mangel an Butter und Speiseöl das einzige Speisefett liefern. Schafe sind selten, dagegen die Geflügelzucht höchst ausgebreitet. Endlich ist in neuester Zeit in manchen Gegenden des Südens die Bienenzucht hinzugekommen.

Von Zucht ist bei dem deutschen Ansiedler, und ich spreche nur von diesen, keine Rede, außer in Bezug auf Geflügel, Bienen und Schweine. Die einzige Ausnahme bilden die hie und da ver-

einzeln auf den Campos angesessenen Deutschen. Denn zur Vieh=
zucht auf brasilianische Manier bedarf es sehr großer Landstrecken,
die nur Weide enthalten und dabei doch auch Schatten und Wasser
bieten. Es gibt in Rio Grande, in Matto Grosso, Paraná, im
Westen von S. Paulo und Minas Geraes 2c. solche Viehzüchter,
die 10 bis 20 und mehr Quadratmeilen Landes besitzen und deren
Viehstand oft an 50,000 Stück Rindvieh, Pferde und Maulesel
beträgt.

Diese treiben die Viehzucht nur zu dem Zwecke, die Häute,
Hörner und Haare der Thiere zu verwerthen, keineswegs aber zur
Milchwirthschaft, zur Butter= und Schmalzerzeugung, zum Düngen
oder zur Hausarbeit.

Der deutsche Ansiedler hingegen zieht oder eigentlich hält sein
Vieh zu den letztgenannten Zwecken. Er kauft das halbwilde Vieh
des großen Estancieiro, sucht mit aller erdenklichen, oft komischen
Mühe die Kuh an regelmäßiges Futter, besonders ans Melken, zu
gewöhnen und erreicht doch seinen Zweck oft erst in der zweiten, ja
in der dritten Generation. In S. Leopoldo habe ich gesehen, daß
die Bauern schon ganz zahme Kühe haben, die den freilich oft sehr
einfachen Stall, der nur gegen die Wetterseite geschlossen ist, suchen,
das Abgewöhnen der Kälber mit gleichgiltigem Auge ansehen und
das Melken selbst verlangen, kurz, die ganz unseren deutschen Kühen
ähnlich sind. Aber selbst hier muß man anfangs das Kalb stets
ansaugen lassen, wenn man einen Tropfen Milch bekommen will,
und dabei muß die Kuh oft noch gebunden und gehalten werden;
im Ganzen vermag man die Thiere so wenig im Stalle zu halten,
daß man sie den Tag über auf die Weide lassen muß, von der sie
übrigens Morgens und Abends zu ihrem eingesperrten Kalbe zu=
rückkehren.

Stirbt das Kalb, so versagt die Kuh die Milch gänzlich und
dergl. Unannehmlichkeiten mehr. Diese steigern sich, wenn der An=
siedler noch keine Weide herstellen konnte und das Vieh im Walde

Dreizehnter Abend.

weiden lassen muß; da ist es unerläßlich, jedem Thiere eine Glocke um den Hals zu binden.

Das Rindvieh, gado vaccum, bringt das ganze Jahr im Freien zu, und selbst da, wo man die Melkkühe einstallt, ist der Stall, wie gesagt, nur an der Wetterseite mit einer Wand versehen.

Auf den Kolonien hält man das Rindvieh nur für den Hausbedarf. In der Nähe großer Städte jedoch ist der Milchhandel sehr lohnend, ja selbst die Butterbereitung rentirt sich, da frische Butter das brasilianische Pfund zu 1 $ rs. und darüber bezahlt wird und Butter in jedem brasilianischen Hause zum Bedürfniß gehört, weßhalb sehr viel englische, französische und deutsche gesalzene Butter eingeführt wird.

Für halbwildes Vieh zahlt man in Rio Grande: für eine Kuh mit Kalb 28—29 Fl., für einen Schlachtochsen 12 Fl. Eine zahme Kuh jedoch kostet schon 40—70 Fl., und dieß ist auch der Preis derselben in Sta. Catharina. Ein Paar eingefahrene Zugochsen kommen auf 80—100 und mehr Gulden zu stehen.

Gut gemästetes Rindvieh erzielt in den Städten hohe Preise: in Porto Alegre zahlt man für eine junge fette Kuh von S. Leopoldo gern den doppelten Preis. Der einzelne Ansiedler muß sein Schlachtvieh einsalzen und in der Sonne dörren, was man scharken nennt; das so gewonnene Fleisch heißt carne secca, Trockenfleisch.

Von Pferden, cavallos, und Mauleseln, mulas oder burros, besitzt der deutsche Ansiedler auch keine Aufzucht, sondern er kauft sie von den Brasilianern, um darauf zu reiten, oder um sie als Lastthiere zu gebrauchen. Die Maulthiere werden häufig auch eingespannt, während ich im ganzen Lande, außer in Rio de Janeiro, nur in S. Leopoldo eingespannte Pferde gesehen habe. Sogar die Artillerie fährt nur mit Maulthieren.

Der Deutsche kauft schon gebrochene Pferde, d. h. solche Pferde, welche gezähmt sind und Sattel und Zaum vertragen. Er bekommt sie meist als Graspferde und füttert sie dann mit Milho auf. Ein Graspferd erhält er in Rio Grande ganz gut um 15—20 Fl., während ein mit Welschkorn aufgefüttertes Pferd 2—3 und mehr Unzen kostet. In Rio Grande sind die Pferde noch gut, in Sta. Catharina sind sie schon schlechter und werden nach dem Norden immer schlechter, ausgenommen im Innern von S. Paulo und Minas Geraes. Daher kommt es, daß man im Norden selten Pferde, dagegen fast immer Maulthiere reitet.

Das brasilianische Pferd ist sehr fromm und gutmüthig und, wenn mit Welschkorn aufgezogen, unermüdlich; die Maulesel sind indeß sehr hartnäckig und eigensinnig, aber in ihrem Gange sehr verläßlich und als Lastthiere unersetzlich. Die Maulesel stehen daher häufig in viel höherem Preise als Pferde, natürlich Wettrenner ausgenommen.

Von Schweinen, porcos, hat man in Brasilien mancherlei. Will man Fleisch und Speck, so muß man die gewöhnliche Race ziehen, die den deutschen Schweinen sehr ähnelt; will man bloß viel Schmalz, so ziehe man die chinesischen.

Die Schweine hält man am besten in eigenen Umzäunungen; in einer Ecke derselben legt man eine Stallhütte auf einer kleinen Erhöhung an, wo die trächtigen Säue werfen können.

Die zu mästenden Schweine sollte man in ordentlichen Schweins=koben unterbringen, wie man dieß hie und da in S. Leopoldo sieht; sonst errichtet man Koben von übereinander geschlichteten Stämmen, die man nothdürftig gegen das Einregnen schützt.

Ein Schweineschneider macht drüben gute Geschäfte, besonders wenn er Sauen zu verschneiden versteht.

Gewöhnlich mästet man die Schweine auf 200 Pfund. Zu fressen gibt man ihnen Welschkorn. Die jungen Schweine in der Umzäunung erhalten hauptsächlich Kürbisse, alle Abfälle und hie und da etwas Welschkorn.

Schinken zu räuchern vermag man nur, wenn man den Knochen auslöst.

Ein geschickter Wurstmacher verdient allenthalben viel Geld.

Dreizehnter Abend.

Schafe, ovelhas, und Ziegen, cabras, werden ganz im Freien gehalten und erfahren keine besondere Behandlung, obgleich auf den Camps von Rio Grande eines Tages die Schafzucht sehr einträglich sein und eine große Rolle spielen muß. Fürs Erste ist aber nicht dazu zu rathen, weil auch hierzu eine große Landstrecke nöthig ist.

Das Geflügel, aves domesticos, ist ganz wie das deutsche; nur hie und da trifft man andre Spielarten. Nur bemerke ich, daß man sehr wenig Gänse findet, was seinen Grund darin haben mag, daß man der Federbetten nicht bedarf.

Dagegen zieht man außerordentlich viel Hühner und Puter. Besonders auf dem Lande, wo man nicht alle Tage frisches Schweine- oder Rindfleisch bekommen kann, sind die Hühner sehr geschätzt, um frischen Braten und bei Krankheiten Fleischbrühe zu bekommen.

Gefüttert wird sämmtliches Geflügel mit Welschkorn.

Die Hühner brüten das ganze Jahr hindurch; sie vermehren sich auch ungemein. Die Hausfrau muß aber ja auf Herstellung eines Stalles bestehen, wenn sie ihr Geflügel behalten will, und dasselbe jeden Abend frühzeitig einsperren. Sie haben die Gewohnheit auf den Bäumen zu sitzen und die noch schlechtere, ihre Eier in Wald und Feld zu legen. Man muß daher jeden Morgen, bevor man die Hühner aus dem Stalle entläßt, sie sorgfältig befühlen, ob sie ein Ei tragen, und diejenigen, bei denen sich ein solches findet, den Tag über im Stalle zurück behalten.

Wer das Kapaunen versteht, wird gute Geschäfte machen; aber in der Nähe von Städten ist die Geflügelzucht schon an und für sich lohnend, so daß eine fleißige Hausfrau sich damit ein hübsches Taschengeld erwerben kann.

Die Zucht der Puter, perús, welche man mit Erdnüssen mästen kann, ist ebenfalls sehr gewinnbringend, da bei jedem großen Feste der Puterbraten auf keinem brasilianischen Tische fehlen darf.

Enten, Perlhühner, Tauben 2c. sind weniger geschätzt.

Dreizehnter Abend.

Von den Hausthieren haben wir noch der Katzen und Hunde zu erwähnen.

Die Katzen, gatos, sind sehr selten auf den Kolonien, wären aber sehr wünschenswerth, da sie einen großen Haß gegen die Schlangen hegen und dieselben überall jagen.

Von den Hunden, cachorros, kennt man sehr wenig bessere und edlere Arten; die einheimische Race ist eine halbwilde, magere, sehnige, semmelfarbene Art, die nie recht zutraulich wird. Wer einen guten Jagd= oder Schlachterhund haben will, muß ihn selbst mit= bringen, was vielleicht ein gutes Geschäft werden könnte. Doch muß er vorher die Erlaubniß des Schiffscapitäns hierzu haben.

Ein guter Hund oder noch besser mehrere sind für den einsam wohnenden Ansiedler fast unentbehrlich; doch eignet sich hierzu die erwähnte einheimische Race ganz gut, da sie sehr wachsam und auch muthig ist.

Am Schlusse dieser Mittheilung noch ein paar Worte über die Bienen und ihre Zucht. Bis vor ungefähr 6—8 Jahren kannte man in Brasilien nur die einheimischen Waldbienen, die in hohlen Bäumen ihre Stöcke haben. Wer einen solchen Stock haben wollte, mußte das Flugloch zu verkleben und dann den Stamm zu fällen suchen, der ober= wie unterhalb des Stockes abgeschnitten wurde, worauf man dann denselben nach Haus trug, das Flugloch öffnete und den Stock von Zeit zu Zeit plünderte. Die einheimischen Bienen haben keinen Stachel, geben einen sehr flüssigen Honig und dunkles, aber wohlriechendes Wachs.

Im Jahre 1853 brachte ein Kolonist nach Sta. Cruz zwei Bienenstöcke aus Europa, die er auf der Ueberfahrt wie eingewin= terte Bienen behandelte und ernährte. Aus diesen Stöcken zog er binnen 18 Monaten 200 Völker und würde noch mehr gezogen haben, wenn er genug Körbe besessen hätte. Den Schwarm ver= kaufte er zu 40 Fl. im Durchschnitt.

Aber seitdem soll unter die Bienen eine Krankheit gekommen sein, und die wenigsten von ihnen tragen Honig ein. Leider habe

Dreizehnter Abend.

ich mich hierum zu wenig gekümmert, um Euch ganz getreu darüber berichten zu können. Indeß soviel ist gewiß, daß irgend etwas störend in den Verlauf dieser Bienenzucht eingegriffen hat. Ob sich diese Störung nicht mehr aufheben ließ oder ob man Abhülfe dagegen gefunden, vermag ich nicht zu sagen; doch glaube ich, daß ein erfahrener Bienenzüchter immerhin gut fahren würde, falls er zwei oder drei Stöcke mitbrächte und auch in Brasilien fortführe, ihnen dieselbe Pflege und Aufmerksamkeit zu schenken, wie er es in Deutschland gethan.

Ueber die Behandlung des Viehes im Großen schweige ich, weil, wie gesagt, der deutsche Ansiedler nicht zum Zwecke der Viehzucht nach Brasilien geht. Viehzucht soll der deutsche Landmann auch nur in Verbindung mit dem Landbau, und zwar demselben untergeordnet, treiben; denn das ist eben die große Aufgabe des deutschen Kolonisten, Brasilien aus einem hauptsächlich Viehzucht treibenden Lande in einen regulären Ackerbaustaat umzuwandeln, wo im Gegensatze zu den weiten, ausgedehnten, menschen- und häuserleeren Weiden, reiche Felder, eng um Städte, Dörfer und Weiler gereiht, liegen.

Vierzehnter Abend.

Georg erzählt von den politischen Einrichtungen des Landes. — Der Kaiser und und seine Familie. — Die Minister und der Reichstag. — Die Provinzpräsidenten und der Landtag. — Die Kolonie-Directoren und die Ansiedler. — Wie Georg auf Sta. Cruz wacker vorwärts kam. — Er baut eine Mühle und trifft sonstige Einrichtungen. — Er verkauft seine Kolonie und zieht an den Cahy. — Wie er sich dort einrichtet und wie es ihm geht. — Reiseentschluß. — Rückblick. — Mäßigkeit und Verträglichkeit. — Georg ertheilt noch mehrere Rathschläge. — Wer soll auswandern? — Welche Handwerker haben gute Aussichten? — Welche Kolonie soll der Einwanderer wählen? Vorsichtsmaßregeln beim Landkaufe. — Schlußworte Georgs.

Niemand, der in irgend ein Land auswandert, sollte in Unkenntniß über die politische Lage und Einrichtung seines neuen Vaterlandes sein. Zwar braucht der Landmann und Handwerker nicht alle Kleinigkeiten, jedes Gesetz 2c. zu kennen, aber er soll doch wissen, wie das Land regiert wird, in dem er und seine Kinder von nun an leben sollen.

Brasilien ist ein Kaiserthum und der brasilianische Kaiser ist der einzige Fürst in ganz Amerika. Er ist aber in seiner Gewalt so beschränkt, daß nur seine Minister regieren; er kann nicht einmal einen einfachen Lieutenant aus eigener Macht ernennen. Darum hat er aber auch gar keine Verantwortlichkeit, und wird einmal schlecht regiert, so wird nicht dem Kaiser die Schuld davon beigemessen, sondern die Minister allein müssen das Bad ausgießen.

Der jetzige Kaiser Peter II., oder, wie die Brasilianer sagen, Dom Pedro segundo, ist aber ein besonders kluger und umsichtiger Herr; er benutzt seinen persönlichen Einfluß nur dazu, um zwischen seinem Reichstag und seinen Ministern womöglich gute Beziehungen

Vierzehnter Abend.

und so dem Lande Frieden, Ruhe und Zufriedenheit zu erhalten; er mäßigt den Eifer der Einen und der Andern und sucht den Wünschen des Volkes alle Rechnung zu tragen. Er ist ein Vater der Armen, ein gelehrter Mann, der Künste und Wissenschaften nicht blos unterstützt, sondern sie selbst treibt und versteht, und an dem jede nützliche Unternehmung einen eifrigen Beförderer findet. In jeder Woche sind zwei Tage bestimmt, an denen er Audienz gibt, zu der jeder Mensch im einfachsten Anzuge ohne alle Förmlichkeit gehen kann, und wo er geduldig und aufmerksam die Wünsche jedes Einzelnen anhört und nach Möglichkeit befriedigt. Gott erhalte ihn noch lange seinem Lande!

Der Kaiser ist von der mütterlichen Seite her ein Deutscher und sieht auch sehr weiß und blond aus; er ist ein schöner, großer Mann. Die Kaiserin Therese ist eine neapolitanische Prinzessin und als eine unermüdete Wohlthäterin im ganzen Lande geliebt.

Das kaiserliche Paar hat das Unglück gehabt, zwei Söhne, Alfons und Ludwig, in früher Jugend zu verlieren; der Thron geht daher auf die älteste Prinzessin Isabella (kaum 16 Jahre alt) über, die, wie die Königin Victoria England, so Brasilien beherrschen wird; ihr Gemahl wird keinen Antheil an der Regierung haben. Man rühmt an der Kronprinzessin hervorragende Gaben des Geistes und Herzens, Erbstücke ihrer erlauchten Eltern.

Die Regierungsform ist rein constitutionell; jede Provinz, deren das Reich zwanzig zählt, schickt eine Anzahl Deputirte nach der Hauptstadt Rio, wo sie vom 3. Mai bis 7. September Sitzung halten, Gelder verwilligen oder verweigern ꝛc.

Diese Versammlung heißt der Reichstag (assembléa geral legislativa) und hat zwei Kammern, die der Deputirten und die der Senatoren. Die Deputirten werden auf vier Jahre gewählt und erhalten Diäten und Reisegelder; die Senatoren aber werden auf Lebenszeit gewählt und vom Kaiser bestätigt und erhalten einen Jahrgehalt. Jeder freie Brasilianer, ob schwarz, braun, weiß, ob

Abkömmling eines Portugiesen oder Deutschen, kann Deputirter und Senator werden.

Die Minster gehen gewöhnlich aus dem Reichstage hervor, und der Kaiser hat nur das Recht, sie zu bestätigen; auf ihnen ruht alle Gewalt.

Die Provinzen haben wieder ihre eigene Regierung; statt des Kaisers ist dort der Präsident, der von dem Ministerium ernannt wird, aber ziemlich große Gewalt besitzt. Dieser hat wieder eine Art Ministerium um sich und den Landtag (assembléa provincial), in welchem jeder Bezirk seine Deputirten schickt, die aber nur in e i n e r Kammer sitzen.

Das Land regiert sich selbst; alle Stellen von Polizeibeamten, außer dem Chef derselben, sind von Bürgern versehen, die von ihren Landsleuten gewählt werden. Die Gemeinden oder Bezirke, welche nicht blos eine Ortschaft, sondern auch einen bedeutenden Land=district umfassen, wählen sich in vollkommener Freiheit ihre Ver=treter; die Friedensrichter, ja sogar die Stellvertreter der unteren Richter werden ebenfalls vom Volke gewählt; nur die eigentlichen Richter werden von der Reichsregierung ernannt.

Die Kolonisten genießen, sobald sie naturalisirt sind, wozu es übrigens nur einer einfachen Meldung bedarf, alle diese Vortheile der Selbstregierung. So lange sie aber Fremde sind, stehen sie unter dem Kolonie=Director, der übrigens streng nach den Landes=gesetzen verfahren muß.

Der Kolonie=Director hat übrigens wenig mit ihnen zu schaffen und ist sehr froh darüber, da ihm sonst genug zu thun bleibt. Nur wo grobe Excesse, Verbrechen und sonstige Skandale, als Wider=setzlichkeiten stattfinden, wird er seine Macht geltend machen und die gesetzliche bewaffnete Gewalt, die Nationalgarde des Bezirks, requiriren. Die Pflicht jedes redlichen Einwanderers, der einsieht, daß die Ruhe und Wohlfahrt der Kolonie eine unerläßliche Bedingung für das Wohlsein jedes Einzelnen ist, erheischt, daß er in solchen Fällen, wo Unvernunft, Mißverständnisse oder gar Böswilligkeit einen der genannten Auftritte herbeizuführen drohen, entschieden Partei für die Regierung, d. h. für den Director ergreift und durch Belehrung, Aufklärung, ja, wenn es sein muß, mit Gewalt die Uebelthäter zur Vernunft bringt und so oft unberechenbares Unheil vermeidet.

Glaubt aber ein ordentlicher Mann sich in seinem Rechte durch den Director verletzt und verweigert ihm der Director die gewünschte befriedigende Aufklärung, so scheue er ein paar Tage Arbeitsverlust nicht, sondern sattle sein Pferd und reite in die Stadt zum Präsidenten, der jeden, noch so einfachen Menschen empfängt, und trage diesem seine Beschwerde klar und deutlich vor. Hat er wirklich Recht, so wird es ihm ganz sicher werden; im andern Falle wird man ihm einfach erklären, daß und warum er im Unrechte sei. So handelt ein ehrlicher, ordentlicher Mann; in den Schenken herum schimpfen und Krawall machen sind Kennzeichen eines Lumpen und Taugenichtses.

Ich kehre nunmehr zur Erzählung meiner persönlichen Erlebnisse zurück und werde mich kurz zu fassen suchen, da Mutter Gertrud und die Schwägerinnen schon gepackt haben und wir morgen abzureisen entschlossen sind.

Nachdem ich den Sommer zur Herstellung der Pflanzung in beschriebener Weise verwendet, ging ich daran, mir an dem Bache, den ich erwähnte, eine kleine Mühle nothdürftig einzurichten, wozu mich die Kolonisten ringsum dringend aufforderten. Da ich bei Gelde war, konnte ich Leute nehmen, um mir einen Mühlkanal, der nicht länger als 80 Schritte war, graben zu lassen, indem ein kleiner Wasserfall mich hierbei sehr begünstigte.

Alle Mühleinrichtungen mußte ich aber selbst besorgen, sogar das Kammrad arbeitete ich mit einem gelernten Zimmermann fertig.

Trotz aller ihrer Mängel war die Mühle doch eine wahre Wohlthat für die Umgegend und ein Segen für mich. Das Wasser war stets genügend und an Mahlgut fehlte es nie; sie stand keine Stunde des Tages stille, und obgleich ich für das Mahlen eines Sackes

Welschkorn nur zwei Patacas nahm, so legte ich doch ein hübsches Sümmchen Baargeld zurück.

Dazu kam die erste Ernte, welche in Bohnen und Welschkorn meine Erwartungen weit übertraf. Ich schaffte mir gleich 6 Schweine und zwei neue Pferde, auch eine neue Kuh an und begann die Mast der ersteren, da das Welschkorn in der Venda schlechten Preis hielt. Jedes der Schweine (eines behielt ich für's Haus) trug mir $1^{1}/_{2}$ Unze ein, wovon ich mir neuerdings Geflügel und Schweine zur Zucht anschaffte. Die Pferde, welche ich um 6 Patacões das Stück gekauft, verhandelte ich nach ungefähr 5 Monaten, das Eine nach Rio Pardo um eine Unze und das andere nach Mont-Alverne für 26 Patacões.

Im nächsten Sommer legte ich wieder 10,000 Brassen Wald in Brand, natürlich durch gedungene Arbeiter, denen ich für das Rossen, Brennen und Räumen zwei Unzen zahlte, und bestellte das ganze Stück mit Zuckerrohr und Tabak. Zwischen das erste steckte ich Kartoffeln und Bohnen, während ich fast das ganze alte Land ausschließlich mit Welschkorn bestellte; ein Stück legte ich in Gramma.

Ich hatte die Absicht, meiner Mühle noch eine Bretersäge anzufügen und auch eine Zuckermühle für Ochsen zu bauen. Dazu begann ich mit meinen Ochsen und Mauleseln das Holz aus der Rossa herbeizuschaffen und suchte drei feste Hipéklötze aus zu den Quetschwalzen.

Die Früchte gaben abermals reichliche Ernten, die ich abermals durch Mästung von Schweinen, Pferden und Geflügel bestens ausbeutete; nur die Kartoffeln waren nicht gut gerathen; die Mühle klapperte ruhig und einträglich weiter.

In dieser Zeit reiste ich nach Porto-Alegre, um mir eine Brennblase und Bottiche, sowie die Eiseneinrichtung zur Sägemühle zu kaufen; im Gasthause dort begegnete ich einem frisch angekommenen Einwanderer, einem ehemaligen Gutspächter aus Pommern, der eine zahlreiche Familie mit sich führte und ebenfalls nach Sta. Cruz zu gehen beabsichtigte.

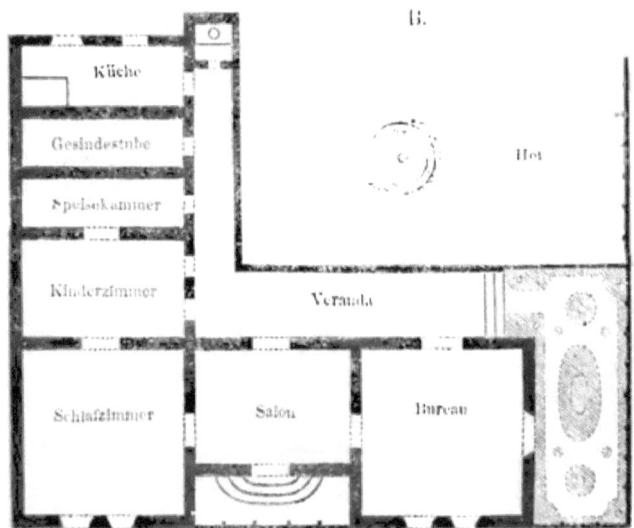

A. Haus in Theresiopol.
B. Grundriss desselben.

Vierzehnter Abend.

Natürlich war meine Gesellschaft dem Herrn ganz recht, und auch ich war nicht böse, einen so aufmerksamen Zuhörer zu finden. Wir befreundeten uns bald und der nächste Dampfer führte uns beide nach Rio Pardo, von wo meine Pferde uns nach Sta. Cruz brachten. Er hatte seine Familie im deutschen Hôtel gelassen und wollte sich erst hier oben umsehen.

Um kurz zu sein, es gefiel ihm nirgends so gut, als auf meiner Kolonie und in meinem Häuschen, und noch vor Einbruch des Winters waren wir einig geworden, daß ich ihm Alles Haus, Kolonie, Vieh, Mühle und Zuckermühle um den Preis von 8600 Fl. rh. = 6:000 $rs verkaufte, die er mir baar auszahlte.

So ungern ich mich von meinem neuen Hauswesen trennte, dem großen Gewinne konnte ich nicht widerstehen. Ich schlug ein; nach Monatsfrist räumten wir unser Haus in der Pikade D. Josefa und zogen an den Cahy, wo ich mir in der Nähe der Pikade Feliz, die einen Theil von S. Leopoldo ausmacht, am rechten Ufer des genannten Flusses einen Landbesitz kaufte, der ungefähr 300 Morgen faßte, von denen ungefähr zwanzig bereits urbar waren und woselbst eine stattliche Orangenpflanzung und zwei nothdürftige Wohnhäuser standen. Dafür zahlte ich 800 $rs = ungefähr 1150 Fl. rh. baar.

Meine Baarschaft hatte ich durch eine glückliche Speculation nicht unbedeutend vermehrt, indem ich in Sta. Cruz, wo eben die Welschkornernte beendet war, viel Welschkorn zu sehr billigen Preisen gekauft und nach Rio Pardo transportirt hatte, von wo ich es zu Schiff nach Porto Alegre verführte, wo glücklicherweise eben ein Schiff nach Montevideo bereit lag, das meine ganze Ladung, 500 Säcke, fast zu dem Doppelten des Preises, welchen ich selbst gezahlt hatte, ankaufte.

In weniger als zwei Monaten hatte ich mir ein schönes, neues Wohnhaus gebaut, wozu ich die Zeichnung von meinem Freunde, der jetzt bei der Direction in Theresopolis bedienstet ist, erhielt und dessen ganzen Plan Ihr hier seht; denn am Cahy in der Nähe der Pikaden Feliz und Hortencio, der Winterschneiz, des Rosenthals und der Kolonie Maria Einsiedeln fehlt es nicht an tüchtigen und geschickten Werkleuten. Den untern Theil sammt den Grundmauern stellten wir aus Bruchsteinen her; den Oberbau besorgten wir aus Luftziegeln, d. h. aus Ziegeln, die, wie die gewöhnlichen, aus Lehm mit etwas untermischtem Stroh geformt, aber nicht gebrannt, sondern bloß an der Luft getrocknet werden. Man muß sie aber 1 Fuß lang und nach jeder Seite 6 Zoll hoch machen. Die Wände müssen gut übertüncht und durch ein einigermaßen vorspringendes Dach gegen Schlagregen geschützt werden.

Das ganze Haus, wie Ihr es hier seht, kostete mich 2:400 Srs = 3400 Fl. rh.

Nach dem Hausbau ging ich an die Pflanzung und schaffte Vieh ein; dann richtete ich das eine der alten Häuser zu einer Venda ein, in der ich den umwohnenden Kolonisten ihre Früchte abkaufte und Waaren hielt, die ihren Bedürfnissen entsprachen. Dazu war nun meine Liese wie geschaffen, und selbst die Kinder halfen, soviel sie konnten.

Endlich schaffte ich einen Lanchão und mehrere Canôas an, um die gekauften Früchte nach Porto Alegre zu schaffen und die Waaren von dort herauf zu bringen.

Das ist ein zwar langwieriges Geschäft, besonders das Stromaufsahren, bei dem man oft bis an die Brust im Wasser arbeiten muß, um das Schiff über eine Untiefe, Caxoeira, wegzubringen; aber es ist äußerst einträglich und das versüßt die Arbeit.

Zum Betriebe meiner Landwirthschaft und der kleinen Mühle, die ich auch hier anlegte, hatte ich einen alten Mann aus der Gegend von Heilbronn sammt seiner Familie zu mir genommen; er half mit seinen zwei Söhnen gegen Bezahlung auf dem Felde, und seine Frau und die erwachsene Tochter gingen ebenfalls meiner Frau im Kaufgeschäft und in der Hauswirthschaft tüchtig an die Hand.

So ging die Sache mit Gottes Hülfe rüstig weiter, bis ich vor 4 Monaten den Brief mit der Nachricht von dem kleinen Erbe erhielt, das mir zugefallen war. Da ich nun auch Mutter Gertrud

Vierzehnter Abend.

und die beiden Mädels abzuholen Gelegenheit hatte und auch so manches in Haus und Wirthschaft Passende zu besorgen war, so entschloß ich mich kurz und machte die Reise, die mich zu Euch geführt hat.

Als ich vor 11 Jahren von hier wegging, hatte ich im Ganzen an die achtzig Gulden, und als ich von Hamburg abfuhr, schuldete ich über 200 Thlr. meinem Gutsherrn, welche Schuld in dem nächsten Halbjahre bis auf 700 Fl. und darüber stieg. Jetzt habe ich nicht nur diese Schuld bezahlt, sondern kann mein heutiges Vermögen auf 18—20,000 Fl. rh. anschlagen und kühnlich sagen, daß mir der Handel ein jährliches Einkommen von 2500—3000 Fl. abwirft.

Ich zahle von meinem Lande keinen Kreuzer Steuer, baue Tabak und Alles, was ich will, ohne daß sich irgend Jemand darein zu mischen hat; in mein Haus darf kein Steuer-Einnehmer, kein Polizist und kein Gendarm ohne meine Erlaubniß eintreten und kein vornehmer Herr jagt auf meinem Lande. Niemand schreibt mir vor, wie ich mein Haus zu bauen habe; Niemand zählt mein Vieh und zeichnet meine Kinder ein für die Conscription; Niemand zwingt mich, meine Kinder impfen zu lassen; kurz, ich bin wahrhaftig der einzige und unbedingte Herr im eigenen Hause und auf eigenem Grund und Boden.

Ich habe demnach alle Ursache, den Herrn zu preisen, der mich und die Meinigen durch schwere Prüfungen zum Heile führte.

Freilich wird es nicht Jedem so wohl ergehen, wie mir; aber ich kenne keinen der älteren Kolonisten, welche ordentliche, fleißige Leute sind, deren Besitzthum nicht heute an die 10,000 Fl. werth ist, während sie alle von Deutschland mit leeren Händen eingewandert sind. Das ist die Wahrheit und an die könnt Ihr glauben, was auch Bosheit oder Unverstand gegen Brasilien sagen mögen.

Aber damit auch Ihr dahin gelanget, empfehle ich Euch vor Allem Mäßigkeit und Verträglichkeit. Das Saufen und das Prozessiren hat gar Manchen hier um die Früchte seines Fleißes gebracht und nur verschmitzte Wirthe und Winkelschreiber bereichert.

Ich sage nicht, daß der Landmann von seinem reichlichen Verdienste sich kein Glas Bier oder Wein vergönnen soll; er kann schon dann und wann einmal eine Flasche englisch Bier um 1 Srs und eine Bouteille Porto oder Lisboa=Rothen um eben so viel Geld trinken; ich habe nichts dagegen, wenn zur Kirmes oder beim Tanze der Eine oder der Andere, wie es wol vorkommt, einen Korb Rheinwein oder Champagner aufmarschiren läßt.

Aber das tägliche und stündliche Hinabschlürfen des fuseligen Cachaça, dieses flüssigen Giftes, greift die festeste Constitution an und bringt die Leute um ihre Gesundheit, ihre Arbeitslust und wol gar um ihre Vernunft.

Das Prozessiren endlich bringt den Liebhaber an den Bettelstab, besonders in einem Lande, wo ganz klare Prozesse oft zwanzig und mehr Jahre anhängig sind; dort gilt ganz besonders das Sprichwort: „Ein magerer Vergleich ist besser als der fetteste Prozeß;" ja es ist manchmal vernünftiger, ein offenes Unrecht zu leiden, als zu prozessiren.

Ich möchte meinen Landsleuten ferner rathen, so bald als möglich die Landessprache zu lernen oder doch darauf zu sehen, daß die Kinder darin unterrichtet werden. Fast in allen Kolonien bestehen brasilianische Schulen, aber die Kolonisten ziehen es vor, deutsche Privatschulen auf eigene Kosten zu erhalten.

Das ist falsch gedacht und einfältig; denn in Eurem Hause könnt Ihr immerhin Euren Kindern die Anhänglichkeit an Deutschland erhalten, wenn Ihr dahin wirkt, daß sie sich ihrer deutschen Aeltern nicht zu schämen haben. In der brasilianischen Schule lernen sie nichts, was sie zu Abtrünnigen an der deutschen Nation macht; wohl aber Vieles, was sie später als deutsche Bürger Brasiliens recht sehr nothwendig haben werden. Wer also aus Mißverstand seine Kinder von der brasilischen Schule fern hält, der kann darauf gefaßt sein, daß die jungen Leute ihm später mit Recht den Vorwurf machen, er habe aus Eigensinn ihrer Zukunft geschadet. Ich selbst spreche recht gut portugiesisch und liebe Brasilien als mein neues

Vaterland, aber ich halte deßhalb doch die alte Sprache meines Volkes, seine geschichtlichen Erinnerungen, seine großen Helden und Dichter hoch in Ehren.

Lernt ferner vor Allem Euch der Landessitte fügen, wenn Ihr mit Brasilianern zu thun habt. Seid höflich gegen sie, betretet nie ein brasilianisches Haus, ohne vorher in die Hände geklatscht und ohne um Erlaubniß (peço licença) gebeten und sie erhalten zu haben; ja, wenn Ihr an ein einzeln stehendes Haus geritten kommt, so steigt ebenfalls nicht eher vom Pferde, als bis Ihr Erlaubniß dazu erbeten habt; sonst könnte Euch der Besitzer für einen Feind halten und Euch mit einer Gewehrladung begrüßen.

Ferner seid nicht gleich muthlos, wenn Ihr in der ersten Zeit mit großen Schwierigkeiten zu kämpfen habt; denkt, daß fast Allen vor Euch dasselbe Loos gefallen und daß nur Standhaftigkeit und Ausdauer zum schönen Ziele führen; seid nicht erbost gegen das herrliche Land, wenn Ihr Eure Kegelbahnen und Wirthshäuser, Eure Kirmes und Tänze, Euern wohlfeilen Wein und euer wohlfeiles Bier schmerzlich vermißt; Ihr werdet es schon wieder einholen. Schiebt nicht alle Schuld an dem anfänglichen Mißlingen und an Euren Prüfungen auf den Agenten und Schiffsexpedienten, die ja vollkommen ihre Pflicht erfüllen, wenn sie Euch getreulich und gut versorgt an das Ziel der Reise bringen, als ehrliche Fuhrleute, die sie ja sind. Alles Andere, das Ziel Eurer Reise, die Aussichten für Euer Fortkommen alldort sind ja Sachen, die Euch allein angehen und über die Ihr Niemand verantwortlich machen könnt, als Euch selbst. Geht lieber in Euer Gewissen und seht bei jedem Fehlschlagen gut nach, ob nicht Ihr selbst die Hauptschuld daran tragt.

Denn leider beachten die Leute meistens nichts weniger, als ob sie wirklich zur Auswanderung geeignet sind und ob sie in ihrem Handwerk Aussicht auf lohnendes Fortkommen finden. Und gerade diese beiden Fragen muß man sich erst gewissenhaft beantwortet haben, bevor man auswandert.

Zum Auswandern gehört fürerst ein gesunder Körper, um den Strapazen der Seereise und des Kolonistenlebens gewachsen zu sein. Von moralischen Eigenschaften ist Arbeitslust und ein gewisser Grad von Entschlossenheit unumgänglich nothwendig.

In Brasilien wird zu allererst jeder Bauer, Erd= und Wald=arbeiter unbedingt sein Glück gründen, auch wenn er ohne einen Heller Geld einwandert, wie Ihr dieß nicht nur an mir, sondern gewiß an drei Viertheilen der Deutschen in Brasilien sehen könnt.

Auch jeder andere tüchtige Bursche, der zwar an die Feldarbeit nicht gewöhnt ist, aber sich nicht vor ihr scheut und tüchtig angreift, ist sicher, bald vorwärts zu kommen. Denn nur auf die Lust und die Fähigkeit zur Arbeit ist ja das Fortkommen gegründet; vom dortigen Landbau verstehen ja die deutschen Bauern kaum mehr, als die deutschen Weber, sie müssen ihn beide erst erlernen.* Ich kenne genug schlesische Weber und gerade in Sta. Cruz, welche gar tüchtige Landleute geworden sind.

Dagegen sollen verdorbene Genies, Professoren aller Art, ehemalige Offiziere, Künstler und dergleichen jeder brasilianischen Kolonie fern bleiben; sie werden dort nur selten einen Platz finden und meist Unzufriedenheit und Mißhelligkeiten hervorrufen.

Von Handwerkern würden folgende unter Beobachtung der beigesetzten Bemerkungen hierher passen:

Anstreicher, Zimmermaler und Weißbinder finden in den Städten reichlichen Verdienst, auch hier und da auf den alten Kolonien. Aber ein solcher Auswanderer muß das Marmoriren verstehen, einen großen Vorrath von Patronen besitzen und besonders gut mit Oelfarben und Lack umzugehen wissen.

Bäcker finden in den Städten, besonders des Innern, hie und da auch in den Kolonien, gutes Auskommen. Da die Gewerbe in Brasilien vollkommen frei sind, kann ein solcher Bäcker auch, so viel er davon versteht, den Zuckerbäcker machen. Der Bäcker braucht nur so viel Geld, um einen Backofen bauen und einige Fässer Mehl kaufen zu können. Aber mit der Hefe sieht es schlecht aus.

Barbiere, welche wundärztliche Kenntnisse besitzen und mit Besteden und Vorräthen versehen sind, werden auf jeder Kolonie willkommen sein; doch dürfte nur der Aufenthalt auf älteren Niederlassungen rentiren.

Bierbrauer. Für diese bietet Brasilien noch ein weites Feld; leider gehört dazu ein größeres Capital.

Böttcher oder **Küfer** finden ein sehr einträgliches Geschäft wenn sie im Stande sind, sich das passende Holz zu verschaffen oder selbst passend zu machen. Zu ihrer Notiz diene, daß man allgemein eiserne oder kupferne Reise hat.

Branntweinbrennern und **Destillateuren** steht ein weites Feld der Arbeit und des Gewinnstes offen. Man brennt nicht bloß aus Zuckerrohr, sondern auch aus hundert andern Frucht= sorten vorzüglichen Branntwein: wohlriechende Blüten aller Arten, die der Orangen, des Capjasmin 2c. liefern dem Destillateur den besten Stoff für wohlriechende Oele.

Der **gelernte Branntweinbrenner** wird besonders auf jeder solchen Kolonie sein vortreffliches Fortkommen finden, wo Zuckerrohr gebaut wird. Hat er ein kleines Capital, das ihm die Mitnahme eines, wenn auch ganz einfachen Brennapparats erlaubt, so vergesse er nicht, auch etwas Wachholder= und Weinöl mitzunehmen, mit dem er seinen Branntweinen den Geschmack von Genever und Cognac geben könne, die besonders in den Seestädten sehr gesucht und sehr theuer sind.

Was die **Bürstenbinder** betrifft, so finden sie überall vor= treffliches und wohlfeiles Material; doch glaube ich nicht, daß sie auf dem Lande, in den Kolonien ihr Fortkommen finden werden.

Fleischer oder **Metzger** sind auf allen Kolonien, aber noch besser in allen Städten, die mit Kolonien in Verbindung stehen, gern gesehen. Der Viehhandel, wenn man ihn versteht, ist ganz einträglich, ebenso das Wurstmachen. Wie ich schon vorher erwähnt habe, ist das Räuchern des Fleisches bei der Wärme schwierig; ich mußte bei den Schinken, die ich räucherte, stets zuvor die Knochen auslösen.

Gerber. Rothgerber finden in den mehr viehhaltenden Kolonien von Rio-Grande mehr Beschäftigung als in den anderen; indeß würden einige Gerber in jeder größeren Kolonie genügende Arbeit finden. Weißgerber sind weniger gesucht. Was das Material betrifft, so sind die Häute sehr gut, dagegen der Kalk schlecht und theuer, die Lohe hingegen sehr gut, kräftig und reichlich. Wer überdieß etwas Sattler- oder Riemerarbeit oder das Lederlakiren versteht, wird gewiß gut fahren.

Von Klempnern oder Blechschmieden finden auf jeder Kolonie ein oder zwei ihr Auskommen, da man fast alle Gefäße von Weißblech darstellt.

Müller, wenn sie zugleich den Mühlenbau nothdürftig verstehen und selbst anzugreifen wissen, werden überall gute Geschäfte machen. Mühlen, Stampfen, Pressen aller Art liefern reichlichen Gewinn. Auch bloße Mühlburschen finden hie und da guten Verdienst.

Schmiede und Schlosser sind sehr gesucht; doch machen ihnen die Fabrikarbeiten der Engländer und Belgier den Stand schwieriger. Maschinenbauer werden hie und da sehr gut bezahlt, aber auch nur hie und da.

Schneider und Schuster kommen überall fort, wo der Mensch Rock, Hose und Stiefel tragen muß; auch sind ja ihre Gewerbe solche, die meist in Verbindung mit dem Landbau betrieben werden. Natürlich kommen auf den Kolonien nur die sogenannten Bauernschneider und Schuster fort, während in den Städten tüchtige und elegante Arbeiter sicheres und gutes Brod und vollkommene Gewerbefreiheit finden.

Seifensieder und Lichtzieher machen außerordentlich gute Geschäfte. Der Talg ist wohlfeil, Pottasche spottbillig und die Preise der Waaren sind sehr hoch.

Stellmacher und Wagner finden in den älteren Kolonien guten Verdienst; doch haben sie Anfangs mit der Schwierigkeit zu

Vierzehnter Abend.

kämpfen, ausgetrocknetes Holz zu bekommen. Sie sollten aber auch Schiebtruhen, Hand= und Schiebkarren arbeiten.

Töpfer und Ziegelbrenner sind sehr gesucht und werden gut bezahlt.

Die ihres Einkommens sichersten Handwerker aber sind die **Zimmerleute** und alle Diejenigen, die eine Art gut zu führen verstehen; denen ist ohne alle Widerrede das Auswandern nach Brasilien unbedingt zu rathen.

Ich habe Euch noch eine andere Frage zu beantworten, nämlich: in welche Art Kolonien soll der Auswanderer ziehen?

Das hängt nun von den Umständen des Auswanderers ab.

Ist er ganz arm, wie ich es war, so bleibt ihm wol keine Wahl, und er muß, falls er überhaupt auswandern will, die Anerbietungen für eine Halbscheidkolonie annehmen; ich rathe aber auch Anderen, welche etwas Geld zuzusetzen haben, diesen Weg zu ergreifen. Der Vortheil ist einleuchtend genug, was auch dumme oder böswillige Leute dagegen sagen mögen. Gefällt es ihnen auf diese Art nicht, nun so haben sie es in ihrer Macht, das Verhältniß jederzeit zu lösen, indem sie einfach ihre Schuld bezahlen; ein paar Jahre lohnt es schon dort zuzubringen und Land, Leute, Anbau und Sprache kennen zu lernen, bevor man sich auf eigene Faust niederläßt. Diejenigen, welche das nicht wollen und Geld genug haben, um ihre Ueberfahrt zu bezahlen, thun am Besten, nach den Staatskolonien zu gehen, unter denen ich Euch ganz besonders Blumenau, beide Sta. Isabel, Rio Novo, Sta. Cruz, St. Angelo und Assumguy empfehle.

Wer aber etwas mehr Geld besitzt, mehr an den Bequemlich= keiten des civilisirten Lebens hängt und besonders eine erste Nieder= lassung im Urwalde scheut, der gehe in eine Privatkolonie, welche diesen Ansprüchen Rechnung trägt, nach D. Francisca. Er muß freilich das Land theurer bezahlen, aber er findet Aerzte und Priester, Handwerker aller Art, gebahnte Straßen, gesellschaftliches Vergnügen, kurz er vermißt nicht ganz jene Genüsse, die ihm die alte Heimat bot; nur darf er, ich erwähne dieß ausdrücklich, auch kein so schnelles Gedeihen erwarten, als anderswo.

Wohlhabende und tüchtige Leute endlich, die selbstständig sind und dabei klug genug, um füreerst sich Land und Leute ein halbes oder ganzes Jahr lang zu besehen, sollten sich irgend einen schon beurbarten Landbesitz kaufen, deren es genug und zu wirklichen Spottpreisen gibt.

Solch einen Besitz vermag eine tüchtige Arbeits= und Capital= kraft bald in eine vernünftige Wirthschaft zu verwandeln, wo Thiere und Maschinen die so theuren „Hände" vortheilhaft ersetzen.

Wenn ich sage „wohlhabende Leute," so verstehe ich darunter keineswegs Leute, die man in Deutschland so nennt. Viertausend, ja dreitausend Thaler sind in einem Lande, wo das Geld gewöhnlich mindestens 12 Procent Zinsen trägt, eine sehr ansehnliche Summe, mit der man schon einen schönen Besitz kaufen und einrichten kann. Im Gegentheil, besonders wohlhabende Leute, solche die Hundert= tausende besitzen, dürften in Verlegenheit sein, ihr Geld im Landbau nutzbringend anzulegen. Es ist da eine gewisse Grenze, über die hinaus der Ertrag abnimmt, so daß ich glaube, 20,000 Thaler sind das höchste Capital, was der einzelne Landwirth in Brasilien gut und passend verwenden kann.

Bei dem Ankaufe von Ländereien muß man in Brasilien übri= gens, wie überall, ziemlich vorsichtig sein. Man lasse sich einen Auszug aus dem Flurbuche geben, ferner die Besitztitel und die Landvermessung nachweisen, worüber man besonders die Nachbarn zu befragen hat. Ist der Verkäufer verehelicht, so muß die Ver= kaufsurkunde auch von der Frau unterschrieben werden; ist er Wittwer und sind minderjährige Kinder da, so muß die Vormundschafts= behörde, der Waisenrichter, schriftlich den Verkauf gestatten.

Am besten ist es, die Verkaufsurkunde bei dem Notar der Ge= meinde aufsetzen und eintragen zu lassen. Dann zahlt man den Zehnten, die Siza, an den Einnehmer gegen Quittung, die man stempeln läßt. Hierauf erläßt man durch den Gemeindeschreiber

Aufrufe, die in die Zeitungen eingerückt und an die Kirchthüren geschlagen werden, an alle Diejenigen, welche Ansprüche an das gekaufte Land zu haben meinen. Meldet sich in einer gewissen Zeit Niemand, so zahlt man den bis dahin zurückgehaltenen Theil der Kaufsumme aus und ist dann seines Besitzes vollkommen sicher.

Das ist Alles, was ich Euch über Brasilien und meine Erlebnisse daselbst zu sagen wußte. Ich habe die Wahrheit und nichts als die Wahrheit gesagt, und auf meiner Seite stehen die dreißigtausend Deutschen, welche dort durch harte Arbeit, aber keineswegs härtere, als Ihr hier leisten müßt, gleich mir aus Bettelarmuth zu erfreulichem Wohlstande gediehen sind.

Ich habe nicht versucht, Euch das Unangenehme (es ist ja auf Erden nichts vollkommen) zu verheimlichen oder zu beschönigen. Möglich, daß mir in der Erinnerung weniger bedeutend erscheint, was dem damit Kämpfenden oft sehr hart und unerträglich vorkam; aber guter Wille, Ausdauer in der Arbeit *müssen* dort jedes Hinderniß besiegen, während Ihr hier bei allem Kampfe, aller Arbeit und aller Ausdauer Euern Wohlstand abnehmen, Eure Lasten wachsen und Eure Noth immer größer werden seht.

Ist es mir gelungen, nur Einigen unter Euch die Ueberzeugung einzuflößen, daß Brasilien bei seinem milden Klima, seiner gesunden Lage, bei seiner Fruchtbarkeit, seinen milden Gesetzen, seiner Steuerfreiheit, seiner Schreib- und Redefreiheit, bei seinem Mangel an Beamten und Militär, bei der Gutmüthigkeit und den wohlwollenden Gesinnungen seiner Bevölkerung ein höchst passendes Land für Einwanderer bildet und hierin jedes andere überbietet, so glaube ich einen Theil meiner unendlichen Schuld gegen ein Volk und Land abgetragen zu haben, das mich und die Meinigen aus Noth und Verzweiflung zu Wohlstand und Zufriedenheit geführt hat.

Der Herr segne meine Worte und lasse den Samen auf guten Boden fallen, auf daß er rasch keime, wachse und in reicher Frucht gedeihe!

Vierzehnter Abend.

Mit diesen Worten schloß Georg seine Erzählungen und nahm Abschied von dem Freundeskreise, der ihn dankend umdrängte. Sogar der Pfarrer des Ortes war sein Zuhörer geworden und sprach heute im Namen Aller Worte der Anerkennung zu Georg.

Was die jüngeren Bursche betrifft, so erzählt man sich seit der andern Tags erfolgten Abreise Georgs mit der alten Gertrud nebst Katharine und Anne-Marie, daß mehrere unter ihnen gewaltige Reisevorbereitungen für dieses Frühjahr machen und mit dem Agenten in der Hauptstadt geheimnißvolle Besprechungen halten, die das Resultat des leisen Geflüsters und Geländels hinter der Gartenhecke des Häuschens an der Uhlendorfer Chaussee sein dürften, das gewisse neugierige Leute im Dorfe während Georgs Anwesenheit wahrgenommen haben wollen. Vielleicht — doch man soll nicht ausplaudern; aber ich glaube, die Niederlassung am Cahy wird binnen Jahr und Tag eine bedeutend zahlreichere sein.

Druck der F. priv. Hofbuchdruckerei in Rudolstadt.

www.ingramcontent.com/pod-product-compliance
Lightning Source LLC
Chambersburg PA
CBHW031904220426
43663CB00006B/764